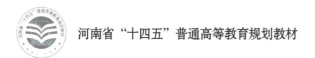

河南省"十四五"普通高等教育规划教材

篮球 （第二版）

主　编：刘　浩　肖　丰　苏　朋
副主编：崔鲁祥　曲国洋　牛　森
　　　　姚　远　郭荣娟
参　编：刘培超　郭　旗　谢长江
　　　　孔　飞

重庆大学出版社

图书在版编目（CIP）数据

篮球 / 刘浩，肖丰，苏朋主编. -- 2 版. -- 重庆：
重庆大学出版社，2024.3（2025.8 重印）
ISBN 978-7-5689-0991-4

Ⅰ.①篮…　Ⅱ.①刘…②肖…③苏…　Ⅲ.①篮球运
动—高等学校—教材　Ⅳ.①G841

中国国家版本馆 CIP 数据核字 (2023) 第220711号

篮球(第二版)

LAN QIU

主编　刘　浩　肖　丰　苏　朋
策划编辑：唐启秀

责任编辑：唐启秀　　版式设计：唐启秀
责任校对：刘志刚　　责任印制：张　策

*

重庆大学出版社出版发行
社址：重庆市沙坪坝区大学城西路 21 号
邮编：401331
电话：（023）88617190　88617185（中小学）
传真：（023）88617186　88617166
网址：http://www.cqup.com.cn
邮箱：fxk@cqup.com.cn（营销中心）
全国新华书店经销
重庆天旭印务有限责任公司印刷

*

开本：787mm×1092mm　1/16　印张：16.25　字数：357 千
2024 年 3 月第 2 版　　2025 年 8 月第 2 次印刷（总第 3 次印刷）
ISBN 978-7-5689-0991-4　定价：49.00 元

随着党的二十大胜利召开，群众体育和竞技体育得到全面发展，加快建设体育强国成为我国新时代体育事业发展的最高战略目标。同时，体育强国建设也是中国式现代化强国建设的重要组成部分，是实现中华民族伟大复兴的中国梦的重要部分。在以中国式现代化体育新道路推进体育强国建设的过程中，促进普及度和关注度较高的运动项目的高质量发展，对我国体育事业发展可以起到积极的推动作用。

篮球运动历经一个多世纪，在技术、战术和规则等方面都取得了巨大的发展，因其"健身功能强、教育价值高、运动趣味强、场地器材简"等特点，成为我国广为普及的群众体育，也是广受关注的竞技体育。本书力图反映当前篮球运动的新理念和新方法，重视对篮球基础理论知识的传授，同时，注重篮球技能的培养和社会需求、注重教材内容的更新和教材知识结构的系统性与整体性。

本书共分十章，对篮球运动的发展概略、技战术、竞赛组织以及与小篮球相关的知识进行了系统的分析和探究。主要内容包括：篮球运动发展概述，篮球运动基本技术，战术基础配合，快攻与防守快攻，半场人盯人防守与进攻半场人盯人防守，全场紧逼人盯人防守与进攻全场紧逼人盯人防守，区域联防与进攻区域联防，篮球教学设计与实施，小篮球运动教练员理论与实践，篮球运动竞赛组织与编排等。

全书由刘浩（商丘师范学院）、肖丰（商丘师范学院）和苏朋（河南师范大学）担任主编，崔鲁祥（沈阳体育学院）、曲国洋（山东体育学院）、牛森（南京体育学院）、姚远（河南大学）、郭荣娟（商丘师范学院）担任副主编，参加编写工作的还有刘培超（郑州信息工程职业学院）、郭旗（河南工学院）、谢长江（重庆理工职业学院）、孔飞（重庆市工业高级技工学校）。编写分工如下：崔鲁祥编写了第一章、第八章，苏朋编写了第三章、第十章，曲国洋编写了第二章第一、二节，郭荣娟编写了第二章第三、四节，牛森编写了第二章第五、六节，肖丰编写了第四章，刘浩编写了第五章、第六章、第七章，姚远编写了第九章。

本书由沈阳体育学院崔鲁祥教授进行审定，刘浩进行最后的修改与统稿。

在本书的撰写过程中，笔者参阅了许多参考资料和其他学者的相关研究成果，在此对相关作者表示由衷的感谢！

鉴于水平有限，书中难免出现一些不妥之处，恳请广大读者、专家学者进行指正。

编　者

2023 年 5 月

目录

第一章　篮球运动发展概述　　1

第一节　世界篮球运动发展简史 …………………………………………… 1
第二节　中国篮球运动发展简史 …………………………………………… 15

第二章　篮球运动基本技术　　20

第一节　移动 ……………………………………………………………… 20
第二节　传、接球 ………………………………………………………… 27
第三节　运球 ……………………………………………………………… 34
第四节　投篮 ……………………………………………………………… 44
第五节　持球突破 ………………………………………………………… 53
第六节　抢篮板球 ………………………………………………………… 58

第三章　战术基础配合　　64

第一节　进攻战术基础配合 ……………………………………………… 64
第二节　进攻战术基础配合教学与训练 ………………………………… 71
第三节　个人防守 ………………………………………………………… 78
第四节　防守战术基础配合 ……………………………………………… 82
第五节　防守战术基础配合教学与训练 ………………………………… 88

第四章　快攻与防守快攻　　94

第一节　快攻 ……………………………………………………………… 94
第二节　快攻教学与训练 ………………………………………………… 100
第三节　防守快攻 ………………………………………………………… 104
第四节　防守快攻教学与训练 …………………………………………… 105

第五章　半场人盯人防守与进攻半场人盯人防守　110

第一节　半场人盯人防守 …………………………………………… 110

第二节　半场人盯人防守教学与训练 ……………………………… 118

第三节　进攻半场人盯人防守 ……………………………………… 125

第四节　进攻半场人盯人防守战术教学与训练 …………………… 129

第六章　全场紧逼人盯人防守与进攻全场紧逼人盯人防守　135

第一节　全场紧逼人盯人防守 ……………………………………… 135

第二节　全场紧逼人盯人防守教学与训练 ………………………… 140

第三节　进攻全场紧逼人盯人防守 ………………………………… 147

第四节　进攻全场紧逼人盯人防守教学与训练 …………………… 151

第七章　区域联防与进攻区域联防　155

第一节　区域联防概述 ……………………………………………… 155

第二节　"2-3"区域联防战术配合方法 ………………………… 160

第三节　区域联防教学与训练 ……………………………………… 165

第四节　进攻区域联防 ……………………………………………… 172

第五节　进攻区域联防教学与训练 ………………………………… 178

第八章　篮球教学设计与实施　183

第一节　篮球教学设计概述 ………………………………………… 184

第二节　篮球教学文件设计 ………………………………………… 186

第三节　篮球教学实施 ……………………………………………… 207

第九章　小篮球运动教练员理论与实践　216

第一节　小篮球运动的起源与发展 ………………………………… 216

第二节　小篮球运动的特征与价值 ………………………………… 218

第三节　小篮球教练员执教理念指导 ……………………………… 220

第四节　小篮球竞赛主要规则及特殊规定 ………………………… 224

第十章　篮球运动竞赛组织与编排　227

第一节　篮球竞赛的意义和种类 …………………………………………… 227

第二节　竞赛的组织管理 …………………………………………………… 230

第三节　竞赛方式和方法 …………………………………………………… 232

第四节　我国职业篮球联赛的竞赛方法 ………………………………… 246

参考文献　249

第一章

篮球运动发展概述

　　篮球运动是当今深受群众喜爱、普及度较高的集体项目之一。它是规范动作、复杂团队协作与猛烈攻守的统一体，有着极强的对抗性，对技战术能力和体力都有很高的要求，是技能主导类同场对抗性球类项目。

　　篮球运动发展至今已有一百多年的历史。从青涩到成熟，从少人问津到广受追捧，情况发生了翻天覆地的变化。其中，规则的演进起到了极为重要的作用，在规则不断被修改的过程中，更多人接受并参与进来，从而促进了这项运动的发展。

　　目前，篮球运动已经成为世界性的体育项目，五大洲200多个国家和地区数以亿计的篮球爱好者参与这项运动或观赏篮球比赛。篮球运动也已成为现代社会的一种文化现象。通过参加篮球运动，人们不仅可以健身益智，提高竞争力、创造力，还可以提高团体意识和互助精神，培养良好的品质和高尚的道德情操，塑造完美的人格。

第一节
世界篮球运动发展简史

一、世界篮球运动起源与演进

》》（一）世界篮球运动的起源

　　19世纪中叶以后，随着欧洲工业革命的发展，生产劳动技术的不断创新促进了生产力的提高，人们的社会思想观念也逐步转变。此时，基督教青年会创立，并逐渐发展成为以"德育、体育、智育、群育"四育为宗旨的社会活动机构。因此，许多属于现代体育活动范畴的活动性游戏应运而生，流行于世界各国，成为社会文化形态的活动形式。其中，有些活动性游戏经过实践，从理论到具体活动方式不断创新、完善和发展，形成了现代竞技体育运动项目。篮球运动便是在这种社会发展进步的大环境下，在人类追求文明、进步、健康和富裕的总要求下产生并逐步完善起来的。与此同时，还有许多球类运动相继产生，形成了交织影响和共同发展的局面（表 1-1-1）。

表 1-1-1　世界主要竞技球类运动的起源

运动项目	起源国	起源时间	运动项目	起源国	起源时间
高尔夫球	苏格兰	14—15 世纪	网球	英国	1873 年
橄榄球	英国、美国	19 世纪初	羽毛球	英国	1873 年
棒球	美国	1839 年	垒球	美国	1887 年
冰球	加拿大	1858 年	乒乓球	英国	1890 年
曲棍球	英国	1861 年	篮球	美国	1891 年
足球	英国	1863 年	排球	美国	1895 年
水球	英国	1869 年	手球	丹麦	1898 年

美国是现代篮球运动的发源地。为了培养大批信奉教义和精通专业的体育教师，1885年大卫·亚伦·李德牧师在马萨诸塞州创建了一所基督教学校，最初名为"青年会干事学校"。该校1886年增设了体育部，培训受过专业训练的师资和教练员，1890年更名为"国际基督教青年会训练学校"（现被称为春田学院）。当时的体育部主任卢瑟·古利克（图1-1-1）为了解决美国东部冬天天气寒冷、参加青年会活动的人明显减少的问题，组织教师研讨，希望能设计一项室内体育项目，以吸引更多的青年人参加教会活动。最终他将任务委托给詹姆斯·奈史密斯（图1-1-2），奈史密斯借鉴当时已有的足球、长柄曲棍球、古代玛雅人的场地球以及儿时玩过的"打小鸭"等游戏，于1891年设计发明了一种适合冬

图1-1-1

图1-1-2

季、在室内进行的篮球游戏。

詹姆斯·奈史密斯 1861 年 11 月 6 日出生于加拿大的安塔威，8 岁时父母双亡，跟随叔叔长大。1887 年他在蒙特利尔大学获神学学位，毕业后留校担任体育教师；1890 年到美国马萨诸塞州斯普林菲尔德市国际基督教青年会训练学校担任体育教师；1895—1898 年到丹佛的基督教青年会担任体育教师；从 1898 年开始在堪萨斯大学工作，并为该大学第一位篮球教练员，后来被评为体育教授，直到退休。1936 年第 11 届奥运会他被邀请为首场篮球比赛开球，并被授予"国际篮球联合会名誉主席"称号。1939 年 11 月 28 日病逝。为了永远纪念他，1941 年美国篮球圣地春田学院建造了著名的奈史密斯篮球名人纪念堂。馆内陈列着杰出篮球运动员和篮球界著名人士的事迹，至今墙上还刻着奈史密斯生前的座右铭："我的一生中，留给世界的东西应比得到的多。"国际篮球联合会 1950 年在第一届世界男子篮球锦标赛期间，决定把世界男子篮球锦标赛的金杯命名为"奈史密斯杯"。

》》（二）世界篮球运动的演进

1. 篮球场地的演进

篮球游戏发明的最初两年，比赛场地只有假想的界线，只要在体育馆两侧栏杆上挂一个桃筐就可以比赛，由于体育馆场地大小不一，篮球游戏场地大小不等（图 1-1-3）。从 1893 年开始出现了两种形式的篮球场地，一种是三区九人制篮球比赛场地（图 1-1-4），每区三人，不得越区攻防，女子比赛一直沿用这种场地，直到 1938 年改成两区；另一种是两区五人制篮球比赛场地（图 1-1-5），1893 年设立罚球线为 20 英尺（1 英尺 =0.3048 米），1895 年缩减到 15 英尺，并规定场地必须有界线限制，离墙至少 3 英尺。1897 年增加了罚球区，将场地统一规定为 100 英尺 ×50 英尺、90 英尺 ×45 英尺和 70 英尺 ×35 英尺三种。

图 1-1-3

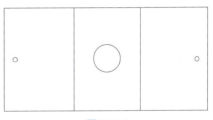

图 1-1-4

1932 年，国际业余篮球联合会成立，确定篮球场地面积为 26 米 ×14 米，增加了 5.8 米 ×1.8 米的进攻限制区（图 1-1-6、图 1-1-7）和 3 秒钟规则。随着高大运动员的大量涌现，20 世纪 40 年代末 50 年代初进攻限制区扩大为 5.8 米 ×3.6 米（图 1-1-8）。1956 年后，进攻限制区进一步扩大为 5.8 米 ×6 米的梯形（图 1-1-9），并取消中线。1961—1964 年，取消中场线，在边线中点处画 10 厘米的短线，取消 60 厘米的小圆圈。

篮球
LANQIU

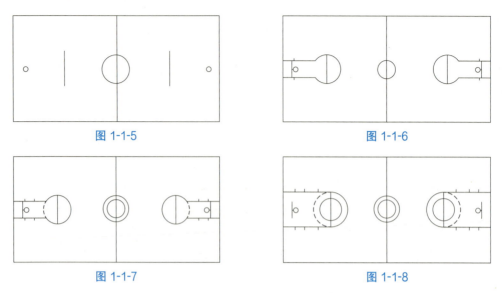

图 1-1-5   图 1-1-6

图 1-1-7   图 1-1-8

为了鼓励外线队员投篮，防止比赛都集中在篮下致使比赛失去活力，1984 年增加了三分投篮区，球场面积扩大为 28 米 ×15 米，球场上空高度增加为 7.50 米（图 1-1-10、图 1-1-11）。2010 年三分投篮区进一步扩大，半径由原来的 6.25 米扩大到 6.75 米；进攻限制区扩大为 5.8 米 ×4.9 米，并在限制区内设立无撞人半圆区（图 1-1-12）。

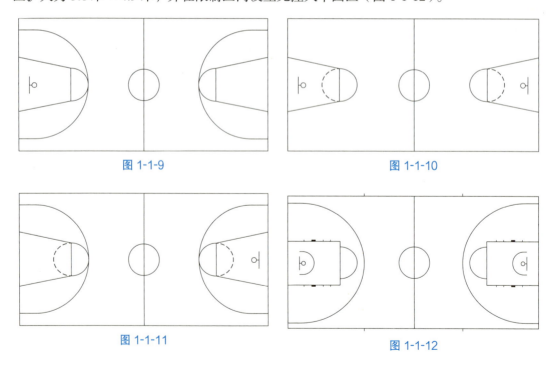

图 1-1-9   图 1-1-10

图 1-1-11   图 1-1-12

2. 球篮的演进

最初的球篮用的是装桃子的篮子，大小 15 英寸，钉在高 10 英尺的墙上，篮子有底

4

（图 1-1-13、图 1-1-14）。每次投中，都要有人搬梯子爬上去把球拿出来，才能重新进行比赛。1893 年设计了圆形的桶，桶底为铁丝网（图 1-1-15），以方便把球捅出。直到 1913 年才将网底切开，使球能通过篮圈从篮网直接落下。1916 年改为金属篮圈，用装有拉绳的有底线网，拉动绳子使球滚出来（图 1-1-16）。

图 1-1-13

图 1-1-14

图 1-1-15

图 1-1-16

3. 篮板的演进

奈史密斯创造篮球运动时，篮筐后面是没有篮板的。后来因为投不进去的球常常飞落到观众席，从而影响比赛的正常进行，于是就用铁丝网遮在篮筐后面，这是最早出现的篮球"遮网"。

1894 年开始出现形状各异的木制遮板，没有统一规格，1896 年统一采用 4 英尺 ×6 英尺的木制篮板。1909 年美国大学生规则委员会批准使用玻璃篮板，为了防止队员借助球馆墙壁的反冲力占据一些不公正的优势，篮板于 1920 年从墙壁向场内挪动了 2 英尺，并于 1939 年向端线内挪进 4 英尺以便队员在篮下活动。1940 年美国曾批准使用扇形篮板，1946 年透明的篮板被引入了比赛。1954 年国际业余篮球联合会统一规定篮板厚度为 3 厘米，大小为 1.20 米 ×1.80 米的长方形。篮圈内径为 45 厘米，篮板与篮圈内沿最近点的距离是 15 厘米，篮圈与地面的距离为 10 英尺。1990 年为了保护运动员并规范球场，将篮板下沿与地面的距离提高至 2.9 米，篮板大小为 1.05 米 ×1.80 米，这些规定直到今天都没有变动。

4. 篮球的演进

篮球运动初创时期，以当时流行的英式足球作为统一的比赛用球。1894 年用皮革缝制成一种比英式足球稍大的篮球，一直沿用了半个世纪。1937 年皮制全封闭篮球问世（图 1-1-17、图 1-1-18），1940 年国际业余篮球联合会批准用这种球比赛。

图 1-1-17

图 1-1-18

20 世纪 40 年代末 50 年代初，模压橡皮篮球问世。现代篮球比赛用球由皮、合成皮革、橡胶或合成物质制成，球是圆形、纯橙色的并带有 8 瓣黑色的接缝。球的接缝宽度不得超过 0.635 厘米；球的圆周不得小于 74.9 厘米，不得大于 78 厘米（7 号球）；球的质量不得少于 567 克，不得多于 650 克。

5. 规则的演进

1892 年 1 月奈史密斯制定了 13 条篮球规则，主要内容包括五项原则和十三条规则，1893 年增加到 21 条。

五项原则包括：第一，采用不大的、轻的、可用手控制的球。第二，不准持球跑。第三，严格限制队员之间的身体接触。第四，篮筐安装在高处，应为水平面。第五，任何时候都不限制两个队的任何队员获得正处于比赛中的球。

十三条规则包括：第一，可用单、双手向任何方向扔球。第二，单、双手可向任何方向拍球。第三，不准带球跑、不能运球，接球队员可以在快速跑动中做急停接球，但必须在接球地点把球掷出。第四，必须用手持球，不准用胳膊或身体夹、停球。第五，不准用肩、手、脚等向对方队员做撞、推、拉、绊、打等动作。如违反此项规则，第一次是犯规，第二次再违反就令其停止比赛，直到投中下一个球才允许其上场。如果是故意犯规伤害对方，则取消参加整场比赛的资格。第六，用拳击球算犯规。第七，如果任何一方连续犯规三次，就算对方命中一球（连续的意思是指在这期间内对方队员未犯规）。第八，当防守者未接触到球或干扰球，球投入筐内就算命中，如球停留在篮筐边而对方队员移动了篮筐，也算得分。第九，当球出界，由对方一名队员掷入场内。若有争议，由裁判员在靠近出界的边线外将球掷入场内。掷界外球时，应在 5 秒内掷入场内。超过 5 秒则判给对方发球，如故意延迟时间则判犯规，连续三次违犯规则取消比赛资格。第十，副裁判是运动员的仲裁者，要注意犯规情况，当某队已犯规三次时要报告正裁判，有权根据第五条规则取消队员比赛资格。第十一，正裁判是球的仲裁者，可以判定什么时候（球）处于比赛状态、球在界内属于哪一队，并计时、记录得分，还有其他通常由正裁判执行的职责。第十二，比赛分两个 15 分钟进行，中间休息 5 分钟。第十三，比赛时间到，以中球多者为胜。如平局，经双方队长同意，比赛可延至谁先命中一球为止。

1892 年以前对参赛人数没有限制，1893—1897 年规定人数有 5 人、9 人两种，由中圈跳球开始比赛，增加犯规罚球规定，进攻队员投中一球得 2 分，罚中一球得 1 分，队员可换手运球。1901 年规定运球队员不能投篮，1908 年又取消了此规定。1915 年规定可以用单、双手运球，但不允许用脚踢球。

1932 年，比赛共分两节，每节时间为 20 分钟，增加 3 秒、10 秒、球回后场、后场持球队员被严密防守 5 秒判为争球的规定。1936 年，正式确定每队上场人数为 5 人，取消投中后在中圈跳球的规定，改由对方在端线外发球继续比赛，并规定队员累计犯规 4 次将被取消比赛资格。1956 年，增加了一次进攻时限为 30 秒和持球队员在前场被严密防守达 5 秒应判争球的规定。1972 年，增加新的球回后场和全队每半场有 10 次犯规次数的规则；增加控制球队犯规的规则，规定对投篮队员犯规时，如投中有效再追加 1 次罚球，如未投中则实行"3＋2"罚球规则，并将"垂直原则"和"合法防守位置"等身体接触的原则正式列入规则。1980 年全队每半场犯规次数由 10 次改为 8 次，1984 年由 8 次改为 7 次，增加全队每半场犯规 7 次后执行"1＋1"罚球规则。1994 年，国际业余篮球联合会改全队每半场犯规 7 次后执行"1＋1"罚球为 2 次罚球。1998 年，为适应篮球运动技战术的迅速发展，满足强度加剧和商业化、职业化的需求，国际业余篮球联合会允许选择 4×10 分钟或 4×12 分钟的比赛时间，增加了违反体育道德犯规的规定。2000 年，一次进攻时间修改为 24 秒；后场推进到前场的时间由 10 秒改为 8 秒；每队每节犯规 4 次以后所有的犯规都要处以 2 次罚球（进攻犯规除外）。从 2000 年奥运会开始，比赛时间一律改为四节制，每节 10 分钟，并采用三人制裁判法。

1905 年，停表概念引入规则，但在那时只有裁判员决定何时停表，其他任何死球情况包括出界和罚球都不停表。直到 1925 年，才规定由裁判员判定的受伤、换人、罚球以及暂停情况予以停表，其他情况不予停表，包括球出界。1947 年，比赛最后三分钟的所有死球情况予以停表。1963 年，为了避免不合理地拖延比赛，违例停表被引入规则。1993 年，新规则规定全场比赛以及加时赛的最后一分钟内进球之后停表，此项规则一直被沿用到了今日。

暂停和替换暂停在篮球规则的发展过程中从无到有，从最开始只有出现受伤情况才能暂停到后来有了清晰的条款，规定只有队长可以请求暂停且每队每场有 3 次暂停机会。1999 年，20 秒短暂停被增加到 30 秒。篮球诞生之初，其换人规则引用了足球规则，即替换下场的队员不能再次返回球场。到 1920 年，替换下场的队员可以重新返回球场一次，1933 年增加为两次。从 1944 年开始，无限制的换人规则开始执行。

在最初的篮球规则中，每一次中篮得分之后都由双方在中场跳球恢复比赛。1905—1906 年，活球时请求的暂停也都通过跳球来恢复。从 1931 年开始，跳球开始成为争球之后恢复比赛的方式，到 1937 年，得分之后的中场跳球被取消。从 1981 年开始，跳球正式成为比赛开场及每个加时赛开始的方式，交替拥有箭头开始为争球情况指示球权方向。如今国际篮协组织的比赛只有一次开场跳球，其余都采用交替拥有原则。

二、世界篮球运动现状与发展趋势

现代篮球运动已成为一种世界性文化，国际篮球联合会会员已达到 200 多个，全球各类形式的篮球人口已超 25 亿，成为国际体育组织中单项运动人口最多的运动项目之一。然而篮球运动的普及和全球性整体水平的发展并不平衡，从世界性最高级别比赛（奥林匹克运动会篮球赛和世界篮球锦标赛）的优胜名次可知，冠军宝座始终由欧洲、美洲国家轮流占据。

≫（一）世界篮球运动现状

从奥运会篮球比赛和世界篮球锦标赛的成绩来看，美国仍是当今世界篮球运动综合实力第一强国。欧洲各队实力迅速提高，其中塞尔维亚、法国、西班牙等国实力接近，均能与美洲的阿根廷展开前四名的争夺，与美国的差距逐渐减小。亚洲成绩最好的是澳大利亚，实力可与欧美国家抗衡。亚洲、非洲的整体水平在第三层次，成绩在 8～16 名徘徊。亚洲女队经过一个时期的特殊训练，尚有可能从中、日、韩三国中跃出黑马，进入决赛前四名的行列；男子则少有队伍能突破前六名。若中国队通过努力，可保持 8～12 名的位置，在一定特殊条件下有可能进入更前的名次。

从各洲际技战术特点看，美洲作为现代篮球运动起源地，整体水平最高，各国打法基本相似。技巧与特殊的身体体能条件相结合，形成以个体作战和几个人简单配合为主体的打法，体现了高、快、准、巧，基础技术好，个体水平高，整体实力强等特点。其中以美国队为代表，阿根廷、巴西、乌拉圭、波多黎各、加拿大、古巴和智利等国的名次虽有更迭起伏，但实力均衡，是不同时期世界性比赛前十名的抗衡对象。欧洲受美洲影响较大，篮球运动普及面广，整体运动水平相近，是美洲队最大的威胁者，基本趋向是以粗犷凶悍的整体作战为主，体现了高、狠、准，富于力量性，讲究整体实力等特点。其中俄罗斯和西班牙最具典型和抗衡实力，而法国、立陶宛、克罗地亚、希腊、德国、意大利、捷克、保加利亚等都具较高水平，在不同时期曾分别获得世界两大赛事的前八名。亚洲除东亚外，西亚的篮球水平已有明显提高，但普及面有限，实际水平与欧美国家相比有较大差距，在国际大赛中成绩起伏较大。中国、韩国、日本、伊朗等队实力相当，打法效仿欧美，但受传统篮球观念、身体条件与训练水平所限，整体实力不均衡，名次不稳定。澳大利亚的篮球运动较为普及，为篮球水平较高的国家，具有争夺世界两大赛事前四名实力，其基本打法类似欧洲型和美洲型的结合。非洲的篮球运动发展较滞后，普及面不广，运动水平较低，与欧美各国有明显差距，其基本打法尚未显出明显特征；但个体攻击意识强，其中安哥拉、塞内加尔、尼日利亚、埃及等国正在日益普及篮球运动、提高篮球水平，其中有些国家的球队会成为与亚洲国家的球队抗衡的对象。

从历届世界男子篮球锦标赛前三名的获得情况看（表1-1-2），从1950年第1届开始到2023年第19届为止，共产生冠、亚、季军57块奖牌，除亚洲的菲律宾队在早期获2次季军外，其余奖牌均被欧美国家包揽。美洲的美国队获5次冠军、3次亚军、4次季军，巴西队获2次冠军、2次亚军、2次季军，阿根廷队获1次冠军、2次亚军，智利队、加拿大队各获1次季军。美洲有5个获奖国，共获奖牌23块。欧洲的俄罗斯（苏联）队获3次冠军、5次亚军和2次季军，南斯拉夫队获5次冠军、3次亚军、2次季军，西班牙队获2次冠军，德国队获1次冠军、1次季军，希腊、土耳其各获1次亚军，法国、塞尔维亚各获2次季军，克罗地亚、立陶宛队各获1次季军。欧洲有11个获奖国，共获奖牌32块。

表1-1-2　历届世界男子篮球锦标赛（世界杯）获前三名的国家

时间	届次	地点	第1名	第2名	第3名	备注
1950年	1	阿根廷	阿根廷	美国	智利	
1954年	2	巴西	美国	巴西	菲律宾	
1958年	3	智利	巴西	美国	菲律宾	
1963年	4	巴西	巴西	南斯拉夫	苏联	
1967年	5	乌拉圭	苏联	南斯拉夫	巴西	
1970年	6	南斯拉夫	南斯拉夫	巴西	苏联	
1974年	7	波多黎各	苏联	南斯拉夫	美国	
1978年	8	菲律宾	南斯拉夫	苏联	巴西	中国第11名
1982年	9	哥伦比亚	苏联	美国	南斯拉夫	中国第12名
1986年	10	西班牙	美国	苏联	南斯拉夫	中国第9名
1990年	11	阿根廷	南斯拉夫	苏联	美国	中国第14名
1994年	12	加拿大	美国	俄罗斯	克罗地亚	中国第8名
1998年	13	希腊	南斯拉夫	俄罗斯	美国	中国未入围

续表

时间	届次	地点	第1名	第2名	第3名	备注
2002 年	14	美国	南斯拉夫	阿根廷	德国	中国第 12 名
2006 年	15	西班牙	西班牙	希腊	美国	
2010 年	16	土耳其	美国	土耳其	立陶宛	
2014 年	17	西班牙	美国	塞尔维亚	法国	
2019 年	18	中国	西班牙	阿根廷	法国	
2023 年	19	菲律宾、印度尼西亚、日本	德国	塞尔维亚	加拿大	

表 1-1-3　历届世界女子篮球锦标赛（世界杯）获前三名的国家

时间	届次	地点	第1名	第2名	第3名	备注
1953 年	1	智利	智利	美国	法国	
1957 年	2	巴西	美国	苏联	捷克斯洛伐克	
1959 年	3	苏联	苏联	保加利亚	捷克斯洛伐克	韩国第 8 名
1964 年	4	秘鲁	苏联	捷克斯洛伐克	保加利亚	韩国第 8 名
1967 年	5	捷克斯洛伐克	苏联	韩国	捷克斯洛伐克	日本第 5 名
1971 年	6	巴西	苏联	捷克斯洛伐克	巴西	韩国第 4 名
1975 年	7	哥伦比亚	苏联	日本	捷克斯洛伐克	韩国第 7 名
1979 年	8	韩国	美国	韩国	加拿大	日本第 5 名
1983 年	9	巴西	苏联	美国	中国	韩国第 4 名
1986 年	10	苏联	美国	苏联	加拿大	中国第 5 名
1990 年	11	马来西亚	美国	南斯拉夫	古巴	中国第 9 名
1994 年	12	澳大利亚	巴西	中国	美国	韩国第 10 名
1998 年	13	德国	美国	俄罗斯	澳大利亚	中国第 12 名
2002 年	14	中国	美国	俄罗斯	澳大利亚	中国第 6 名
2006 年	15	西班牙	西班牙	俄罗斯	美国	
2010 年	16	捷克	美国	捷克	西班牙	
2014 年	17	土耳其	美国	西班牙	澳大利亚	中国第 6 名
2018 年	18	西班牙	美国	澳大利亚	西班牙	中国第 6 名
2022 年	19	澳大利亚	美国	中国	澳大利亚	

　　从历届世界女子篮球锦标赛前三名的获得情况（表 1-1-3）看，自 1953 年第 1 届开始到 2022 年第 19 届为止，共产生冠、亚、季军 57 块奖牌。美洲的美国队获 10 次冠军、2 次亚军、2 次季军，巴西队获 1 次冠军、1 次季军，智利队获 1 次冠军，加拿大队获 2 次季军，古巴队获 1 次季军。美洲有 5 个获奖国，共获奖牌 20 块。欧洲的俄罗斯（苏联）队获 6 次冠军、5 次亚军，西班牙获得 1 次冠军、1 次亚军、2 次季军，捷克（捷克斯洛伐克）获 3 次亚军、4 次季军，保加利亚队获 1 次亚军、1 次季军，南斯拉夫队获 1 次亚军，法国队获 1 次季军。欧洲有 5 个获奖国共获奖牌 26 块。亚洲的中国队获 2 次亚军、1 次季军，韩国队获 2 次亚军，澳大利亚获 1 次亚军、4 次季军，日本队获 1 次亚军。亚洲有 4 个获奖国，共获奖牌 11 块。可见女子篮球运动的优势依然在欧美国家，但以中国、澳大利亚为代表的亚洲队具有冲击决赛的实力。

　　从历届奥运会男子篮球比赛前三名的获奖情况看（表 1-1-4），自 1936 年至 2021 年共进行 20 届奥运会男子篮球比赛，产生冠、亚、季军 60 块奖牌。美洲的美国队获 16 次冠军、1 次亚军、2 次季军，阿根廷队获得 1 次冠军、1 次季军，加拿大队获 1 次亚军，巴西队获 3 次季军，乌拉圭队获 2 次季军，墨西哥队和古巴队各获 1 次季军。美洲有 7 个获奖国，共获奖牌 29 块。欧洲的俄罗斯（苏联）队获 2 次冠军、4 次亚军、4 次季军，南斯拉夫队获 1 次冠军、4 次亚军、1 次季军，西班牙队获得 3 次亚军、1 次季军，法国队获 3 次亚军，意大利队 2 次亚军，克罗地亚和塞尔维亚队各获 1 次亚军，立陶宛队获 3 次季军。欧洲有 9 个获奖国，共获奖牌 31 块。可见，除澳大利亚队获 1 次季军外，奥运会男子篮球比赛前三名均被欧美国家包揽。

表 1-1-4　历届奥运会男子篮球比赛获前三名的国家

时间	届次	地点	第 1 名	第 2 名	第 3 名	备注
1936 年	11	德国	美国	加拿大	墨西哥	
1948 年	14	英国	美国	法国	巴西	
1952 年	15	芬兰	美国	苏联	乌拉圭	
1956 年	16	澳大利亚	美国	苏联	乌拉圭	菲律宾第 7 名
1960 年	17	意大利	美国	苏联	巴西	
1964 年	18	日本	美国	苏联	巴西	
1968 年	19	墨西哥	美国	南斯拉夫	苏联	
1972 年	20	联邦德国	苏联	美国	古巴	
1976 年	21	加拿大	美国	南斯拉夫	苏联	
1980 年	22	苏联	南斯拉夫	意大利	苏联	

续表

时间	届次	地点	第1名	第2名	第3名	备注
1984 年	23	美国	美国	西班牙	南斯拉夫	
1988 年	24	韩国	苏联	南斯拉夫	美国	澳大利亚第 4 名
1992 年	25	西班牙	美国	克罗地亚	立陶宛	
1996 年	26	美国	美国	南斯拉夫	立陶宛	中国第 8 名
2000 年	27	澳大利亚	美国	法国	立陶宛	中国第 10 名
2004 年	28	希腊	阿根廷	意大利	美国	中国第 8 名
2008 年	29	中国	美国	西班牙	阿根廷	中国第 8 名
2012 年	30	英国	美国	西班牙	俄罗斯	
2016 年	31	巴西	美国	塞尔维亚	西班牙	中国第 12 名
2021 年	32	日本	美国	法国	澳大利亚	

从历届奥运会女子篮球比赛前三名的获得情况（表 1-1-5）看，女子篮球自 1976 年第 21 届奥运会被列为正式项目，到 2021 年第 32 届为止共进行了 12 届奥运会女子篮球比赛，产生冠、亚、季军 36 块奖牌。美洲的美国队获 9 次冠军、1 次亚军、1 次季军，巴西队获 1 次亚军，1 次季军。美洲有 2 个获奖国，共获奖牌 13 块。欧洲的俄罗斯队（苏联、独联体）获 3 次冠军、3 次季军，保加利亚队、南斯拉夫队、法国队各获 1 次亚军、1 次季军，西班牙队获 1 次亚军，塞尔维亚队获 1 次季军。欧洲有 5 个获奖国，共获奖牌 14 块。亚洲的澳大利亚队获 3 次亚军、2 次季军，中国队获 1 次亚军、1 次季军，韩国队和日本队各获 1 次亚军。亚洲有 4 个获奖国，共获奖牌 9 块。

表 1-1-5　历届奥运会女子篮球比赛获前三名的国家

时间	届次	地点	第1名	第2名	第3名	备注
1976 年	21	加拿大	苏联	美国	保加利亚	日本第 5 名
1980 年	22	苏联	苏联	保加利亚	南斯拉夫	
1984 年	23	美国	美国	韩国	中国	
1988 年	24	韩国	美国	南斯拉夫	苏联	澳大利亚第 4 名
1992 年	25	西班牙	独联体	中国	美国	
1996 年	26	美国	美国	巴西	澳大利亚	中国第 9 名
2000 年	27	澳大利亚	美国	澳大利亚	巴西	韩国第 4 名

续表

时间	届次	地点	第1名	第2名	第3名	备注
2004年	28	希腊	美国	澳大利亚	俄罗斯	中国第9名
2008年	29	中国	美国	澳大利亚	俄罗斯	中国第4名
2012年	30	英国	美国	法国	澳大利亚	中国第6名
2016年	31	巴西	美国	西班牙	塞尔维亚	中国第10名
2021年	32	日本	美国	日本	法国	中国第5名

另外，2021年东京奥运会首次将三对三男、女篮列为比赛项目。男子前三名分别是拉脱维亚、俄罗斯奥委会、塞尔维亚；女子前三名为美国、俄罗斯奥委会、中国。

综上可见，现代篮球运动中欧洲和美洲具有传统优势，而亚洲篮球只有澳大利亚队成绩较好。历届奥运会和世界男子篮球锦标赛成绩表明，美国是当今世界篮球运动的第一强国。第二层次的强国欧洲队居多数，如塞尔维亚、法国、俄罗斯、西班牙、法国、克罗地亚、立陶宛、德国。亚洲、非洲的整体水平在第三层次，女子篮球中个别队伍的水平在第二层次上，中国女篮近年来成绩有所提高，但不稳定。

》》（二）世界篮球运动发展趋势

现代篮球运动的发展趋势表现为：队伍大型化、队员技术全面、位置趋于模糊、进攻速度和攻守转换速度快、更加注重进攻节奏、防守凶狠、身体接触频繁、防守阵型变换多、中锋活动范围大、战术打法更加灵活。世界篮球运动职业化和产业化的发展方向使篮球运动员的技术、战术、体能、智能条件与要求逐步向篮球运动专项特征靠拢。篮球规则围绕"智、高、壮、快、准、悍、全、巧、变"不断地完善与补充，激励攻守技术、战术的不断创新发展，推动攻守对抗速度、力量、准确性、技巧性的全面提高，拼争强度更加凶悍激烈，篮球运动更具魅力。

认识与把握篮球运动趋势与潮流的前提是对篮球运动本质特征、规律的深刻认识和理解。美国、西班牙、塞尔维亚等篮球强队之所以能始终处于世界最高水平，其根本的原因之一就是能深刻认识和把握篮球运动的专项特征及基本规律，认为篮球运动的主要特征就是在特定限制条件下，通过凶悍的拼抢对抗将球准确地投进高空中的篮圈。因此，篮球训练必须抓住"高"字，突出"准"字，强调"悍"字，重视"对抗"二字，并围绕着"高""准""悍""对抗"进行深入研究，制定训练指导方法，从而形成进攻要"快"，拼斗要"悍"，技术要"全"，战术要"精"，打法要"变"，队伍有"星"，身材要"高"，体能要"强"，球场上的一切行动要"准"的执教理念。

总之，无论男子和女子篮球运动都将继续沿着一个共同发展方向：智博谋深、身高体壮、凶狠顽强、积极快速、机敏多变、全面准确，不同流派与风格的打法融合、创新发展，充分体现智勇、高壮、全面、快巧、精准、多变的发展趋势。高智慧、高身材、高体能、高速度、高强度、高技术、高比分将仍是21世纪高水平球队比赛的特点，呈现出智在充实、狠在凶悍、高在制空、快在敏捷、特在绝招、全在拓宽、巧在技艺、准在提高、精在扎实、变在机动的风采，它们的外延和内涵都将更加丰富，体现出新时代世界篮球运动发展的新趋势。

三、世界重大篮球赛事介绍

目前世界重大篮球赛事主要有奥运会篮球比赛、世界篮球锦标赛、各大洲篮球锦标赛和 NBA 职业篮球联赛。

》》（一）奥运会篮球比赛

1936 年柏林奥运会将男子篮球列为奥运会比赛项目，现已举行了 20 届奥运会男篮比赛。1976 年蒙特利尔奥运会将女子篮球列为奥运会比赛项目，现已举行了 12 届奥运会女篮比赛。

》》（二）世界篮球锦标赛、世界杯

1950 年首届世界男子篮球锦标赛在阿根廷举行，1953 年首届世界女子篮球锦标赛在智利举行，男女篮均已举行 16 届篮球比赛。历届比赛的间隔时间因某些情况而不同，一般是 4 年一届。从 1986 年起，男子和女子的比赛都在同一年进行，时间间隔为 4 年。2012 年 1 月，国际篮球联合会宣布，每 4 年举行的篮球世界锦标赛将更名为篮球世界杯（Basketball World Cup），首届男篮世界杯于 2014 年在西班牙举行。第 18 届篮球世界杯（世界男子篮球锦标赛更名为篮球世界杯后的第二届世界杯），于 2019 年 8 月 31 日至 9 月 15 日在中国八座城市举行。

》》（三）欧洲篮球锦标赛

欧洲篮球锦标赛是由欧洲篮球协会主办的国家队之间每两年进行一次的锦标赛，为欧洲地区最高水平的篮球比赛。自 1935 年首次举办，第 4 届在 1946 年举办后，从 1947 年起改作逢奇数年举办，截至 2022 年已举行了 39 届。

》》（四）亚洲篮球锦标赛

亚洲篮球锦标赛是由亚洲篮球联合会主办的国家队之间每两年进行一次的锦标赛，为亚洲地区最高水平的篮球比赛，也是奥运会和世锦赛亚洲区资格赛，锦标赛冠军获奥运参

赛资格，冠、亚、季军获世界男篮锦标赛参赛资格。该项赛事自 1960 年在菲律宾首次举办，每两年举办一届，截至 2022 年已举办了 27 届。

≫（五）NBA 职业篮球联赛

1946 年 4 月 6 日，由美国波士顿花园的老板沃尔特·阿布朗发起，11 家冰球馆和体育馆的老板成立了"美国篮球协会"（英文简称 BAA）。1949 年，美国两大篮球组织 BAA 和 NBL（美国篮球联盟）合并为"国家篮球协会"（简称 NBA）。

第二节
中国篮球运动发展简史

一、中国篮球运动的起源

现代篮球运动于 1895 年由来会理博士（图 1-2-1）带入我国。来会理于 1870 年出生于中国杭州，少年时随父去美国。1891 年，他到芝加哥学习，其间掌握了篮球运动。1895 年 9 月，他回到中国，在天津基督教青年会担任总干事，开始普及推广篮球运动。天津基督教青年会于 1896 年 3 月 29 日举行了我国第一次正式篮球比赛。随后，篮球运动又传入北京、上海的基督教青年会。1900 年以后，全国一些大城市的教会学校逐渐把篮球运动作为课外体育活动的内容之一。

图 1-2-1

二、中国篮球运动的演进过程

篮球运动在我国的发展大致分为三个阶段：中华人民共和国成立前篮球运动的发展；中华人民共和国成立后篮球运动初期发展；1995 年职业化改革后篮球运动的发展。

≫（一）中华人民共和国成立前篮球运动的发展

篮球运动传入中国的初期，主要在天津、上海及北京等几个城市的基督教青年会和某些中等以上学校的少数学生中开展。1901 年后，国内几个大城市的教会学校将篮球作为课外活动的体育锻炼手段。1908 年，上海青年会举办的体育训练班正式将篮球编入教科书。男子篮球于 1910 年被列为第一届全国运动会表演项目，于 1914 年被列为正式比赛项目；女子篮球于 1930 年被列为在杭州举行的第四届全国运动会正式比赛项目，至 1948 年共进行 6 次全国运动会篮球比赛。国际交流仅限于 1913 年以后的 10 次远东运动会篮球比赛和 2 次奥运会篮球比赛，我国男篮在 1921 年于上海举行的第五届远东运动会获得冠军。1936 年中国加入国际业余篮球联合会，男子篮球队先后参加过第 11、14 届奥运会的篮球比赛。当时广大人民群众生活贫苦，所以群众性篮球运动的发展是非常缓慢的。篮球运动员缺乏全面和系统的训练，身体素质差，技术动作缓慢，战术变化少。虽然也出现过基本技术较好的运动员，但整体水平较低。在中国共产党领导下的革命根据地为活跃军民文化生活，经常组织篮球比赛，贺龙同志领导的 120 师的"战斗"篮球队和陕甘宁边区的"东干"篮球队，在革命根据地负有盛名，这对开展体育活动、增强军民体质、鼓舞抗日士气起着积极的作用。

≫（二）中华人民共和国成立后中国篮球运动初期发展

1949 年，中国大学生篮球队参加了在匈牙利布达佩斯举行的第 10 届世界大学生夏季运动会的篮球比赛。这是中华人民共和国成立后我国篮球队的首次国际交往，对我国篮球运动的普及与提高起到了推动作用。中华人民共和国成立初期，我国篮球运动处于低水平状态。1950 年 12 月，中华人民共和国成立后第一支来访的外国强队——苏联国家男子篮球队，带来了新技术、新战术、新打法、新经验，对促进我国篮球运动水平的提高有较大的影响。为了迅速提高我国篮球运动的技术水平，1951 年全国篮、排球比赛大会后，选拔成立了男、女篮球国家队。1952 年全军运动会后成立了"八一"男、女篮球队。随后几年，全国各省、自治区、直辖市和部分行业先后组建了篮球队，进行有计划的正规训练。

1954 年，我国篮球界就篮球战术问题展开了讨论，认为快攻和紧逼盯人防守是提高我国篮球运动水平的有效途径，进一步明确了训练指导思想和我国篮球运动的发展方向。1955 年，确定了我国篮球运动应坚持"积极、快速、灵活、准确"的训练方针。1956 年建立了全国联赛的竞赛制度，并开始试行运动员、教练员、裁判员的等级制度。这些制度的实施，对我国篮球运动的促进和提高具有深远意义。1959 年，在北京举行的第一届全运会篮球比赛，四川男队和北京女队分别获得冠军。当时我国篮球在技术和战术上逐步形成了以"快攻""跳投""紧逼防守"为制胜法宝的独特风格。1963 年我国男、女篮在新兴力量运动会上双获冠军。

至 1966 年，我国篮球运动已接近世界先进水平，战胜了不少欧洲强队，后因"文革"影响而处于停滞状态，从而拉大了与国际强队的距离。1972 年国家体委在北京召开了篮球训练工作会议，提出了"积极主动、勇敢顽强、快速灵活、全面准确"的技战术风格。1974 年国际业余篮球联合会通过决议，恢复中国篮球协会的合法席位。1975 年中国篮球协会在亚洲业余篮球联合会取得了合法席位，中国男、女篮首次参加亚洲篮球锦标赛，双双获得冠军。

1981 年，国家体委、中国篮球协会在杭州召开全国篮球训练工作会议。提出了"冲出亚洲、走向世界、勇攀高峰、为国争光"的口号，确立了"以小打大""以快制高""以巧胜大"的指导思想，制定了"女篮先上，男篮跟着上"的战略方针。

我国女篮在 1983 年第九届世界女篮锦标赛中获得第 3 名，在 1984 年第 23 届奥运会篮球比赛中获第 3 名，在 1992 年第 25 届奥运会和 1994 年第 12 届世界锦标赛上分获亚军，也是至今中国篮球运动在世界大赛中的最佳名次，涌现出了郑海霞、宋晓波等优秀女子篮球运动员。这一时期我国男篮在世界大赛上取得了历史性突破，在 1986 年 10 届和 1994 年第 12 届世界男子篮球锦标赛上分获第 9 名和第 8 名，涌现出了巩晓彬、阿的江等优秀男子篮球运动员，中国男、女篮进入辉煌时期。

>>>（三）1995 年职业化改革后篮球运动的发展

1995 年我国男子篮球进行竞赛体制改革，全面推进职业化进程，CBA 联赛逐步走向市场化，有力地推动了中国篮球运动与世界篮球运动的接轨。1996 年中国男篮在第 26 届奥运会篮球比赛中获得第 8 名，取得了奥运会参赛史上最好的成绩。1997 年我国男篮在亚洲篮球锦标赛上失利，未能取得世界篮球锦标赛的入场券。1999 年我国女篮在亚洲篮球锦标赛上失利，获第 4 名，跌入 50 年最低谷，未能取得悉尼奥运会的参赛资格；我国男篮获冠军，取得 2000 年悉尼奥运会篮球比赛的入场券。2002 年 2 月至 4 月，首届 WCBA 女篮联赛举行，这是中国首次实行女篮联赛主客场制。中国女篮在 2002 年 10 月第 14 届亚运会女篮比赛中获得了近 16 年来的第一块亚运会女篮金牌，再次站上了亚洲篮球的最高领奖台。男女篮在 2003 年第 22 届亚洲篮球锦标赛上双双获得 2004 年雅典奥运会篮球比赛的入场券。

2004 年，中国篮协对多年来的工作进行全面总结，认为中国男篮要想在世界大赛中取得优异成绩，必须树立"向世界水平"冲击的勇气和信心，加强队伍的教育和管理，提高全队的凝聚力和战斗力，明确训练指导思想和技战术风格，学习和掌握世界最先进的篮球理念、训练方法和手段，加强与世界强队的交流，并借鉴其他运动项目的成功经验，以尽快提高中国男篮的技战术水平和运动成绩，从而推动中国篮球运动整体水平的提高。2 月 20 日，男篮聘请了 NBA 达拉斯小牛队的教练戴尔·哈里斯担任国家男篮主教练，原立陶宛国家队主教练尤纳斯担任助理教练，与阿的江、闵鹿磊共同组成教练员队伍。在雅典奥运会篮球比赛上，年仅 24 岁的姚明大显身手，带领中国男篮第二次打入前八名，获得我国国际篮球比赛历史总分最佳成绩。而中国女篮惨败于新西兰后无缘女子篮球奥运八强。为了备战 2008 年奥运会，2004 年中国篮协聘请了汤姆·马赫担任女篮国家队主教练，2005 年聘请了尤纳斯担任男篮国家队主教练，在他们的带领下，中国女篮实现了"保八争四"的目标，获得第四名，中国女篮第三次冲进八强。北京奥运会后，中国男篮更换教练员为郭士强，但男篮在 2009 年亚洲篮球锦标赛上惨败给伊朗。2010 年 4 月美国人鲍勃·邓华德接任了主教练一职，带领男篮国家队在 2011 年于武汉举行的第 26 届亚洲篮球锦标赛上夺取冠军。之后男篮参加 2012 年的伦敦奥运会，但由于身体对抗上的劣势，最终五战全败，未能小组出线，而中国女篮在主教练孙凤武的带领下，最终取得第六名的成绩。2013 年希腊著名教练员扬纳基斯被聘任为国家男篮主教练，带领球队参加了在菲律宾举办的第 27 届亚洲男篮锦标赛，最终成绩第五，是男篮一队自 1975 年以来的最差的战绩。2016 年里约奥运会男篮的主教练为宫鲁鸣，最终男篮得到了第十二名。2017 年 3 月起，许利民担任中国女篮主教练，2021 年许利民率领中国女篮打进东京奥运会女篮前五、获得女篮亚洲杯亚军。2017 年，中国篮协官网公布了新一届国家男篮主教练人选，李楠和杜峰分别担任两支男篮国家队的主教练。这也是中国篮球史上首次成立双国家队，两支球队在原则上不交叉、不流动，共同备战 2019 年世界杯及 2020 年奥运会。2019 年起至 2022 年初，中国男篮主教练为杜锋。

三、国内重大赛事介绍

》（一）中国男子篮球职业联赛

中国男子篮球职业联赛（CBA）是由中国篮球协会主办的跨年度主客场制最高级别的男子篮球赛事。中国篮球协会于 1995 年推出了与国际接轨的赛事——中国男子篮球甲 A 联赛，2005 年正式更名为中国男子篮球职业联赛，参赛队伍由原来的 12 支逐年扩展到 18 支，截至 2022 年已经扩大到 20 支球队。

》（二）中国女子篮球联赛

中国女子篮球甲级联赛（WCBA）是由中国篮球协会主办的跨年度主客场制最高级别的女子篮球赛事。该赛事于 2002 年拉开帷幕，共有 12 支球队参赛，截至 2022 年，参赛球队已扩大到 18 支。

》（三）NBL 职业篮球联赛

NBL 联赛是我国除 CBA 篮球职业联赛之外的又一个职业篮球赛事，由中国男篮甲 B 联赛与乙级联赛合并而成。由于 NBL 的各支球队水平参差不齐，为了保证联赛的质量，NBL 会在比赛正式开始前进行一个预选赛，最终选出实力最强的 10 至 12 支球队进行比赛。

自 2010 赛季 NBL 改组后，正赛由 10 支球队组成，也被称为 A 组赛事。

≫（四）中国大学生篮球联赛

中国大学生篮球联赛（CUBA）是由中国篮球协会主办的高校间的篮球联赛，其宗旨"发展高校篮球，培养篮球人才"，模式参照美国的 NCAA 大学篮球联赛形式，中央电视台体育频道等每年都会现场直播部分重要场次的比赛。联赛 1996 年开始酝酿，1997 年建立章程，1998 年开始正式推行，设男子组和女子组，历经多年的发展已成为国内篮坛重大赛事之一。

 内容提要

- 对于他国篮球文化，取其精华，去其糟粕，批判继承。对于传统篮球文化中符合我国篮球发展要求的、适合我们技术特点与风格的，应该继续保持和发扬。
- 正确对待外来文化影响，传承中华优秀传统文化。
- 我国篮球运动的发展必须与弘扬时代精神相结合。
- 通过篮球场地、器材与规则的演进，鼓励发挥自主创新精神。
- 国家荣誉高于一切，国家男、女篮取得好成绩，应感到骄傲和自豪。

 思考题

1. 简述篮球场地、规则的演变过程对篮球发展有何促进作用。
2. 世界篮球的重大赛事有哪些？并分析目前世界篮球格局。
3. 中国篮球的重大赛事有哪些？并分析目前中国篮球格局。
4. 简述篮球运动的基本规律有哪些。
5. 阐述如何提高我国篮球运动的竞技水平。

第二章

篮球运动基本技术

第一节

移动

一、移动技术分析

　　移动技术尽管种类繁多，在运用上又千变万化，但万变不离其宗。良好的控制、转移身体重心，快速有力的腿部蹬跨能力和维持身体平衡的能力，是掌握移动技术的根本。这两种能力发挥得如何，决定着移动技术动作稳健、快速、善变的程度。移动的动作结构主要是以踝、膝关节为轴的多个不同动作合理组成的。

　　脚步动作是通过脚前掌的蹬地、碾地或脚跟先着地后的抵地等动作的力作用于地面和地面的反作用力来实现的。而脚对地面的作用力和来自腿部的伸展力是分不开的。即踝、膝、髋关节预先弯曲到一定的角度，然后主动伸展，使力通过脚步动作施加于地面，与此同时，腰、胯协调用力，配合或加大对地面的作用力，并利用地面支撑反作用力来克服人体重力和惯性力，以保持身体平衡、控制和转移重心，从而使人体获得起动、起跳、旋转、制动等位移的变化。各种脚步动作虽然主要是下肢踝、膝、髋关节肌肉合理的动作过程，但也离不开身体其他部位的协调配合。特别是腰、胯用力的配合，带动上体使动作协调，调整或转移身体重心，保证人体诸力与地面的反作用力很好地结合，才能起到很好的作用。同时，上肢的协同动作，能更好地保证各种脚步动作的协调性、快速性、实效性，有利于维持身体的平衡。

篮球场上的移动，不是一般生活意义上的走、跑、跳等活动，而是根据比赛的需要，与其他技术相结合合理控制身体、控制球的技术活动，经常是在不同条件下多个动作的组合运用，具有组合性的特点。同时，随着场上形势的变化，移动技术常常在动态的情况下完成，要求队员必须具备速度的灵活变化和高度的视觉反应能力，随时控制好身体重心的平衡与转移。

随着篮球运动的发展，以控制身体为核心的移动技术的重要性也逐渐凸显出来，对移动技术的动作速率、节奏、幅度、高度、平衡与滞空以及动作的突然性都提出了新的要求。在清楚移动技术基本原理的基础上，多个动作之间的衔接和组合、专项身体素质的提高以及与其他攻守技术的结合是提高移动技术的重要途径。

二、移动技术动作方法

移动技术是掌握篮球攻防技术的基础，是篮球运动中控制和改变身体位置、方向、速度，争取高度与抢占位置所采用的各种动作方法的总称。基本站立姿势、各种形式的步法、急停和跳构成了移动技术。保持正确合理的准备（基本）姿势、控制身体重心的平衡与身体各部分的协调配合是移动技术的关键。

》》（一）基本姿势

为了更好地发挥进攻与防守技术，运动员在场上有必要随时保持平衡、稳定、快速的（起动的）身体姿态。这种身体姿态是篮球场上的基本姿势，又称之为篮球运动的准备姿势或预备姿势，为所有的攻防情况做好了最佳准备。

基本姿势的动作方法：两脚前后或左右开立，距离约同肩宽，两膝微曲（大小腿之间的夹角约为 135°），身体重心的投影点落在两脚大脚趾指跟部位间连线的中点处。上体前倾、收腹、含胸、立腰，两肘自然弯曲置于身体两侧。

》》（二）跑

跑是运动员改变位置、发挥速度的动作方法，也是球场上应用最多的移动技术。篮球场上的跑具有快速、多变的特点。球场上经常应用的跑的种类有：变速跑、变向跑、侧身跑、后退跑。

1. 变速跑

变速跑是队员在跑动中利用速度的变换争取主动的方法。加速跑时，两脚要突然短促连续快速蹬地，加快跑的速率；减速跑时，上体直起，重心后移，前脚掌抵地缓冲前冲力，从而降低跑速。

2. 变向跑

变向跑是队员在跑动中突然改变方向完成攻守任务的一种方法。变向跑的动作方法是（以从右向左变向为例）：从右向左变向时，最后一步用右脚前脚掌内侧用力蹬地，同时脚尖稍内扣，迅速屈膝，腰部随之左转，上体向左前倾，移动重心，左脚向左前方跨出，然后加速前进。

3. 侧身跑

侧身跑是指队员在跑动中为了抢位、摆脱防守或接侧后方来球而采用的一种跑动方法。侧身跑的动作方法是：在跑动时头部和上体转向侧面或有球的一侧，而脚尖朝着跑动方向，既要保持跑速，又要保持身体平衡，完成攻守任务。

4. 后退跑

后退跑使运动员在向后移动中保持良好的视野，是背对前进方向的跑动方法。后退跑时，上体放松，两臂屈肘摆动维持身体平衡，前脚掌交替蹬地向后跑动。

>>>（三）急停

急停是指队员在快速移动中突然制动的一种方法，是多种脚步动作衔接与变化的过渡动作，篮球比赛中急停多与其他技术结合运用。急停分跳步急停和跨步急停两种。

1. 跳步急停

跳步急停又称一步急停，在节约时间和空间方面较有优势，是可用于迅速获得投篮、传球、运球的准备姿势，以及接球后对身体平衡和位置的控制。跳步急停的动作方法是：跑动中用单脚或双脚起跳，使双脚稍有腾空，上体稍后仰，两脚同时平行落地。落地时全脚掌着地，屈膝缓冲，两臂屈肘微张。

2. 跨步急停

跨步急停又称两步急停，在改变方向或快速移动中多采用跨步急停。跨步急停是两拍急停，急停时先向前跨出一大步，用脚跟先着地并迅速过渡到全脚掌抵住地面，降低重心，身体稍后仰；第二步落地的同时，两膝深屈并内扣，身体稍侧转，两脚尖自然转向前方，前脚掌内侧用力抵住地面制动。上体稍后仰，两臂屈肘自然张开，然后上体迅速自然前倾，控制身体平衡。

>>>（四）转身

转身是以一脚做中枢脚进行旋转，另一脚蹬地向前或后跨出，从而改变身体方向的动作方法。转身可与急停、跨步、持球突破结合运用，可以有效地摆脱防守，创造传球、投篮、突破机会。

转身时，重心移至中枢脚，另一脚前脚掌蹬地，同时中枢脚以前脚掌为轴用力蹍转，腰胯主动用力旋转，身体重心随着转移，向前或后改变身体方向。在身体转动过程中，要保持重心平稳，不要起伏。转身后，身体重心移至两脚之间。

转身技术分为前转身和后转身。前转身是以中枢脚为轴，向前移动改变身体方向的动作方法。后转身是以中枢脚为轴，向后移动改变身体方向的动作方法。

≫（五）滑步

滑步是防守移动的一种主要方法，它易于保持身体平衡，可向任何方向移动。动作开始时，为了保持身体的平衡和灵活，应两脚平行或前后开立，两膝较深弯曲，上体略前倾，两臂侧伸。依据移动的方向，滑步可分为侧滑步、前滑步、后滑步。

侧滑步向右移动时，左脚前脚掌内侧蹬地，右脚向右侧贴近地面滑出一小步（右脚脚跟内侧先着地，迅速过渡到全脚掌），左脚随之跟并（两脚保持一定距离）；连续移动，即为向右的侧滑步。

向前滑步从前后开立的准备姿势开始，后脚的前脚掌蹬地，前脚向前跨出一小步，后脚随之跟并。后滑步的动作方法相同，只是向后移动。

技术提示 ≫≫

防守滑步应学会前滑步、后滑步、侧滑步。

防守滑步时，脚步应贴住地板滑动，滑步时，头部保持水平移动，避免"兔跳"；每一"单个"滑步之后，应该保持（防守）基本姿势。

≫（六）撤步

撤步是前脚向后撤步，前脚变后脚的一种动作。当对手从自己前脚外侧突破或摆脱时，防守队员常用后撤步移动堵截，并与滑步、跑等结合运用。

撤步时，用前脚的前脚掌内侧蹬地，同时腰部用力向后转动，后脚碾蹬地面，前脚快速后撤，调整身体姿态。撤步时，前脚蹬地后撤要快，后脚碾地扭腰转髋要猛，后撤角度不宜过大，身体不要起伏。

≫（七）跳

跳是队员在场上争取高度及远度的一种动作方法。篮球比赛中很多技术需要队员在空中完成，队员必须能单脚、双脚起跳；会在原地、跑动中和对抗条件下向不同方向跳、连续跳等。并要求起跳快、跳得高、滞空时间长，更好地在空中完成各种攻守动作。跳有双脚起跳和单脚起跳两种方法。

双脚起跳前，要保持身体的平衡；起跳时，两膝弯曲降低重心，两脚用力蹬地，同时提腰摆臂向上起跳；跳在空中时，身体自然伸展控制平衡。落地时，前脚掌先着地，屈膝缓冲，保持身体平衡，以便衔接下一个动作。双脚起跳可在原地运用，也可在上步、并步或助跑情况下运用。双脚起跳力量集中，常用于内线区域抢篮板球、强行投篮等。

单脚起跳时，踏跳脚脚跟先着地，迅速过渡到全脚掌用力蹬地，同时提腰摆臂，另一腿快速屈膝上提，当身体达到最高点时，摆动腿自然伸直与起跳腿合并。落地时，注意屈膝缓冲，维持身体平衡，以便衔接其他动作。单脚跳常用于行进间投篮或移动中封盖投篮，也用于冲抢篮板球，这种起跳方式需要时间和空间，多在助跑情况下运用，能跳得更高。

三、移动技术教学与训练

≫（一）移动技术教学与训练建议

（1）移动技术的教学顺序一般是：基本站立姿势、跑、滑步、急停、转身、跳等步法。

（2）在教学与训练中，应先采用慢速练习方法，让学生体会动作难点、掌握动作方法，再用正常的速度练习各种脚步变化。在掌握各种移动技术之后，要结合一对一的攻守对抗练习，培养、提高学生运用移动技术的意识和能力。

（3）移动技术的练习应与提高专项身体素质紧密结合，加强下肢力量和踝、膝、髋关节灵活性及手臂动作协调性的训练，还应与其他攻守技术、战术基础配合进行。

≫（二）移动技术常见错误与纠正方法

常见错误	纠正方法
● 起动前身体重心偏高，两膝弯曲不够，不便于迅速蹬地。 ● 侧身跑时上体转体不够，动作不协调，转身时腰胯用力不够。 ● 急停时，身体紧张程度不够，停不稳，重心前移，没有制动和身体自然调整重心的动作。 ● 转身时，中枢脚未用前脚掌作轴旋转，身体上下起伏，重心不稳。 ● 滑步时，两脚并步，身体重心上下起伏。	● 加强髋关节的灵活性练习和腿部肌肉力量练习。在规定的高度下做移动练习，强迫屈膝降低重心。 ● 教师用正确的示范动作引导学生练习，在练习中经常用语言提醒。 ● 为了使学生规范地掌握动作，在教学方法上可以用技术分解进行练习，练习中由慢至快，由简入繁。

>>>（三）移动技术学练方法

1. 起动和跑的练习

● 基本站立姿势（面向、背向、侧向），听或看信号做起动跑的练习。

● 在各种情况和状态下（蹲着、坐地、原地各种跑动中、原地向上或向侧跳起时、滑步中、急停以后），听或看信号向不同方向做起动跑的练习。

● 自己或同伴抛球，球离手后起动快跑接球，不让球落地，把球接住。

● 原地运球，听或看信号做起动快速运球的练习。

● 利用篮球场的圈、线做侧身跑和对角折线跑。

● 两人一组做侧身跑。

● 两人行进间传球，练习侧身跑。

2. 急停练习

● 保持基本站立姿势，慢跑两三步接着做跨步急停和跳步急停。

● 以稍快节奏跑三五步接着做跨步急停和跳步急停。

● 快跑中听或看信号做跨步急停。

● 跑动中做接球急停，然后传球。

● 运球结束时做急停，接着传球或投篮。

3. 转身练习

● 成基本站立姿势，分别以左、右脚为轴，做前、后转身 90°、180°、270°的练习。

● 慢跑中急停，做前、后转身 90°、180°起动快跑。

● 原地持球，分别以左、右脚为轴，做前、后转身练习。

● 跳起接球后，做前、后转身传球、运球或投篮。

● 在一对一攻守中，做前、后转身护球练习。

4. 跳的练习

● 原地听信号向上或跨步向前、侧、后上方做双脚起跳练习。

● 助跑两三步后，做单脚或双脚起跳。

● 结合跨步、转身、急停等动作练习起跳动作。

● 助跑后做单脚起跳用手摸篮板、篮圈的练习。

● 单、双脚起跳后做接球、传球或断球等动作练习。

5. 防守步法练习

● 听和看手势做向左、向右、向前、向后滑步。

● 向前滑步变后撤步接侧滑步。

● 向前或向后滑步，接攻击步变后撤步接侧滑步。

● 按规定路线或标志物做"之"字形、三角形、小"8"字形滑步和"T"字形碎步练习。

● 一对一攻守中，迎上做碎步堵截对手移动路线练习；做攻击步抢球、打球练习。

6.移动技术综合练习

● 由守转攻综合性脚步练习，练习方法如图 2-1-1。

● 进攻跑动及换位综合性移动练习，练习方法如图 2-1-2。

● 半场摆脱与防摆脱练习，练习方法如图 2-1-3。

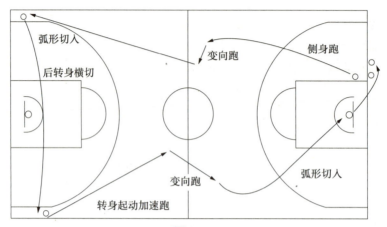

图 2-1-1

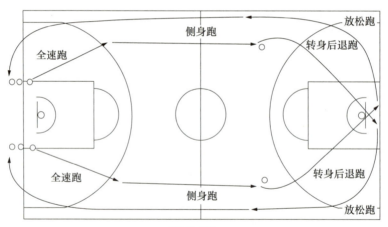

图 2-1-2

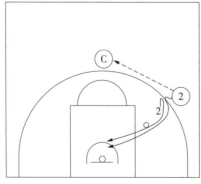

图 2-1-3

传、接球

传、接球技术是篮球比赛中进攻队员之间有目的地支配球、转移球的方法，是进攻队员在场上相互联系、组织进攻战术的纽带。巧妙地利用球的转移调动防守，可以打乱对方的防守部署，创造良好的进攻机会，提高攻击效率。传、接球质量的好坏，直接影响战术执行的质量以及进攻的成功率，甚至可以决定比赛的胜负。现代篮球运动要求运动员在比赛中运用传、接球技术时，应做到隐蔽、及时、多变、准确。

一、传球技术动作结构

传球的技术方法很多，从传球的技术动作发生过程来说，一个完整的传球技术过程，应该包括持球方法、传球手法、球的飞行路线和球的落点四个环节。

≫（一）持球方法

持球方法是技术基础，正确的持球动作有利于对球的保护与控制，有利于快速、准确、及时地完成技术动作。持球方法是指手持握球的方法，分双手持球和单手持球两种。

1.双手持球方法

两手手指自然分开，拇指相对成"八"字形，用指根以上部位持球的两侧后下方，掌心空出，两臂屈肘，自然下垂，置球于胸腹之间。

2.单手持球方法

手指自然分开，用手掌外沿和指根以上部位托球，掌心空出。

≫（二）传球手法

传球的手法决定了球的飞行路线、速度和落点。通常短距离传球主要靠手指、手腕和手臂发力将球传出。远距离传球时要通过下肢蹬地、跨步、腰腹综合用力及上、下肢的协调配合，最后通过手臂、手腕和手指拨球的力量将球传出。

≫（三）球的飞行路线

由于传球时手指、手腕用力的大小，用力的快慢以及力作用于球的部位不同，所传出球的飞行路线有直线、弧线、折线。由于攻守队员的位置、距离、移动的速度及意图等情况不同，所以选择的传球路线和飞行速度也有所不同。总之，要随机应变，准确地掌握传球时机，正确合理地选择传球方法和球的飞行路线，使同伴顺利地接到球进行攻击。

≫（四）球的落点

球的落点是指传出的球与接球同伴相遇的方位。传球时要根据接球队员的位置、移动速度、意图及防守队员的站位情况来考虑传球力量的大小、距离的远近、速度的快慢、弧线的大小，准确地控制好球的方向和落点。传出的球要使防守队员触及不到，同时有利于接球同伴接球后能顺利地衔接下一个动作。

传球是一个多环节的连贯动作，传球技术的完成，不仅是手的作用，而且是全身协调用力的结果。特别是随着传球距离的增大，传球时，脚的蹬地、重心的控制、脚步的跟进、出球的最后手腕和手指的动作都会对传球效果产生影响。

二、传、接球技术动作方法

≫（一）双手胸前传球

双手胸前传球是篮球比赛中最基本、最常用的传球方法，具有传球快速有力、准确性高、容易控制、便于与其他动作相结合的优点。

原地双手胸前传球的动作要领是：身体成基本姿势站立，两手五指自然分开，拇指相对成"八"字形，用指根以上部位握持球的侧后上方，手心空出；两肘自然弯曲于体侧，将球置于胸腹之间。传球时，在下肢蹬地、身体重心前移的同时，两臂前伸，在伸展手臂的同时，前臂外旋，拇指用力下压，食、中指用力弹拨，将球传出。球出手后，掌心与拇指向下并稍向外，其余手指向前。距离较远的传球，则需加大蹬地、伸臂和腰腹的协调用力。

双手胸前反弹传球常用于传给切入的队友，或防守人封锁上方传球路线的情况下。反弹传球的击地点在传、接球人之间，距离传球人三分之二的位置上；有防守时，传球的击地点应该越过防守人，球的反弹高度在接球人的身体中部。

≫（二）双手头上传球

双手头上传球出手点高，适合于高大队员抢获篮板球后的快攻第一传，或外线队员传给内线队员的高吊球时使用。

双手头上传球的动作要领是：传球时，双手持球置于头上方，向前挥摆的同时前臂外旋、手腕前屈外翻，拇指、食指、中指用力拨球，将球传出。远距离传球时，可以加强下肢蹬地的力量，并收腹带动前臂挥摆，以加大传球的力量。

>>> （三）单手肩上传球

单手肩上传球是一种常用于中、远距离的传球方法（因动作方法类似于棒球中接球手传球时的方式，又称为棒球式传球）。传球时用力大，球飞行速度快，利于在发动长传快攻时运用。

单手肩上传球的动作要领是：传球前，双手持球于胸前，两脚平行开立，右手传球时，左脚向传球方向跨出半步，右手靠左手推送球的力量将球引至右肩上方。右肩关节外展，上臂与地面接近水平，大、小臂自然弯曲，手腕稍后屈，托持球的后下方。左肩对着传球方向，重心落至右脚上。传球时，右脚蹬地、转体，带动右上臂，以肘领先前臂，迅速向前挥摆，手腕前屈，食指、中指用力拨球将球传出。

传球的方法很多，除上述提到的传球方法外，还有单手胸前、单手体侧、单手背后、单手头后、勾手传球等形式。传球应优先使用伸肘、屈腕和拨指的力量，远距离传球时，要更多地动用躯干与下肢力量。传球的屈腕、拨指动作，会使球产生一定的旋转，但没必要刻意对球施加旋转，造成接球困难。由于用力方向的不同，球在空中呈直线、折线或弧线飞行。传球时，应根据接球队员的位置和移动速度决定传球的力量大小与方向，一般将球传至接球队员胸前的位置。传球给移动中的队员时，应判断其移动的方向与速度，做到人到球到，人球相遇。

>>> （四）接球技术的动作方法

接球是篮球运动中获得球的方法。在激烈对抗的比赛中，能否采用正确的动作牢稳地接球，对减少传球失误、弥补传球不足，以及截获对方的球等都是非常重要的。

接球时要迎着来球方向去接，要判断球的力量、速度和落点，尽量用双手接球。接球后，注意对球的保护和维持身体平衡。外线接球后，应及时调整身体姿态，面对球篮，成"三威胁"姿势。

双手接球时，两眼注视来球，两臂迎球伸出，双手手指自然张开，两拇指成"八"字形，其他手指自然伸展，两手成一个半圆形。当手指触球的一刹那，两臂顺势屈肘后引，缓冲来球的力量，持球于胸腹之间，成基本站立姿势，以便于衔接下一个动作。

单手接球范围大，能接不同位置和方向的来球，有利于队员接球后的快速行动。原地单手接球时，接球手向来球方向伸出，五指自然分开，掌心正对来球。当手指触球时，顺球的来势收臂，缓冲来球的力量，另一手迅速扶球。保持身体平衡，做好下一个进攻动作的准备姿势。在移动中接球时，要判断来球的速度和落点，及时向来球方向跨步移动接球。

技术提示)))

接球队员摆脱防守后要及时指示传球目标，接球时应跳步急停着地，这样有助于控制身体平衡、控制球以及获得下一个机动灵活的准备姿势。另外，接球时应目视来球，球在控制牢固之前不要传、运或投篮，并且要"迎前接球"。

三、传、接球技术教学与训练

》》（一）传、接球技术教学与练习建议

（1）双手胸前传球、双手头上传球、单手肩上传球等是最基本的传球技能，也是教学训练的重点。基本技术的教学要强调形成规范的动作定型，在此基础上学习其他传球方法如单手体侧传球、背后传球、勾手传球、头后传球等，并逐渐增加练习的难度。

（2）传、接球练习应从提高控制球、支配球的能力开始。传、接球技术教学应与熟悉球性的练习相结合，增强手对球的感应能力和控制、支配球的能力，在此基础上进行原地传、接球练习；掌握正确的传、接球动作后，把传、接球与脚步动作配合，进行移动传、接球练习；然后再将传、接球与无球移动、运球、投篮等技术结合，进而在有防守的情况下进行传、接球练习，以提高学生传、接球技术的运用能力、应变能力，以达到实战需要的目的。

》》（二）传、接球技术常见错误与纠正方法

常见错误	纠正方法
双手胸前传球时，全手掌触球，手心没有空出，两拇指距离过大或过小，持球动作不正确。	示范讲解正确的持球手法。
双手胸前传球时两肘外展过大，形成挤球；两臂用力不一，出手后两手上下交叉。	两人一组，面对面站立，两人共持一球，练习者按照双手胸前传球的方法进行传球。辅助者始终手不离球，如同"拉锯"，帮助练习者体会正确的出球路线。

》（三）传、接球技术学练步骤与方法

1. 熟悉球性的练习方法

1）双手交替点拨球

练习方法：用指跟以上部位触球，双手手指弹拨、手腕转翻交替点拨球，练习时节奏可由慢至快、由快至慢，并不停改变球和两臂的高度（上至头、下至脚）反复练习。

2）抛接球

练习方法：双手或单手将球垂直抛起，然后接下落至合适高度的球。熟练后可以练习接身后球、反弹球以及变换身体姿势后接球等。

3）绕环

练习方法：使球经头部、腰部、膝关节、踝关节绕环，或依次经过以上身体部位的练习。可变化幅度与速率增加难度进行练习。

4）单手体后抛接球

练习方法：单手翻腕持球于身后，右手将球经体后抛至左侧肩膀外侧上方，左手迎上接球后，将球经体后抛至右侧肩膀外侧上方，双手交替进行练习。

5）胯下交接球

练习方法：微曲身体前行，向前迈出右腿的同时，左手持球在两腿中间将球交与右手；左脚继续向前迈进，右手持球经右腿外侧在两腿间将球交与左手，依次前进做胯下"8"字交叉接球。交接球的轨迹也可以由外向里进行。通过改变行进速度与向前迈步的方式（如向后迈步、左右迈步、跨跳步等）变化练习形式。

6）跑跳步胯下交接球

练习方法：行进间高抬腿或正踢腿，胯下做"8"字交接球。

2. 原地传、接球的练习方法

1）双手胸前传球动作徒手模仿练习

练习方法：两手成半球状自然张开，双手持"球"于胸腹之间，听语言提示依次做"手腕上翻—伸臂—前臂外旋—压腕拨球"的双手胸前传球动作徒手模仿练习。

2）两人原地传、接球

练习方法：两人一组一球，相向而立，练习传、接球。

此方法可作为双手胸前、单手胸前、单手体侧、双手头上等多种传球方式的练习。

3. 移动传、接球的练习方法

1）迎面上步传、接球练习

练习方法：练习者排成纵队，①持球距纵队 5～7 m 与其他队友相向而立，②上步接

①传来的球并回传给①，然后跑回队尾。接着③④⑤依次反复练习（图 2-2-1）。此练习可要求练习者跑动接球、回传球，接球后急停再上步传球等。

图 2-2-1

图 2-2-2

2）横向移动换位传接球

练习方法：四人一组两球，④⑤各持一球，相距 3～5 m 两两相向站位。④⑤同时传直线球于⑥⑦，然后两人立即横向移动换位接⑥⑦的回传球。⑥与⑦传球后同样横向移动换位接球（图 2-2-2），依次反复练习。

3）三角移动传接球

练习方法：队员分为三组成等边三角形站位，①传球给②后迅速跑至②组队尾，②立即将球传给③后迅速跑至③组队尾，③接球后迅速传给①组的第 2 名队员并迅速跑至①组队尾（图 2-2-3），依次循环连续练习。

图 2-2-3

4）四角弧线跑动传接球

练习方法：⑤传球给⑥后，跑动中接⑥的回传球再传给⑦，然后跑到⑦组的队尾；⑥紧跟⑤身后移动，跑动中接⑦的传球并传给⑧后跑至⑧组的队尾，⑧传球给⑤组的第二位队员（图 2-2-4），依次连续进行。练习熟练后可以同时传两个球或三个球。

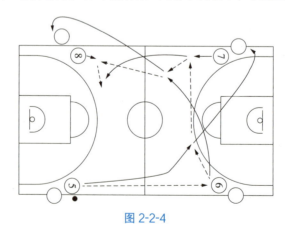

图 2-2-4

5）全场弧线侧身跑传、接球

练习方法：⑤先后分别传给⑥、⑦、⑧后，沿所示路线侧身跑、接回传球（图

2-2-5）。练习规定的次数后换至球场的另一侧。

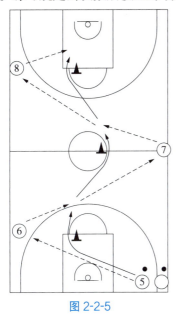

图 2-2-5

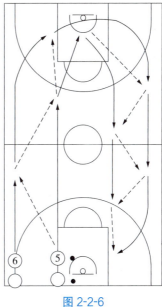

图 2-2-6

6）二人直线传球推进

练习方法：两人一组一球，在全场范围内做直线传球推进练习（图 2-2-6）。

7）三人直线传球推进

练习方法：三人一组一球，在全场范围内做直线传球推进练习（图 2-2-7）。

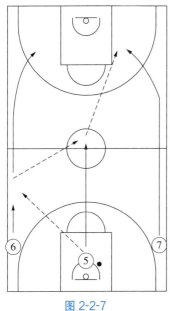

图 2-2-7

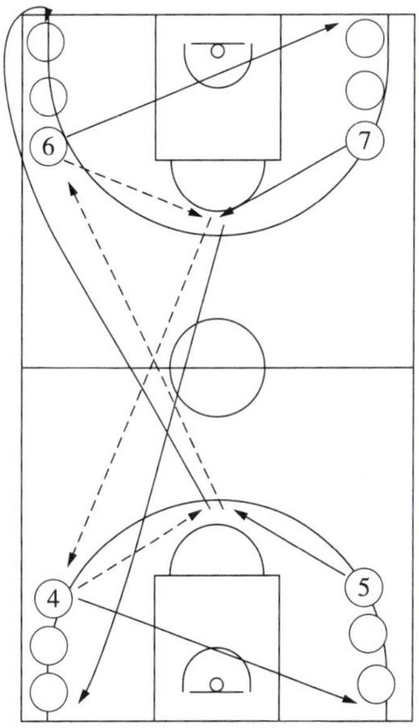

图 2-2-8

8）三人"8"环绕传球推进

练习方法：三人一组一球，在全场范围内做三人"8"环绕传球推进练习。

9）四角移动传接球

练习方法：④传球给插中接球的⑤后快速跑至⑤组的队尾，⑤接球后将球快速传给⑥并跑至⑥组队尾，⑥接球后传给⑦并跑至⑦组的队尾，依次反复练习（图2-2-8）。

10）全场传、运结合练习

练习方法：在罚球圈、中圈设三名防守队员，练习者两人一组一球，在全场范围内传或运球，要设法避开防守者的封堵与阻拦，选好传、运时机。球被触及或违例则攻防互换。

4．防守情况下传、接球的练习方法

1）两传一抢

练习方法：三人一组一球，两人相距4 m左右相向而立，进行原地传球，一人积极移动进行防守，防守者触及到球后，与传接球失误者攻防互换。

2）三传两抢

练习方法：五人一组一球，三人间隔4.5～5.5 m站立，进行原地传球，两人积极移动进行防守，防守者触及到球后，与传接球失误者攻防互换。此练习也可以进行四人传球、三人防守。

3）全场设固定防守两人传、接球

练习方法：在后场罚球圈、中圈、前场罚球圈内各设一名防守者，练习者两人一组一球，通过传球推进至前场投篮，防守者触及到球后，与传接球失误者攻防互换。

4）只能传球推进的全场比赛

练习方法：练习者分为人数相等的两组，在全场范围内进行只能传球推进的篮球比赛。

第三节

运球

运球是篮球运动中重要的进攻技术，是队员在比赛中携带球移动的唯一方法。运球不仅是个人摆脱防守，创造传球机会、突破、投篮得分的重要进攻手段，也是发动快攻、组织全队战术配合的纽带。运球技术的熟练程度，反映了运动员控制球、支配球的能力。运球技术的提高，有助于其他进攻技术的发展。

随着现代篮球技战术的发展，运球技术也发生了很大的变化，其突出的特点首先是运球动作幅度大，运球时多以肩关节为轴，手腕、手指按拍、吸拉球，增大了控球范围和球在手中的停留时间，并在必要时以球移动幅度和快慢节奏的变化突破防守；其次是运球方式变化多，各种运球方式的组合应用、运球与脚步动作以及运球与其他进攻技术的结合应用等，使运球技术变得具有更强的迷惑性、突然性、攻击性。

一、运球技术动作结构

运球技术的动作方法很多，但各种运球技术的动作方法一般都会涉及身体姿势、手臂动作、球的落点和手脚配合四个环节。运球技术的关键是手对球的控制和支配能力、脚步移动的熟练程度以及手、脚、躯干三者的紧密配合。

》》（一）身体姿势

两脚前后或左右开立约与肩宽，两膝保持相应的弯曲，侧身且上体稍向前倾，抬头平视。非运球手臂屈肘平抬，肩略向前，用以保护球。

》》（二）手臂动作

运球时的手臂动作包括手接触球的部位，运球时指、腕以及手臂按压、吸拉球的动作，按拍球的部位和力量大小的运用。运球时，五指自然张开，用手指和手掌的部分部位触球，掌心空出，手指、手腕放松。根据技术动作方法的不同，运球时指、腕以及手臂的动作有所区别，低运球时，主要以腕关节为轴，用手指、手腕的力量运球；高运球时，主要以肘关节为轴，用前臂和手指力量运球；体侧或身体侧后的提拉式高运球主要以肩关节为轴，用上臂、前臂、手腕和手指的力量运球。运球的方向和速度决定按拍球的部位和力量，按拍球的部位不同，球的入射角和球反弹的反射角也不同；按拍球的力量不同，球从地面反弹的高度与速度也不同。

》》（三）球的落点

运球的速度、方向和防守情况不同，球的落点不同。在无人防守或消极防守情况下的直线高运球，球的落点在运球手的前外侧。推进速度越快，落点越靠前，离身体越远。在被紧逼防守的情况下，运球的落点应在体侧或侧后方，以便保护球；变向运球时，球的落点位于运球手的异侧，胯下变向运球的落点位于胯下两脚之间的地面上。

》》（四）手脚协调配合

运球时既要使身体的移动速度和运球速度协调一致，又要保持合理的运球节奏，并注意身体重心的控制。在移动速度不变的情况下，能否保持脚步动作和手脚动作协调一致、同步进行，关键在于按拍球的部位、落点选择和按拍球的力量大小，脚步移动越快，按拍球的部位越是靠后侧下方，落点也越远，反弹起来的力量也越大。

二、 运球技术动作方法

运球按动作位置变化可以分为原地运球和行进间运球两大类。按运球的方法又可以分为：高、低运球，体前变向换手运球，体前变向不换手运球，胯下运球，背后运球，运球转身。

》》（一）高、低运球

高运球是进攻队员在没有防守干扰的情况下，为了加快向前场推进的速度或在进攻中调整进攻速度和进攻位置时常采用的一种运球方法。其特点是按拍球的力量大，反弹高度高，便于控制，行进速度快。

高运球时两腿微屈，上体稍前倾，两眼平视，以肘关节为轴，前臂自然伸屈，用手腕、手指柔和而有力地按拍球的后上方。球的落点控制在运球手臂同侧脚的外侧前方，球的反弹高度在胸腹之间。

进攻队员在受到对手紧逼或阻抢时，常采用低运球以保护球或摆脱防守。低运球时，两腿弯曲，重心下降，上体前倾，球的落点在远离防守对手的一侧，用上体和腿保护球。同时，用手腕和手指短促地按拍球的后上方，把球控制在膝关节的高度。行进间低运球拍球的部位在球的后上方或后侧方，两腿用力后蹬，继续快速前进。

》》（二）体前变向换手运球

体前变向换手运球是当对手堵截运球前进路线时，突然向左或向右改变运球方向，借以摆脱防守的一种运球方法。

使用体前变向运球时，运球队员和防守队员之间应该有足够的空间。右手运球从对手的右侧突破时，先向对手的左侧做变向运球的假动作，当对手向左侧移动堵截时，运球队员突然按拍球的右后上方，使球经自己的体前右侧反弹至左侧前方，同时右脚向左前方跨出，上体向左转，侧肩挡住对手，同时换左手按拍球的后上方，左脚跨出并用力蹬地加速，从对手的右侧突破。

体前变向换手运球的技术重点是：变向时，降低重心、转体探肩、突然蹬跨，换手变向后加速要快。

》》》（三）体前变向不换手运球

体前变向不换手运球是在控制运球或碎步运球时使用的一种假的体前变向运球动作。实施体前变向不换手运球时，运球手将球推拉至身体中间位置，同时向突破方向的异侧做假动作诱骗防守，运球时手不离球，不变化运球手，而是将手旋转到球的内侧上部，拉球到原来运球的位置，继续加速运球前进。

》》》（四）胯下运球

胯下运球保护球的优势明显，实战中常快速运球逼近对手后突然做胯下运球加速突破，或运球急停胯下拉回再突然变速变向突破，或连续胯下运球迷惑对手，伺机突破，寻找进攻机会。其动作方法是，右手运球时左脚在前，右手按拍球的右侧上方，使球从两腿之间穿过，右脚向左脚侧前方跨出，换左手运球，侧身探肩继续前进。

》》》（五）背后运球

当对手堵截运球一侧，且距离较近不便运用体前变向运球时，运球队员可采用背后运球改变方向以突破防守。

其动作方法是，右手运球从背后换左手时，右脚前跨，右手将球拉到右侧身后，迅速转腕按拍球的右后方，使球从背后反弹至左侧前方，左脚同时向左前方跨步，换左手运球加速前进。按拍球的部位正确、变向迅速、跨步及时、重心迅速跟上是背后运球的关键。

背后运球时，身体在球与防守者之间，这样更有利于对球的保护，与体前变向运球和运球转身相比，背后运球有自己独到的优点：与体前变向运球比较而言，能更好地保护球；与运球转身比较而言，背后运球的优势在于眼睛还能观察场上的情况，同时背后运球改变方向的速度明显优于运球转身。

》》》（六）运球转身

以右手运球转身为例来说明该动作的技术要领，运球转身时，左脚在前为轴，向后转身的同时右手将球拉至身体的后侧方，并按拍球落在身体的外侧方，然后换左手运球，加速前进。其动作关键在于最后一次运球要用力，转身需迅速，重心不要起伏，按拍球的部位应正确，转、蹬、拍协调连贯。

运球转身时，运球者的身体处于球与防守者之间，便于在运球的过程中对球的保护。

技术提示)))

运球技术的应用时机

应根据场上的具体情况，因时、地、境等不同灵活判断是否运球，一般而言，下列情况可以运球：

- 由后场向前场推进，组织和发动快攻。
- 调整进攻方向和位置，组织和发动阵地进攻配合。
- 摆脱防守，运球后便于投篮、传球或突破上篮。
- 为了制造对方犯规，使用突破打法。
- 使用控制球战术。

三、运球技术教学与训练

》》（一）运球技术教学与练习建议

（1）运球技术是一种本体感觉技能，手对球的控制能力是关键。运球技术教学要以大量的熟悉球、控制球的练习为基础，发展球性与手感，将运球与熟悉球、控制球的练习结合进行。

（2）运球的教学顺序是：原地运球，行进间直线高、低运球，体前变向运球、胯下运球，背后运球，转身运球。

（3）强化非优势手的运球能力，使学生左右手都能熟练地掌握基本的运球技术。

（4）在掌握运球基本技术的基础上，要把运球与脚步动作相结合，强调手脚的协调配合。

（5）变化练习条件，进行加难练习，如运两个球的练习；及时进行对抗练习，并逐步增加对抗的难度，如运球一对一、一对二攻守对抗等。

（6）提高各种运球方式的综合应用能力。把运球与假动作、多种运球技术组合起来进行练习，并与速度与方向的变化相结合。

（7）按照比赛实际需要，把运球和突破、投篮等动作结合起来进行练习，提高运球的应变能力和技术实效性。在积极对抗的情况下，提高在对手堵截、抢断、干扰时的运球能力。

》》（二）运球技术学练步骤与方法

1.熟悉球性练习

1）原地拍起静止不动的球

练习方法：原地半蹲，将球放地使之静止不动，然后用指腕的力量不断地拍球，利用球的反弹作用将球拍起，随后再把球拍至地上静止，再重新把球拍起。

2）固定手臂运球

练习方法：屈膝半蹲，把运球手的肘关节放在膝上固定不动，利用指腕力量左右手交替低运球。

3）直臂对墙运球

练习方法：距离墙壁一臂距离，单手托球于头前上方，利用指腕力量对墙进行运球。速度由慢到快，两手交替练习。

4）坐姿运球

练习方法：坐在地上，两脚向斜前方分开，沿腿的内外侧进行运球练习。

5）单臂支撑旋转运球

练习方法：单臂支撑成侧卧撑，以支撑手为轴，另一手运球旋转移动，然后换手支撑反复练习。

6）双手交替高低运球练习

练习方法：双手同时（或交替）体侧高低运球。

2. 原地运球

1）原地单手交替高、低运球

练习方法：基本姿势站立，练习原地左（右）手高（低）运球。

2）原地体前左右手变向运球

练习方法：基本姿势站立，原地体前变向换手运球。

3）原地体侧前后推拉运球

练习方法：两脚前后开立成半弓步，运球手按拍球的后上方使球向前弹出，然后迅速随球前移至球的前上方，回拉球的前上方使球弹回。熟悉后可变化动作幅度与速度，强化练习。

4）原地胯下左、右运球

练习方法：两脚前后开立成半弓步，右手运球使球从（前脚）胯下向左反弹，左手迎球后，再使球从胯下向右反弹，动作熟练后，可以变换练习的幅度与速率。

5）原地胯下"8"字运球

练习方法：平行开立，屈膝半蹲，两手前后交替从胯下"8"字运球。

6）原地背后换手变向运球

练习方法：两脚左右开立，约与肩宽，背后交替换手变向运球。

7）原地前后运球转身

练习方法：原地运球，向后、向前转身180°。

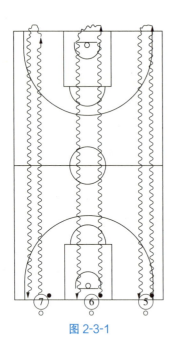

图 2-3-1

3. 行进间运球

1）全场直线运球

练习方法：学生分三组，在篮球场内往返作直线高、低运球练习（图 2-3-1）。

2）弧线运球

练习方法：沿罚球圈、中圈作弧形运球到对面的底线，再沿边线直线运球返回，要求始终用外侧手运球（图 2-3-2）。

3）运球急停急起

练习方法：学生每人一球，根据教师的信号练习急停急起或变速运球（图 2-3-3）。

4）折线运球

练习方法：全场作折线变向运球（图 2-3-4）。

5）后转身运球或背后换手变向运球

练习方法：按图示路线到障碍物后作后转身运球一次或背后运球一次，再换手加速继续前进。然后站另一组排尾，按顺序进行练习（图 2-3-5）。

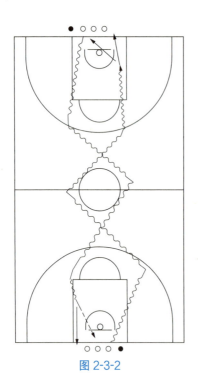

图 2-3-2

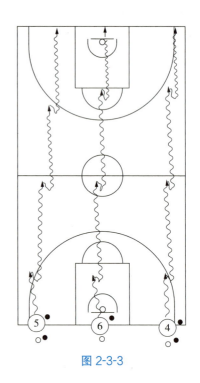

图 2-3-3

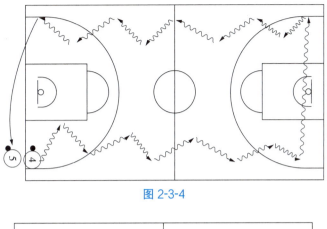

图 2-3-4

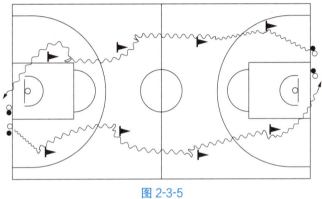

图 2-3-5

4. 运球对抗练习

1）全场一攻一守练习

练习方法：如图 2-3-6 所示，两人一组一球，互为攻守，两组同时进行全场一攻一守的练习，然后分别站到对组的排尾，依次轮流练习。要求：开始时只准移动堵位，不准抢、打球，待练习熟练后逐步过渡到比赛的状态下进行。

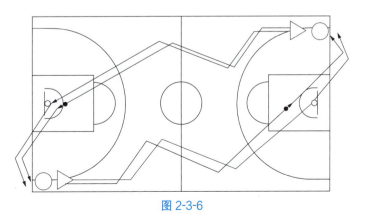

图 2-3-6

2）全场运球一人进攻两人防守练习

练习方法：如图 2-3-7 所示，一人运球进攻，两人防守，进行全场攻守练习。开始时只准堵位，然后逐渐由消极到积极防守，进行围堵、拼抢，以提高运球能力。

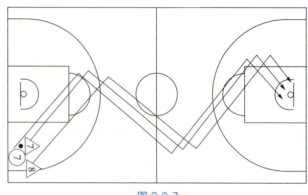

图 2-3-7

3）非优势手攻防练习

练习方法：半场二对二或三对三攻守练习，要求进攻方用非优势手运球，否则违例。目的是提高非优势手的运球能力，进一步提高控制球的能力。

5. 运球技术综合练习

1）传、运球技术组合

练习方法：如图 2-3-8 所示，②开始运球，在运球中将球传给③，然后跑至③后，③接球后在运球中把球传给④，然后跑至④后，依次进行，连续练习。要求运球与传球的衔接要快而协调，不违例。

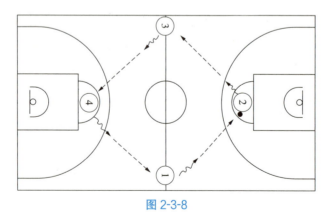

图 2-3-8

2）运球、传接球、投篮练习

练习方法：如图 2-3-9 所示，①和④各持一球，同时开始运球，运至罚球线延长线时，分别将球传给⑧和⑦，传球后迅速向篮下切进，途中再接⑧和⑦的回传球，快速运球上篮。投篮后自抢篮板球，分别传给⑤和②，依次练习。要求技术动作的衔接要连贯协调，不走步违例。此练习的目的是提高队员快速运球上篮和抢篮板球后第一传的技术。

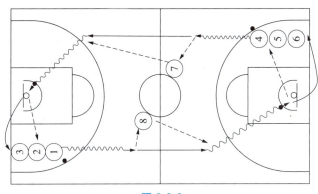

图 2-3-9

3）运球、传接球、投篮技术组合

练习方法：如图 2-3-10 所示，①运球与②交叉时将球传给②，②运球中将球传给①并继续向前移动，接近篮下时掩护投篮，然后交叉练习。运球交叉后接球队员要加速运球，传球队员要注意保护球，无球摆脱和运球变向要突然。此练习的目的是提高技术的运用能力，逐渐培养战术意识。

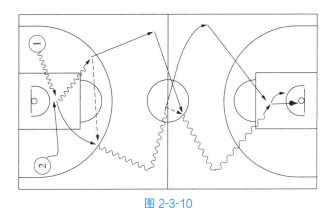

图 2-3-10

第四节
投篮

一、投篮技术动作结构

投篮是进攻队员将球自上而下投入对方球篮而采用的各种专门动作方法的总称。

投篮是篮球比赛中得分的唯一手段，是一切技术、战术运用的最终目的和全部攻守矛盾的焦点，是整个篮球技术体系的核心。随着现代篮球运动的发展，运动员形态、机能素质的提高，投篮技术也不断发展，投篮难度增加、投篮技术复杂多变、投篮速度快且出手点高、远距离三分球投篮的次数增多且命中率提高。

大部分的投篮动作都有相同的技术要素，包括准备姿势与持球手法、协调用力、出手手法、伴随动作（出手后的动作）。

》》（一）准备姿势与持球手法

准备姿势的目的是维持投篮前的身体平衡便于投篮时的用力。脚的平衡是身体平衡的基础。原地单手肩上投篮的准备姿势为：两脚前后开立（左右距离约同肩宽），投篮手同侧的脚稍前，前脚与投篮方向同向，后脚稍外展，两膝关节与脚尖方向保持一致，两膝微曲（大小腿之间的夹角约为135°），上体稍前倾，重心落于两脚前脚掌内侧，收腹、含胸、立腰。

正确的持球方法是掌握和合理运用投篮技术的前提和重要条件。单手肩上投篮的持球方法是：投篮手五指自然分开，手心空出，手腕后仰，大拇指和食指间的夹角约为80°，以扩大对球的支撑面，用图2-4-1中所示的1—8部位托球的后下方，球体的重力作用线近乎落在食指和中指的指根部位，肘关节自然下垂。另一手扶球的侧上部，置球于同侧肩的前上方。

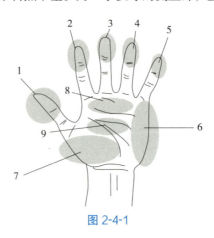

图 2-4-1

44

>>>（二）协调用力

投篮力量源于投篮前的身体姿势和身体平衡。原地单手肩上投篮的用力顺序是蹬（地）、伸（膝、髋、脊柱）、抬（肘）、压（腕）、拨（指），即下肢蹬地发力，顺次沿着投篮出手方向伸展身体，特别是借助脊柱伸展的惯性促使下肢、躯干和上肢连贯协调配合，将身体各部分的力量最后积聚于上肢以伸展手臂，做出手腕前屈及手指弹压动作将球投出。

>>>（三）出手手法

在球出手的一瞬间，手指最后作用于球体的力值大小、方向和位置决定了出手的角度、速度和球的旋转。由此可见，伸臂举球、手腕翻转、手指弹拨等出手手法是投篮技术的关键。

>>>（四）伴随动作

球出手后，保持手臂充分伸展，投篮手食指指向投篮方向，且掌心向下，直到投出的球接触篮圈。

二、投篮技术动作方法

>>>（一）原地单手肩上投篮

原地单手肩上投篮是其他各种投篮方法的基础，具有出手点高、便于结合其他技术动作和不易被防守的特点，是应用较广泛的投篮方法。

原地单手肩上投篮的动作方法是（以右手投篮为例）：右脚在前，左脚稍后，两膝微屈，重心落在两脚前脚掌（内侧）。右手五指自然分开，翻腕持球的后部稍下部位，左手扶在球的侧上方，举球于投篮手同侧肩的前上方，目视球筐。大臂与肩关节平行，大、小臂约成90°，肘关节内收。投篮时，下肢蹬地发力，身体随之向前上方伸展，同时抬肘向投篮方向伸臂，用手腕前屈和手指拨球的动作，将球柔和地从食、中指端投出。球离手时，手臂要随球自然跟送，脚跟提起。在完成整个动作的过程中，上下肢协调用力，抬肘伸臂要充分，大拇指、小拇指控制方向。

>>>（二）原地跳起单手肩上投篮

原地跳起单手肩上投篮是在原地单手肩上投篮基础上的一种投篮方式，是现代篮球运动普遍运用的主要投篮方式之一。动作方法与原地单手肩上投篮相同，只是跳起在空中完成投篮动作。

原地跳起单手肩上投篮的动作方法是（以右手投篮为例）：双手持球于胸腹之间，两脚左右或前后开立，两膝微屈，重心落在两脚之间。起跳时，脚掌用力蹬地发力，伸膝提腹，同时摆臂举球至右肩前上方。当身体接近最高点时，右臂向前上方伸展，同时压腕拨指，将球投出。落地屈膝缓冲，准备下一技术动作。

原地跳起单手肩上投篮的动作关键是：起跳垂直向上，起跳与举球、出手动作应协调一致，在接近最高点时出手。

≫（三）行进间单手低手投篮

行进间单手低手投篮是在快速跑动中超越对手后在篮下时最常用的一种快速投篮方法。具有伸展距离远、动作速度快、出手平稳的优点，多在快攻和强行突破时使用。

行进间单手低手投篮的动作方法是（以右手投篮为例）：右脚跨出一大步的同时接球，接着左脚跨一小步并用力蹬地起跳，右腿屈膝上抬，身体重心前移，双手向前上方举球，当身体接近最高点时，左手离球，右手手掌向上托球并充分向球篮上方伸展，接着前臂外旋，挑腕拨指，通过指端将球投出。

行进间单手低手投篮的动作关键是：腾空时身体向前上方充分伸展，投篮出手前保持单手低手托球的稳定性，指腕上挑动作要协调。

三、投篮技术教学与训练

≫（一）投篮技术教学步骤

1.理解动作概念，建立投篮技术动作表象，形成正确的投篮技术动力定型

1）掌握投篮动作的概念，建立正确的投篮技术动作表象

语言讲解法与示范动作、图片、视频资料等直观展示相结合，使学生掌握投篮动作的概念，建立投篮技术动作表象。讲解与示范时，要把投篮的最后出手手法和全身的协调用力作为重点。在讲解与示范的基础上，让学生试做徒手或持球的投篮技术动作，使其获得投篮技术的运动感觉。

2）掌握投篮技术动作，形成正确的投篮技术动力定型

在初学阶段，抓住动作的重点环节，在此基础上再对动作的其他环节提出要求，进行完整练习。如原地单手肩上投篮的练习，应从出手动作开始，先练习屈手腕、手指用力拨球动作，暂时可以对准备姿势、全身协调用力等其他动作环节不作要求；继而是"抬肘＋压腕＋拨指"的近距离投篮，再次是与全身协调用力结合的中距离投篮，然后变换完成技术动作的条件和练习组织形式，如变换投篮距离和位置，从而达到巩固、改进和完善投

篮技术动作的目的。

3）循序渐进提高投篮动作质量

单个投篮技术一般先学习原地投篮，然后是行进间投篮，再学习原地跳起投篮、急停跳投等。练习距离由近到远，练习速度由慢发展至按照比赛的节奏进行投篮练习。

2. 掌握投篮技术与其他进攻技术的组合，学会组合技术的初步运用

1）投篮技术与其他进攻技术衔接组合

学生掌握了单个投篮技术之后，应及时组合移动、传接球、运球、持球突破、篮板球等技术进行衔接练习，以培养技术应用的应变能力。

2）结合战术配合与位置技术进行投篮练习

随着教学训练的推进，投篮练习应适时同战术配合与位置技术训练相结合，使投篮技术逐渐适应实战需要，并根据战术分位形成技术专长。

3. 在攻守对抗的情况下，提高投篮抗干扰能力及投篮命中率

从实战出发，强化投篮技能。在一定的训练阶段，应该结合实际要求，在不同的对抗强度和难度下进行有对抗情况的投篮训练。在有限定的防守条件下，进行投篮练习；在消极对抗的情况下，提高选择投篮时机及运用技术的能力；在积极对抗的情况下，提高在对手封盖堵截、干扰时的投篮技术和命中率。使投篮技术逐渐过渡到适应实战的需要，增强在对抗和实战中的应用能力。

≫（二）投篮技术易犯错误与纠正方法

常见错误	纠正方法
● 持球手法不正确，持球手不能合理握持球。	● 讲解和示范投篮技术的基本环节，使学生掌握投篮技术的基本结构，建立正确的技术概念。
● 肘关节外展，致使上肢关节运动方向不一致。	● 投篮手臂靠墙做徒手投篮模仿练习。
● 原地跳起单手肩上投篮时，起跳后身体重心不稳，空中"后坐"或挺腹，起跳、举球时间不一致、不协调。出手晚，下降时出手。	● 做持球下蹲、举球挥摆和起跳练习，要求连贯协调，跳起后控制好身体重心和平衡。在学生做练习时，用手扶住其腰部两侧，使其体会在空中的平衡感觉。 ● 近距离轻跳投篮，要求学生把注意力集中在接近最高点出手上。

≫（三）投篮技术学练步骤与方法

1. 原地单手肩上投篮学练步骤与方法

1）仰卧投篮

练习方法：练习者仰卧在垫子上，投篮手手腕后仰，用原地单手肩上投篮的方法持

球，肘关节贴近躯干，另一手扶持在球的侧上方；用力垂直向上伸直手臂，球出手后，保持投篮出手时的手型。辅助者接住投出的球，并检查练习者手型。

2）坐姿投篮

练习方法：练习者坐在凳子上，练习方法同上。

3）近距离投篮

练习方法：距球筐 2～3 m 处站立。用原地单手肩上投篮的方法持球，举球至投篮手同侧的肩上，此时手腕与前臂、前臂与上臂、上臂与躯干成"三个 90 度"，用压腕、拨指的力量将球投出。球出手后，保持出手时的手型。投出的球力争空心或打篮圈后沿内侧入筐。

4）两人对投

练习方法：两人一组一球，相向而立。持球者听"蹬、伸、抬、压、拨"的语言提示进行投篮练习，投篮时全身顺次协调用力。

5）由近及远投篮

练习方法：距球框设置不同距离的投篮点，练习者由远及近或由近及远进行投篮练习，体会不同距离用力大小与不同身体部位协同发力的方法。

6）坐姿投篮

练习方法：练习者坐在凳子上进行投篮练习，练习下肢蹬地、举球与伸展躯干的协同用力。

7）五点晋级投篮

练习方法：距球筐适当距离，在 0°、45°、罚球线设立五点。从零度点处开始投篮，投中者晋级，先完成者胜出。

2. 跳起单手肩上投篮学练步骤与方法

1）挥摆球与起跳

练习方法：练习时的准备姿势为两脚左右开立，屈膝深蹲，双手持球置于两腿之间约接触地面，立背直腰，重心置于两脚前脚掌内侧。动作开始后，两脚蹬地向上跳起，同时举球挥摆至投篮手同侧肩上并"制动"。向上垂直起跳，收腹绷紧躯干，控制身体平衡，抬头目视前上方，落地于起跳点并屈膝缓冲。

2）下蹲与投篮

练习方法：距离球筐 3 m 左右的距离，在练习起跳的基础上，在空中身体上升至最高点的刹那将球投出。

3）并步跳投

练习方法：投篮手异侧脚在前，同侧脚在后，成半弓步，重心大部分落于前脚上，持球于"投篮口袋"位置处。开始练习后，后脚并上，两脚蹬地起跳投篮。

4）移动中两步急停跳投

练习方法：练习者抱球向篮筐慢跑，在跑动中上一步（投篮手异侧脚），再快速并一步（投篮手同侧脚），跳起投篮。

5）移动中一步急停跳投

练习方法：练习者抱球向篮筐慢跑，在跑动中跳步急停，跳起投篮。

6）移动中自抛自接跳投

练习方法：练习者向前抛球，上步接地板反弹球，跳起投篮。

7）接传球急停跳投

练习方法：面对篮筐直线中等速度移动，接同伴传球后一步或两步急停跳投。

8）运球急停跳投

练习方法：面对篮筐直线中等速度运球，一步或两步急停跳投。

9）接（侧面）传球跳投

练习方法：如图 2-4-2 所示，①不持球，向右侧弧线跑动，接②传球后跳起投篮，自抢篮板球后至队尾，②跑向另一侧，接③的传球后投篮，依次练习。

图 2-4-2

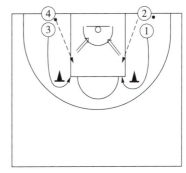

图 2-4-3

10）曲线跑动接球投篮

练习方法：如图 2-4-3 所示，练习者分为两组，排首不持球，①跑动绕过障碍物后，接②的传球后投篮，③接④的传球后投篮，依次练习。

11）三人两球接球投篮练习

练习方法：①②③三人两球一组，①②持球，①投篮后自抢篮板，传球给③投篮后拉出，接②投篮后自抢的篮板球投篮，②传球后拉出接③自抢的篮板球投篮，三人累计投中规定次数后轮换。

3.行进间单手低手投篮

1）脚步动作练习

练习方法（以右手投篮为例）：行进间单手低手上篮的脚步动作练习，可依次采用下面的练习方法：

- 右脚在前，左脚在后虚点地。左脚上前一小步（"滚动式"着地），右腿（摆动腿）屈膝上抬，两臂经体后向上挥摆，借助左腿蹬地、右腿屈膝上抬、两臂挥摆的力量，身体向上腾起。
- 左脚在前，右脚在后。右脚向前一大步，左脚向前一小步并迅速蹬地向上跳起。
- 原地踏步跑中，右脚向前一大步，左脚向前一小步并迅速蹬地向上跳起。

2）拿固定球上篮

练习方法：在球框45°角处，教师手托篮球，练习者按照上述的后两种方法，在跨右脚的同时拿球上篮。教师根据掌握情况，适时把供球方式改为轻抛球、轻传球等。

3）传接球上篮

练习方法：如图2-4-4所示，②传球给①后，接①的回传球上篮。①抢篮板球，①②互换位置，循环练习。

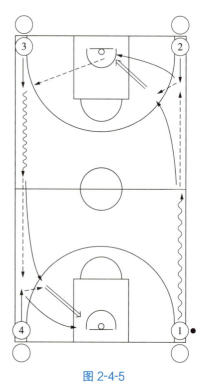

图 2-4-4　　　　图 2-4-5

4）全场四角传接球练习

练习方法：如图2-4-5所示，①运球，传球给②，接②的回传球上篮后移动至②的队尾，②抢篮板球后传给③，依次循环练习。为加大练习密度，此练习可增至三个球。

4. 投篮技术进阶练习方法示例

1）"V"形移动接球投篮

练习方法：如图2-4-6所示，练习者分为两组，①组不持球，②传球给①后"压缩弹出"（向内移动，然后突然拉出），接①的回传球跳投。①抢篮板球后至②队尾，②移动至①队尾，依次练习。

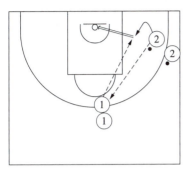

图 2-4-6

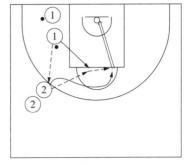

图 2-4-7

2）策应投篮练习

练习方法：如图 2-4-7 所示，练习者分为两组，①组持球，①传球给②后移动至罚球线接②的回传球做高位策应，②利用①的策应接球投篮。①②互换位置，依次练习。

3）纵向切入利用中锋的定位掩护投篮练习

练习方法：如图 2-4-8 所示，练习者分为两组，①组持球，①传球给②后，按图示路线跑动，利用低位中锋定位掩护，接②的传球投篮，②抢篮板球，①②互换位置，依次练习。

图 2-4-8

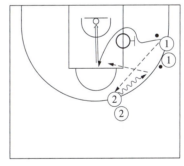

图 2-4-9

4）利用定位掩护切出接球跳投练习

练习方法：如图 2-4-9 所示，练习者分为两组，①组持球，①传球给②后，利用低位中锋定位掩护切出，至罚球线接②的传球投篮，②抢篮板球，①②互换位置，依次练习。

5）半场绕障碍"8"字跑动接球跳投练习

练习方法：如图 2-4-10 所示，①跑动中绕过右边角处的障碍外侧接④的传球投篮后（④抢篮板球），继续跑向左侧 45°角，绕过障碍接③的传球投篮（③抢篮板球）。②在①启动后同时开始练习，全队依次练习。重复练习，完成规定的次数后轮换。

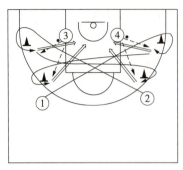

图 2-4-10

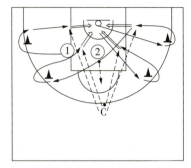

图 2-4-11

6）半场反跑接球上篮练习

练习方法：如图 2-4-11 所示，教练员 C 和篮下站立的②各持一球，①为固定练习者。练习开始，①由篮下突然跑至左侧 0°障碍处伸手做要位、要球动作后又突然转身反跑，接教练员 C 的传球跑篮，C 传球出手，②立刻给其供球并接篮板球。①继续按照图示路线分别至右侧 0°、左侧 45°、右侧 45°障碍处依次进行练习，中 8 球后替换。

7）在防守干扰的情况下投篮

练习方法：队员分为两队，①队在端线中点处拿球，①传球给处于罚球弧正面的②后，立刻上去干扰其投篮，②果断投篮（或根据防守情况突破）后自抢篮板球，防守者抢到篮板球或进攻队员投中篮后①②互换位置，依次练习。

8）一对一摆脱投篮

练习方法：队员分为两队，①队拿球，传球给 C 后，立刻上去防守②投篮，②摆脱防守后接 C 的传球投篮（或演变为半场一对一攻守），攻守完毕①②互换位置，依次练习。

9）二对一投篮

练习方法：进攻队员①②相距 4 ～ 5 m，在三分线附近弧顶处相互传球，一名防守队员积极移动防守，①②把握时机果断投篮。

10）三对二投篮

练习方法：3 名进攻队员相互间隔 4 ～ 5 m，在三分线附近弧顶处相互传球吸引防守，2 名防守队员积极移动，进攻队员把握无防守或半防守的时机，果断投篮。

第五节

持球突破

　　持球突破是持球队员运用脚步动作和运球技术，快速超越对手的一项攻击性很强的技术。持球突破是活球移动技术，应用得当会具有很强的攻击力，往往能在瞬间摆脱和超越防守，直接接近球篮进行攻击。持球突破可以打乱对方的防守部署，为本方创造更多、更好的攻击机会。突破如果能巧妙地与投篮、传球、假动作等技术动作有机结合起来，将使突破技术更加灵活多变，更好地发挥突破技术的攻击性。持球突破技术的运用还带有一种战术的内涵，突破后不仅可以获得直接攻击的机会，而且还能对防守整体结构形成冲击，打乱防守正常布局，利用防守队员在调整队形和位置的过程中出现的一些破绽和漏洞，为其他同伴创造攻击机会。

一、持球突破技术结构

　　持球突破技术由蹬跨、转体探肩、推放球和加速四个环节组成。

》》（一）蹬跨

　　持球突破时，用虚晃或瞄篮等假动作吸引对手，在跨出脚前掌内侧蹬地的同时，中枢脚用力碾地，上体向突破方向转体探肩，重心前移，以带动跨出脚迅速向突破方向跨出。跨出的第一步要稍大，以缩小后蹬腿与地面的夹角，增加后蹬力量，争取第一步就接近甚至超越对手。第一步落地后，膝关节要保持弯曲，脚尖指向突破方向，以便第二步的蹬地加速。

》》（二）转体探肩

　　在蹬地跨步、上体前移的同时，要转体、探肩，使身体重心继续前移，加快突破速度，同时占据空间有利位置以便于保护球。

》》（三）推放球

　　在蹬跨、转体、探肩的同时，将球由体前推引至远离防守队员的一侧，并在中枢脚离地前推放球离手，球落于跨出脚前的外侧，用远离对手一侧的手运球，使球反弹高度在腰膝之间。

》》（四）加速

在完成上述动作后，已获得起动的初速度，这时中枢脚要积极、有力地蹬地，加速超越对手。

以上几个环节几乎在同一时间完成，各环节之间紧密衔接，相互影响。只有熟练地掌握这几个环节，动作连贯快速、一气呵成，才能达到突破的目的。

二、持球突破技术动作方法

持球突破依据动作结构可分为交叉步持球突破和顺步持球突破，又分别被称为异侧步突破和同侧步突破。

》》（一）持球突破前的准备姿势

1.“三威胁”

持球突破从持球面对球篮的快速启动姿势开始，这种基本姿势通常称为“三威胁”。获得“三威胁”最好的技术动作是在空中接球后用跳步急停着地，面对球篮成“三威胁”姿势。另一种可供选择的方法是接球后转身面向球篮成“三威胁”姿势。

“三威胁”的动作方法是：两脚左右开立，略宽于肩，屈膝降低重心，身体重心落在两脚前脚掌的内侧。一般应置球于远离对手的身体一侧，以便于对球的保护。

2.中枢脚的确定

一般是以非优势脚作为中枢脚，习惯用右手的运动员以左脚作为中枢脚，而习惯用左手的运动员以右脚作为中枢脚，这使得运动员在接球准备投篮时，优势脚在前便于与投篮动作相结合。任一脚作中枢脚的方法适合于左、右手均可控球的运动员，任一脚都能作中枢脚可以更为灵活地应对防守。

》》（二）交叉步持球突破

交叉步持球突破又称异侧步持球突破，是指突破时跨出脚从中枢脚的前面交叉迈过，向中枢脚一侧的突破方向跨出，并从这一侧突破防守的突破技术。交叉步持球突破的优点是在突破中可以有效地保护球，比较灵活地选择突破方向。

交叉步持球突破的动作方法是（以左脚作中枢脚为例）：突破时，用假动作吸引对手偏移重心，当对手重心移动时，右脚前脚掌内侧迅速用力蹬地，交叉跨到防守者的右侧，上体左转探肩贴近对手，同时将球摆至这一侧，用左手向斜前方推放球，左脚迅速蹬地跨步，加速超越对手。

交叉步持球突破的关键技术环节是跨出脚蹬地时跨步的速度，其速度的快慢直接影响突破动作的最终实效。跨步脚蹬地发力以及躯干转体探肩的协调配合是影响交叉步持球突破跨步速度的决定因素。交叉步持球突破时的转体探肩是另一个重要环节，要求肩在前探时幅度要大，在降低重心的过程中同步下压、前探，以便于更好地保护球和增加突破的力度和速度。

≫（三）顺步持球突破

顺步持球突破又叫同侧步持球突破，是指突破的过程中，跨步脚和推放球的运球手在同一侧的突破技术。同侧步持球突破结构相对简单、突破速度更快。

顺步持球突破的动作方法是（以左脚作中枢脚为例）：突破时，左脚内侧蹬地，右脚迅速向对手左侧后方跨出一大步，同时向右转体探肩，重心前移，球移至右手并推放球于右脚斜前方，左脚迅速跨步抢位，加速超越对手。

顺步持球突破的技术关键是，中枢脚的侧向蹬地和跨步脚向突破方向的跨出协调一致。没有中枢脚的蹬地身体重心就无法向突破方向转移，以致跨出脚无法快速跨出。

三、持球突破技术教学与训练

≫（一）持球突破技术教学训练建议

（1）在持球突破教学中，首先要了解竞赛规则对持球移动的限制，明晰中枢脚的概念、确定中枢脚的使用方法，以及技术动作结构中各环节的特点与影响因素。

（2）在持球突破技术教学中，应先教交叉步持球突破，其后教同侧步持球突破。在掌握技术动作结构的基础上提高突破速度，然后在有防守的情况下练习突破技术，由"正确的移动"到"在正确的时间移动"，再至"根据防守情况选择正确的时间移动"，并通过多次重复练习建立运用突破技术的自信心。

（3）把假动作与突破动作相结合，利用位置差、时间差与节奏的变化，发挥突破技术的威力。

（4）持球突破与突破分球、"终结技术"相结合，提高技术应用的攻击性。

（5）鼓励学生敢于在贴身紧逼防守中运用突破技术，培养学生勇猛顽强、敢打敢拼的精神，把技术提高与战斗作风培养相结合。

≫（二）持球突破技术易犯错误与纠正方法

常见错误	纠正方法
● 突破时侧身、探肩不够，身体重心高，后蹬无力，没有第二次加速。	● 通过示范讲解使学生建立正确的动作概念，剖析错误动作产生的原因，借助障碍架（或由他人两手平举站立代替）进行练习。并提醒学生注意转身探肩和降低重心，强调加快蹬地力量的重要性。
● 运球突破时球的落点靠后，没有放在跨出脚的侧前方。	● 多做徒手模仿练习，体会正确的技术动作，在地板上标记推放球的位置进行练习。
● 中枢脚离地面过早或中枢脚没有以前脚掌作轴，突破时造成走步违例。	● 通过技术讲解与分析，建立中枢脚的概念，在练习中提醒学生适时推放球。

≫（三）持球突破技术学练步骤与方法

1. 脚步动作练习

1）同侧步、交叉步跨步练习

练习方法："三威胁"姿势开始，教师口令"1"——跨出脚跨步，口令"2"——收回成开始姿势。先做顺步，然后做交叉步。

2）跨步、推放球练习

练习方法："三威胁"姿势开始，教师口令"1"——跨出脚跨步，口令"2"——运一次球后，中枢脚跟并成基本姿势。先做顺步，然后做交叉步。

3）跨步、推放球、第二次加速练习

练习方法："三威胁"姿势开始，教师口令"1"——跨出脚跨步，口令"2"——推放球，并加速运球突破。先做顺步，然后做交叉步。

2. 行进间自抛自接做持球突破模仿动作

练习方法：慢跑中，自抛自接地板反弹球后，成"三威胁"姿势，做交叉步、顺步突破练习。

3. 两人一组持球突破练习

练习方法：如图 2-5-1 所示，①传球给②后，移动至②身前一臂距离处站立，两臂侧平举；②接传球的同时，一步或两步急停成"三威胁"姿势，持球突破。突破时重心要低，从①手臂下通过。

4. 持球突破上篮练习

练习方法：如图 2-5-2 所示，①传球给教练 C 后，接回传球持球突破上篮，自抢篮板，回至队尾。接回传球后可练习顺步突破、交叉步突破、一步急停瞄篮（假动作）顺步突破、两步急停顺步突破（假动作）接交叉步突破。

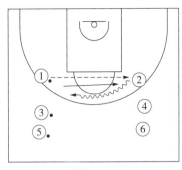
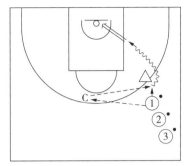

图 2-5-1   图 2-5-2

5. 突破和移动技术结合的练习

1）向两侧移动接球急停突破练习

练习方法：如图 2-5-3 所示，练习中向两侧移动后接球要稳，控制好身体重心平衡。两脚都做中轴脚，向两个方向突破，接球时要以单手领接球。

2）向后移动接球突破练习

练习方法：如图 2-5-4 所示，下压变上提速度要快，接球后注意维持身体平衡。

3）"鱼钩"移动接球突破练习

练习方法：如图 2-5-5 所示，折线移动接球后，要及时转身面向球篮。

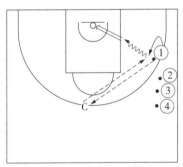

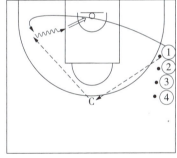

图 2-5-3   图 2-5-4   图 2-5-5

6. 突破和急停跳投技术结合的练习

1）向两侧交叉步或同侧步突破接急停跳投

练习方法：队员在罚球线上接教师的回传球，向两侧交叉步或同侧步突破，运一次球急停跳投。

2）向后运球急停跳投

练习方法：队员在罚球线接教师的回传球以后持球突破，当球反弹后向后拉球，同时双脚向后移动急停跳投。

7. 持球突破和传球技术结合的练习

练习方法：如图 2-5-6 所示，①传球给③，③接球后持球突破，①移动接应③的分球

图 2-5-6

后投篮。在持球突破的过程中应及时传球给移动到位的队友，接应队员接球后跳投，要求突破和传球衔接连贯，传球及时、隐蔽、到位。

8.防守情况下的突破练习

1）半场一攻一

练习方法：进攻队员摆脱防守接球，根据防守者的情况实施突破。防守成功后进攻方留下防守，防守方至队尾，全队依次练习。

2）半场二对二或半场三对三

练习方法：进攻队员不能掩护，只能突破和突破分球，防守要求人盯人。突破上篮、突破急停跳投和突破分球给同伴投篮得 3 分，防守方抢到篮板球拉出三分线才能进攻，先得规定分数者为胜方。

知识拓展)))

●后转身突破

以左脚做中枢脚为例。背向球篮站立，两脚平行开立，两腿弯曲，重心降低，两手持球于腹前。突破时以左脚为轴转身，右脚向右侧后方跨步，上体右转，脚尖指向侧后方，右手向右脚前方放球，左脚前脚掌内侧迅速蹬地，向球篮方向跨出，运球突破防守。

●前转身突破

以左脚做中枢脚为例。突破前的准备动作与后转身突破的准备动作相同。突破时重心移至左脚，右脚前脚掌内侧蹬地，左脚为轴，右脚随着转身向球篮方向跨出，左肩向球篮方向压，右手运球后左脚蹬地，向前跨出突破对手。

第六节

抢篮板球

在篮球比赛中双方运动员争抢投篮未中的球叫抢篮板球。进攻队员投篮未中，本人或者本队球员争抢篮板球，叫抢进攻篮板球或抢前场篮板球。对方投篮未中，防守队员争抢篮板球，叫抢防守篮板球或抢后场篮板球。

一、抢篮板球技术动作方法

无论是争抢前场篮板球还是争抢后场篮板球，都必须建立在正确判断球的落点、抢占有利位置、积极拼抢的基础上。其技术方法一般由抢占位置、起跳动作、空中抢球动作、获球后动作四个环节组成。

》》（一）抢占位置

要根据对手和投篮队员所处的位置，正确判断投篮未中的球的反弹方向，用合理的脚部动作抢占有利位置。无论是抢后场篮板球还是抢前场篮板球，都应该力争抢占对手与篮筐之间的位置，将对手挡在身后。

抢防守篮板球的关键是挡人，即所谓的"挡抢"。具体可利用前、后转身的方法，把对手挡在身后堵住进攻队员向篮下冲抢的路线，同时双臂屈肘张开增加挡人的面积，防止对手挤进来。

抢进攻篮板球的关键在冲，即"冲抢"。由于进攻人身处外线，所以在投篮出手后球在空中飞行时，就要判断球反弹的方向。根据球可能反弹的方向，突然起动插向防守人身前，或者利用虚晃等假动作绕过防守人抢球，也可以用后转身挤到防守人身体一侧，抢占位置。

》》（二）起跳动作

起跳动作是争抢篮板球抢到有利位置后的下一个延续动作。争抢篮板球时的起跳不仅要求有更高的腾空高度，而且还要根据球的反弹方向、高度和落点，采取不同的用力方向和起跳方式，以利于空中抢球动作的完成和抢获篮板球。

进攻队员"冲抢"一般采取一步或两步助跑起跳的方法。起跳时双脚或单脚用力蹬地，两臂用力上摆，上、下肢协调用力，尽力跳至最高点去拼抢篮板球。冲抢前场篮板球在与对手平行站位或处于不利位置时，两臂微张，扩大空间控制面积，同时双手略高于肩，压制对手手臂，阻挠对手的起跳与后继动作。

防守队员"挡抢"则常用原地上步、撤步或跨步的双脚起跳方法。起跳前要占据有利位置，将对手挡在身后，同时双腿屈膝左右开立，扩大占位面积，眼睛注视球，进一步判断投篮未中的球反弹的方向、高度和落点，然后迅速起跳完成抢球动作。如果起跳前和对方有身体接触，接触的部位要主动用力，以利于维持身体平衡和起跳。

》》（三）空中抢球动作

空中抢球根据手接触球的方式，一般会有双手、单手、点拨球三种抢球动作。双手抢篮板球的优点是空间占据面积大，缺点是对身体腾起高度的利用相对不够，争抢球的范围小。单手抢篮板球的优点是能充分利用腾起高度，触球点高，抢球范围大，缺点是较双手抢篮板球而言，控制不够牢固。点拨球是直接把篮板球点拨给队友的方法，这种争夺篮板球方式的优点是缩短了传球时间，不足之处是比较难把握和同伴的配合。

在起跳抢球中，拼抢对抗是异常激烈的，因此起跳腾空后要用肩、背挡住对方，手臂和身体应充分伸展，在指尖触球后腰腹用力，屈指屈腕，回拉手臂，拉球于胸前。单手抢球时，另一手要及时握持球。

≫（四）获球后动作

控制住篮板球后一般是双脚同时落地、屈膝、降重心、上体前倾，在维持身体平衡的同时，利用转体、跨步移动球的位置，避开对方的抢、打、掏，或把球置于远离对手的一侧，以便于更好地保护球。

在比赛中抢到前场篮板球时，最好的选择是立即衔接二次进攻，在空中直接补篮得分或传球给同伴，提高进攻速度。如果没有机会补篮或传球，落地时应两膝弯曲，两肘外展，护球于胸前。高大队员可以把球高举，以便于保护球和迅速与其他队友联系。

抢到后场篮板球后，最好在空中直接把球传给队友，以便于及时组织快攻反击。若空中没有传球机会，落地后应保护好球，再及时将球传出，或自己运球摆脱防守。

二、抢篮板球技术教学与训练

≫（一）抢篮板球教学与训练建议

（1）首先应使学生明确篮板球是"篮球竞赛的生命线"，是决定比赛胜负的关键指标。同时，要强调勇猛顽强拼抢篮板球的意识以及逢投必抢习惯的重要性。

（2）抢进攻篮板球应强调"冲抢"，抢防守篮板球应强调"挡抢"，同时将抢进攻篮板球与补篮、投篮技术结合训练，将抢防守篮板球与快攻一传、突破、接应技术结合训练。

（3）在全队攻、守战术教学训练中，应该注重篮板球拼抢环节。把前场篮板球的保护与二次进攻、后场篮板球的拼抢与发动快攻有机结合。同时在战术设计中，应明确责任，具体分工，把拼抢篮板球任务具体到人。

（4）把身体素质训练、战斗作风培养、团队精神建设与抢篮板球相统一。

≫（二）抢篮板球技术易犯错误与纠正方法

常见错误	纠正方法
● 抢防守篮板球时，只看球，而忽视了先挡人、抢占有利位置。	● 示范挡人的正确方法，提高学生挡人的意识，使其正确运用挡人方法，重复练习"挡抢"防守篮板球的方法。

续表

常见错误	纠正方法
● 起跳不及时，失去抢篮板球的机会或不在最高点抢球。	● 在强调早起跳、身体在空中充分伸展、达到最高点时抢球的基础上，重复练习起跳在空中最高点抢球的技术动作。

>>>（三）抢篮板球技术学练方法

1. 起跳和空中抢球练习

练习方法：强调抢篮板球起跳准备姿势、起跳、空中抢球及落地的动作方法。要求掌握好起跳时间，在空中保持好身体平衡，身体充分伸展，跳到最高点时用单、双手抢球。

（1）原地双脚连续起跳，单手或双手触篮板或篮筐。

（2）前、后转身后起跳，单手或双手触篮板或篮筐。

（3）自抛自抢，跳到最高点时用单手或双手抢球。

（4）两人一组一球，相向而立。辅助练习者将球向篮板抛出，练习者转身跨步（上步）起跳用单手或双手抢球。

2. "挡抢"模仿练习

练习方法：两人相距一米，相向而立。练习者利用转身设法将对手挡住，并起跳模仿抢篮板球的动作。练习规定次数后，攻守交换。

3. "冲抢"模仿练习

练习方法：两人相距一米，相向而立。练习者运用假动作设法摆脱防守，抢占有利位置并起跳模仿抢篮板球的动作。练习规定次数后，攻守交换。

4. 二对二抢篮板球练习

练习方法：罚球线延长线附近，两人一组，互为攻守。教练员将球投向篮板，练习队员争抢篮板球，抢到规定数量的篮板球后轮换。

5. 半场二对二、三对三的抢位练习

练习方法：要求攻方只许传球、投篮。投篮后进攻队员积极摆脱对手，冲抢篮板球，抢到球后继续进攻，守方则积极挡人抢防守篮板球。可规定各自抢到若干次篮板球后，交换攻守。

知识拓展 >>>

篮板球的落点

熟练掌握篮板球反弹的基本规律是迅速做出正确判断，快速、及早抢占有利位置的前提。篮板球反弹的方向与投篮的距离、角度，篮筐、篮板和球的弹力有密切关系。必须熟悉篮板球反弹的一般规律，准确判断投篮不中时球反弹的方向和落点，才能抢占有利位置，及时起跳。

篮板球的落点与投篮的距离、角度以及球飞行的弧线有关。一般而言，在球篮一侧45°投篮，球弹出的方向是对侧45°角附近区域的最多，其次是同侧区域（图2-6-1）。在底线0°投篮时，球弹出的方向是另一侧区域或同侧区域（图2-6-2）。在正对篮板投篮时，球弹出最多的区域在限制区。

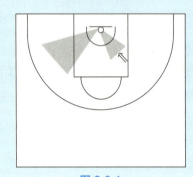

图2-6-1

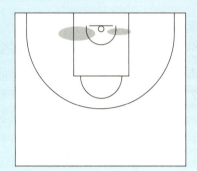

图2-6-2

内容提要

- 基本姿势是篮球场上平衡快速的准备姿势，基本姿势为所有的攻防情况做好了最佳准备。篮球场上的跑常与低重心的变速与变向相结合。变向跑是为了完成攻守任务突然改变行进方法的一种方法。侧身跑是为了在跑动中抢占更好的位置，摆脱防守接侧向或侧后方传来的球而采用的一种跑动方法。

  急停是篮球场上制动的方法，通常分为跨步急停（两步急停）、跳步急停（一步急停）。滑步是基本的防守步法，就移动方向来说，可以分为前、后、侧滑步。

- 一个完整的传球技术过程包括：持球方法、传球手法、球的飞行路线和球的落点四个环节。双手胸前传球是篮球比赛中最基本的传球方法，其反弹传球常用于传给切入的队友，或防守人封锁上方传球路线的情况下。双手头上传球出手点高，适合于高大队员快攻第一传，或外线队员传给内线的高吊球时使用。单手肩上传球是一种常用于中、远距离的传球方法，常用于发动长传快攻。

- 运球技术的关键是手对球的控制支配能力、脚步移动的熟练程度以及手、脚、躯干三者的紧密配合。运球技术训练要强化非优势手的练习，并把运球和突破、投篮等动作结合起来练习，提高运球的应变能力和战术意识技术实效性。

- 投篮动作一般都包括以下动作环节：准备姿势与持球手法、协调用力、出手手法、伴随动作（出手后的动作）。

  原地单手肩上投篮是其他各种投篮方法的基础，平衡稳定的准备姿势和正确的持球手法是其动作前提。跳起单手肩上投篮是现代篮球运动普遍运用的主要投篮方式，常用的技术组合有接球跳投、运球移动中或急停跳投。

● 持球突破依据动作结构可分为交叉步（异侧步）持球突破和顺步（同侧步）持球突破，其技术结构由蹬跨、转体探肩、推放球和加速四个环节组成。

持球突破技术教学要与假动作、突破分球、"终结技术"相结合。

● 抢篮板球根据攻守关系可以分为抢进攻篮板球（抢前场篮板球）和抢防守篮板球（抢后场篮板球），其技术结构一般包括抢占位置、跳起动作、空中抢球动作、获得球后动作。

思考题

1. 侧滑步的动作方法是什么？

2. 双手胸前传球的动作要领是什么？常见错误及纠正办法有哪些？

3. 体前变向换手运球的动作要领是什么？

4. 胯下运球的动作要领是什么？

5. 背后运球的动作要领是什么？

6. 运球转身的动作要领是什么？

7. 原地单手肩上投篮的动作方法是什么？

8. 原地跳起单手肩上投篮的动作方法是什么？

9. 请简述行进间单手低手投篮的动作要领？

10. 投篮技术教学训练应该按照什么步骤有序进行？

11. 持球突破技术都包括哪些环节？各动作环节的方法要点是什么？

12. 持球交叉步突破的动作方法是什么？

13. 持球顺步突破的动作方法是什么？

第三章

战术基础配合

第一节

进攻战术基础配合

21世纪现代篮球运动进入了新的发展阶段，篮球运动在世界范围内迅速普及、发展、创新、提高。在世界最高水平的篮球比赛奥运会和世锦赛中，参赛队伍实力接近，攻守转换快，对抗激烈，整体攻防打法受到各队的普遍重视，将作为集体项目的篮球运动提高到了一个新的水平。在攻守对抗矛盾中，矛盾的主要方面是进攻，比赛中只有进攻才能得分，得分的多少决定比赛的胜负。随着进攻意识的增强，围绕强化进攻不断创新发展了许多进攻理论和战术配合方法。

篮球进攻战术是指控制球权的进攻队为了突破对方的防守，获得投篮时机以及力争控制前场篮板球而运用的技术方式、配合行动和集体协调的组织形式与方法。进攻战术建立在进攻技术之上，其目的是使全队形成有机联系的整体，充分发挥个人技术特长，以便在攻守对抗中争取主动，投篮得分。

一、进攻战术基础配合概述

篮球运动是一项集体运动，无论进攻的理论如何先进，战术配合方法设计得如何精巧，都不能忽视进攻时两三人之间的配合。以个人进攻为核心，增加两三人之间的机动配合是现代篮球运动进攻战术发展变化的趋势之一。

进攻战术基础配合是指两名或两三名进攻队员为组织己方战术行动，创造投篮得分机会而采用的有目的、有组织的协作行动与应变方法。进攻战术基础配合是篮球战术体系的基本组成部分，包括传切、突分、掩护和策应配合。这些基础配合在篮球运动的实践中具有双重价值，既可以作为全队进攻战术的基本组成部分，有机组合为整体的进攻战术，也可以作为独立的战术手段应用于进攻之中。进攻战术基础配合是构成全队进攻战术的基础，比赛的一次进攻过程是由若干个基础配合组合而成的，一个配合的结束可能就是另一个配合的开始。它们环环相扣，紧密相连，在一个局部进行一个配合的同时，在另一个局部可能进行着其他配合，整个战术配合就是这样的一个动态进程。

进攻战术基础配合是运动员合理运用进攻技术组织全队进攻的桥梁，是全队进攻战术灵活变换的集合要素，也是运动员进攻意识和进攻能力的综合展示。一方面，进攻战术基础配合可以说是持球队员有球技术与无球队员移动技术运用的组合，通过这种组合达到最终的战术要求。这就要求运动员在进攻时，要及时观察、判断同伴的进攻意图与防守布局，合理地运用进攻策略与技巧，准确地选择配合形式与方法。另一方面，进攻战术基础配合运用的效果，直接反映全队进攻战术的质量。只有熟练掌握和灵活运用各种进攻战术基础配合，才能丰富全队进攻战术和提高战术质量。应用于全队进攻战术配合中的基础配合，脱离了随机性，其配合的时机、形式和范围被严格地限制在全队整体的战术结构之内，成为全队整体战术配合的组成部分。

二、进攻战术基础配合方法

》》（一）传切

传切配合是进攻队员之间利用传球和切入技术所组成的简单配合。可用于半场阵地进攻、全场进攻，也常用于利用传球推进快速进入前场，也可以利用传切配合作为快攻结束阶段的进攻手段。

传切配合的基本形式包括"一传一切"和"空切"。随着现代篮球运动的发展，配合简捷、突然性和攻击性强的吊扣、一传一扣、空切与空中接球直接扣篮也是比赛中经常使用的传切配合方法。

1.传切配合示例

1）一传一切

一传一切是持球队员传球给同伴后，向篮下切入，接同伴的回传球完成攻击的配合方法。战术配合示例如图 3-1-1 所示，①传球给②后，先下压贴近对手，然后突然向右变向摆脱对手切入篮下接球上篮。①切入时要利用左肩贴住防守队员，身体向球的方向侧转，准备接②的回传球上篮。

2）空切

空切就是无球队员掌握时机摆脱防守，切向防守空隙区域，接球投篮或做其他进攻动作。战术配合示例如图 3-1-2 所示，①传球给②，③趁 3 尚未调整防守位置的机会，突然横切或从底线插到篮下接②的传球投篮。

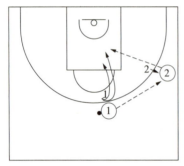
图 3-1-1

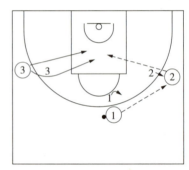
图 3-1-2

2.传切配合要点

（1）传切配合的要求首先在于传球的质量、传球方法的合理性、时机的把握和传球位置的选择。传球队员要利用瞄篮、突破等假动作吸引、牵制对手，当队友切入后，要及时、准确地将球传给切入队员。

（2）切入队员要掌握切入时机，果断、快速摆脱对手，选择合理的路线切入篮下，并注意接同伴的传球。

≫（二）突破分球

突破分球简称突分，是指持球队员在突破的过程中，遇到防守队员协防或补防，主动或应变地将球传给无人防守或离防守较远区域的进攻队员，为同伴创造投篮机会的一种配合方法。

突分配合在实际应用中可以压缩对方防区，给外线队员提供中投机会，还可以突破后分球给无人防守的队友为其创造投篮机会。在应对盯人和区域联防防守中均有较好的作用，具有配合简单、突然性和攻击力强的特点。

1. 突破分球配合示例

1）示例一

如图 3-1-3 所示，②运球沿底线突破，当遇到 3 的补防时，进攻队员③应及时移动接应队友②，②可根据防守情况将球传给③或①为其创造投篮机会。

2）示例二

如图 3-1-4 所示，①持球突破，遇防守队员 1、3 "关门" 防守，①可将球传给移动接应的③为其创造进攻机会。

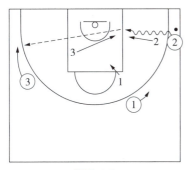 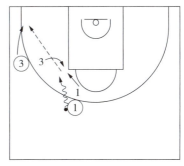

图 3-1-3　　　　　　　　　　　　　　图 3-1-4

2. 突破分球配合要点

（1）持球队员要具有良好的个人控球能力、灵活的脚步动作、开阔的视野和配合意识。在突破时，动作要快速、突然，在准备投篮时，注意观察攻守队员位置的变化，及时准确地将球传给进攻位置更好的同伴。

（2）当持球队员突破后，其他进攻队员要摆脱对手，快速移动，合理选位，准备接球进攻或抢篮板球。

≫≫（三）掩护

掩护配合是进攻队员利用合理的身体动作，挡住同伴防守者移动的路线，帮助同伴或自己摆脱防守，获得进攻机会的一种配合方法。

掩护配合因分类依据不同，有许多种不同的叫法。一般情况下，根据掩护者作掩护时与防守队员位置的关系，可分为前掩护、侧掩护和后掩护三种形式。根据掩护者的移动路线、方法和变化，有反掩护、双掩护、运球掩护、定位掩护、行进间掩护和连续掩护等。从掩护的应用范围来讲，可以分为：有球队员为无球队员作掩护，即运球掩护；无球队员为有球队员作掩护，即挡拆；无球队员之间的掩护配合。

1. 后掩护

掩护者站在同伴防守者的身后，挡住其移动路线为同伴创造进攻机会的配合方法，称为后掩护。战术示例如图 3-1-5 所示，④在①传球给②时，移动到防守者 1 的身后作掩护，①传球后向左做切入的假动作，待④掩护到位后，突然向右侧切入，接②的回传球上篮。

2. 侧掩护

掩护者站在同伴防守者的侧面，挡住其侧向移动路线为同伴进行掩护的方法，称为侧掩护。侧掩护是篮球比赛中最常用的掩护方式之一。如图 3-1-6 所示，①传球给②后，移动到 3 的体侧为同伴作掩护，③先反向移动，待①到位后突然启动，利用①的掩护摆脱防守，切入篮下接②的传球进攻。

图 3-1-5

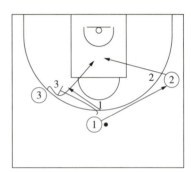
图 3-1-6

3. 假掩护

如图 3-1-7 所示，①传球给②后，去给③作掩护的过程中，发现 1 没有跟随防守，①这时可以突然向篮下切入，接②的传球投篮，这种方法即假掩护。

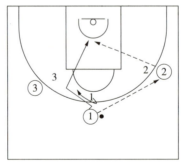
图 3-1-7

4. 运球掩护

运球掩护是控球队员给同伴作掩护，创造传切或接球投篮进攻机会的一种配合形式。如图 3-1-8 所示，①运球给③作掩护，③先向左下方移动，然后突然改变方向，利用①的掩护紧贴①向右切入，同时①用低手传球把球传给③，③接球后根据情况外围跳投或者运球突破至篮下进攻。①传球后及时转身把 3 挡在外侧，准备抢篮板球或下顺。

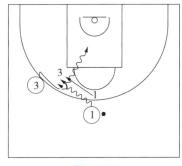

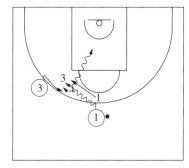

图 3-1-8   图 3-1-9

图 3-1-9 所示的是外线"8"字运球掩护，这是一种传统且依然有效的掩护配合。位于弧顶的队员①向左侧运球，为同伴③作掩护并传球给③，③摆脱接球后，运球至场地右侧给②作掩护，②摆脱接球后再运球至场地左侧为①作掩护。运球掩护的过程中，选择机会进行运球突破或跳投。

5. 挡拆

挡拆配合是掩护配合中给有球队员作掩护的重要形式。在进攻战术配合中，挡拆以其形式多变、简洁实效等特点，成为高水平篮球比赛中最常用的战术选择。挡拆配合发生后，一般情况下，控球队员会利用运球创造突破、投篮、传球等进攻机会，而掩护队员会通过下顺、拉出等创造投篮、突破等机会。

设置掩护要符合规则，根据防守者视野所及的范围，保持适当的距离。设置掩护时，掩护队员应该保持基本的站立姿势，两脚开立，并尽可能合法地扩大自己的掩护面积。两膝微屈，降低重心，上体稍前倾，并做好身体接触的准备，两手处于合法的掩护面积之内，重叠于下腹部或者胸前交叉。站位与被掩护队员企图前进的方向垂直。

掩护时，要注意同伴之间的配合时机、角度。被掩护的队员要隐蔽行动意图与方向，运用假动作吸引对手，当同伴到达掩护位置时，摆脱对手的动作要突然、快速。掩护者掩护后，根据情况变化采取应变措施（表 3-1-1）。

表 3-1-1　根据防守变化挡拆配合的进攻策略

防守情况	挡拆进攻策略
● 持球队员防守者挤过、绕过时。	● 掩护人下顺或拉开，接持球人的传球进攻。 ● 持球人突破上篮或急停跳投。
● 持球队员防守者穿过时。	● 持球人突破上篮或急停跳投。 ● 掩护人向外拉出接球进攻或进行第二次掩护。
● 交换防守（换防）。	● 掩护人下顺，接持球人的传球进攻。 ● 持球人突破上篮或急停跳投。
● 防守队员夹击持球者。	● 掩护人切入篮下接球进攻。 ● 持球人向后运球，传球给切入篮下的掩护人，或传球给另一策应队员。

>>>（四）策应

策应是进攻队员背对或侧对篮板接球后，以他为枢纽，配合同伴的空切或绕切，借以摆脱对方防守以创造进攻机会的配合方法。靠近端线限制区两侧的策应，称为低策应或内策应，高（外）策应发生在罚球线至圈顶附近的位置。

策应可以在半场或全场配合中使用。当对方采用全场防守时，使用中场策应，有时甚至可以在对方前场使用策应来破坏对方的紧逼防守。

1. 策应配合示例

策应配合战术示例如图 3-1-10 所示，④提上抢占有利策应位置，①将球传给④后，从④身前绕切，接④的传球跳投或突破上篮，④做策应时用后转身动作将 4 挡在身后。如果①接球后，防守队员 4、1 换防，④应后转身将 1 挡在身后，接着插入篮下，准备接①的回传球进攻。

上面的战术示例中，也常有这样的变化：①传球给④后绕切，④以策应传球假动作诱使 4 去补防①，自己则伺机转身向篮下运球进攻。

图 3-1-10

2. 策应配合要点

（1）策应队员应具备良好的抢前站位意识、在对抗条件下接球与保护球的能力、广阔的视野与良好的传球意识和技巧。

（2）策应配合的进攻方式主要有：传球给切入的队员、自己投篮或突破、传球给外线队员。在策应过程中可以利用转身调整策应的方向和位置，以帮助同伴摆脱防守，增加策应的变化和威胁。

（3）外线队员在策应同伴到达策应位置后及时传球，然后围绕策应队员向篮下切入，以实现内外结合的目的。

第二节
进攻战术基础配合教学与训练

一、 进攻战术基础配合教学与训练建议

（1）进攻战术基础配合应在个人进攻基本技术教学之后进行，在整个教学过程中渗透技术教学，进一步完善个人进攻技术，特别是脚步动作、投篮技术、传球技术。必要时可以根据需要进行战术配合的技术准备——对于原来在技术教学中没有涉及而在战术配合中又必须具备的个人进攻技术方面的内容，进行必要的扩展学习，例如多种终结技术、隐蔽性传球的技术等。

（2）要遵循战术配合教学的一般规律，即首先通过讲解和示范，使学生清晰了解战术配合的概念、路线、要点与应用时机，分析进攻战术配合的应用条件、地点、时机、技术动作以及队员之间的协同与应变等，使其建立完整的战术概念。再通过无防守到限制防守的练习，掌握配合过程中人、球、时间、空间等的协同。在此基础上，进一步学习进攻战术基础配合的变化与应变，最后通过攻守条件下的练习逐步提高战术配合质量。

（3）进攻战术基础配合的教学应从传切开始，其次是突破分球，然后是掩护配合，再次是策应配合的教学。传切配合先教纵切，再教横切；突分先教分球给外线队员，再教给内线队员传球；掩护配合的教学应先教给有球队员作掩护，后教无球队员之间的掩护和运球掩护；策应配合先教高策应，再教低策应以及交叉策应。

（4）教学训练中，强化语言信号，培养学生相互呼应、协同配合的意识。教学训练与体能训练相结合，培养学生顽强拼搏的风格和敢打敢拼的意志品质。

二、 进攻战术基础配合学练步骤与方法

≫（一） 传切配合练习方法

1. 连续传切练习

练习方法：如图 3-2-1 所示，全队分为两组，①传球给②后切入篮下，②传球给下一位一组同学后切入篮下。切入前必须要做向异侧的佯动，切入时必须伸手要球，同时变向要迅速，身体重心要主动压向内侧。接球队员要做投篮或突破的假动作，吸引防守并及时传球给切入的队友。

2. 两人传切练习

练习方法：如图 3-2-2 所示，全队分为两组，二组持球。②传球给①后，先向下压，然后突然变向快速切入，接①的传球投篮（跑篮或急停跳投）。

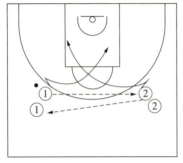

图 3-2-1

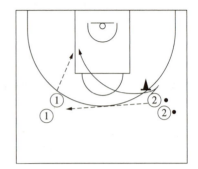

图 3-2-2

3. 纵横结合的切入练习

图 3-2-3

练习方法：如图 3-2-3 所示，全队分为三组，一、二组持球。②传球给③后，纵向切入篮下接①的传球投篮。①传球给②后，横向切入至限制区接③的传球投篮。全队沿顺时针方向换位，依次练习。

4. 全场传切

练习方法：如图 3-2-4 所示，三人一组，①传球给②后向②的前方斜向切入，同时③向前场切入，②传球给①后从①的后面向中路切入，①传球给前场的③再向对侧的边线斜切。最后，③传球给②，②传球给①，①投篮或传球给③投篮。练习一定数量后，可以改为①传球给③，向左侧斜切开始练习。

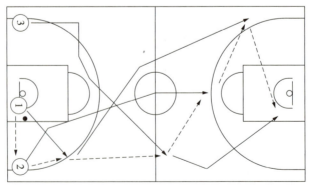

图 3-2-4

5. 全场连续传切练习

练习方法：如图 3-2-5 所示，队员分为三组，①组持球，练习开始，①传球给②后切入接②的回传球上篮，②跟进抢篮板球（①移至②的队尾）。②抢篮板球后传球给教练 C，并快速启动，从障碍物外侧切入接教练回传球，推进至前场传球给上提接球的③，接着切入接③的回传球上篮后，排至③的队尾。③抢篮板球后去①的队尾，依次连续练习。

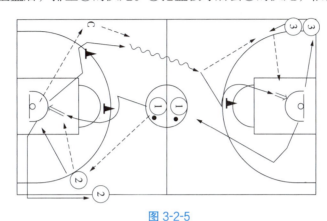

图 3-2-5

6. 全场四角传切

练习方法：如图 3-2-6 所示，队员分为四组，一组排首持球，①运球至中线附近传球给移动接应的②，快速向前场篮下斜插，接②的回传球上篮。②抢篮板球传球给③，③运球后传球给④并斜插接④的回传球上篮。全队沿逆时针方向换位，依次练习。

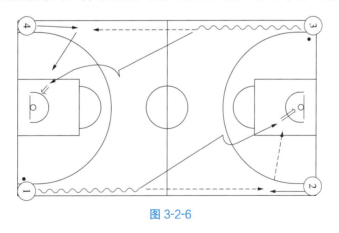

图 3-2-6

≫（二）突破分球练习方法

1. 两组连续突破分球

练习方法：如图 3-2-7 所示，队员分为两组，一组排首队员持球。①持球突破，突破的过程中分球给移动接应的②，②接球后持球突破并分球给一组下一位接应的队员，①②

互换位置，依次练习。持球队员在突破时，动作要快速果断，突破中注意观察同伴的位置，及时准确地将球传出。

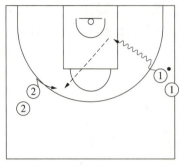

图 3-2-7

图 3-2-8

2. 连续突破分球

练习方法：如图 3-2-8 所示，①持球突破至篮下，传球给外线移动接应的③后，立刻上去防守③（①防守后站在③的队尾）。③突破后至篮下，传球给外线移动接应的⑤后，上去防守⑤（③防守后站在⑤的队尾）。⑤突破分球给移动接应的②后，上去防守②，依次进行练习。突破时要注意同伴的接应行动，传球要及时到位。

3. 有固定防守的突分配合

练习方法：如图 3-2-9 所示，队员分为两组，一组持球，C 为固定防守人。②接①的传球后突破至限制区，遇到 C 的防守后分球给接应的①投篮。

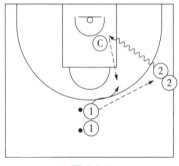

图 3-2-9

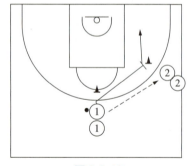

图 3-2-10

4. 二对二突破分球

练习方法：二对二外线攻守对抗。防守方紧逼防守持球队员，另一名防守队员积极协（补）防，持球进攻队员果断突破，遇到对手协（补）防时，分球给进攻机会更好的队友进攻。

≫（三）掩护配合练习方法

1. 掩护者徒手动作练习

练习方法：如图 3-2-10 所示，①传球给②后向异侧佯动，突然移至另外一侧给②做侧掩护，并拉开角度转身向底线下顺。②作同样练习，①②互换位置，全队依次练习。

2. 给有球队员做侧掩护

练习方法：如图 3-2-11 所示，④传球给①后，为①做侧掩护。①利用④的掩护突破，转身"拆开"后可突破上篮，在突破的过程中急停跳投或传球给"拆开"的④投篮。

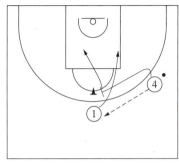

图 3-2-11

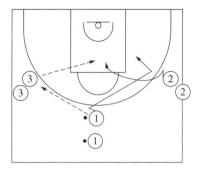

图 3-2-12

3. 给无球队员做反掩护

练习方法：如图 3-2-12 所示，队员分为三组，一组持球，①传球给③后给②作掩护，②利用①的掩护切向限制区并及时转身"拆开"，③传球给②或①投篮。全队沿逆时针方向换位，依次练习。

4. 假掩护纵切配合

练习方法：如图 3-2-13 所示，全队分为两组，二组持球，②传球给①后给①作掩护，②去掩护的过程中，如发现防守人没有跟上，及时切向篮下，接①的传球投篮。

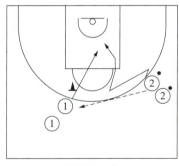

图 3-2-13

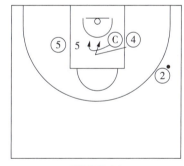

图 3-2-14

5. 假掩护反切配合

练习方法：如图 3-2-14 所示，④给⑤作掩护的过程中，发现 C "抢前"移动防守，及时后转身将 C 挡在身后，张手要球，接②的传球，篮下进攻。

6. 中锋定位掩护

1）练习一：定位掩护横向切出配合

练习方法：如图 3-2-15 所示，①传球给②后向限制区切入，将自己的防守人 1 带到同伴⑤定位掩护的位置，利用⑤的定位掩护挡住防守者1，切出接球投篮。①切出接球的同时要调整好脚步动作和重心，做好接球投篮的准备。定位掩护的队员⑤在同伴①投篮时要抢占有利位置，为争抢篮板球做好准备。

图 3-2-15

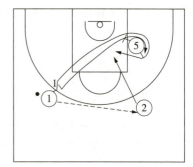

图 3-2-16

2）练习二：定位掩护切出再切入配合

练习方法：如图 3-2-16 所示，①传球给②后向限制区切入，将自己的防守人带到同伴⑤定位掩护的位置，利用⑤的定位掩护切出。如防守人1挤过防守，①应利用⑤的掩护再次切入至限制区，接球投篮。⑤在同伴切出再切入时，要将①的防守人1挡在身后。

3）练习三：前锋利用中锋定位掩护纵向切出配合

练习方法：如图 3-2-17 所示，②传球给①后将自己的防守人2带到定位掩护的位置，利用内线队员⑤的定位掩护，切向罚球线附近接球投篮。切出时，要调整好脚步和重心，为接球投篮做好准备。在②向内线切入的同时，①向边翼运球，填补②移动后留下的区域，运球时注意观察②和⑤的配合，当②利用掩护摆脱防守以后，及时传球给②。

4）练习四：前锋利用中锋定位掩护横向切出配合

练习方法：如图 3-2-18 所示，②传球给①后溜底线伴动，然后突然变向利用从弱侧提上的中锋④的定位掩护，横向切至罚球线接①的传球投篮。④提上时要注意抢占最佳掩护位置，以前转身动作挡住防守队员2，帮助同伴摆脱防守。当②投篮时，④要快速占据有利位置做好抢篮板球的准备。

图 3-2-17

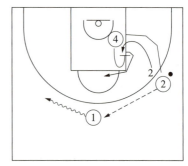

图 3-2-18

≫≫（四）策应配合

1.策应队员的控制球练习

练习方法：如图 3-2-19 所示，④接球后，双手持球举于头上，可做跨步、转身动作保护球，在传球给外围同伴时，用合理的方式及时传球。

 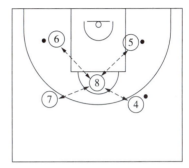

图 3-2-19　　　　　　　　　　　　　图 3-2-20

2.连续策应传球

练习方法：如图 3-2-20 所示，传球顺序为④—⑧—⑦、⑤—⑧—④、⑥—⑧—⑤、⑦—⑧—⑥。⑧要上步接球，接球后注意对球的保护，并根据不同角度作各种隐蔽传球。

3.策应配合练习

练习方法：如图 3-2-21 所示，④持球，⑦提上策应：

（1）④传球给⑦后向⑦绕切接⑦的传球后投篮、运球突破上篮或突然从另一侧运球切入篮下投篮，⑦后转身跟进，准备接④的回传球投篮或抢篮板球。

（2）④传球给⑦后绕切篮下，⑦在④绕切后转身面向篮板把球传给④投篮，⑦跟进抢篮板球。

（3）④传球给⑦后绕切时，⑦向④做传球的假动作，并突然向④切入的反方向转身跳投或快速运球突破上篮。

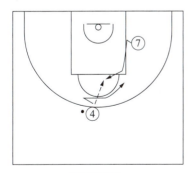 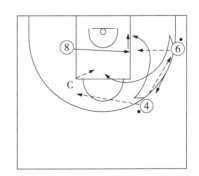

图 3-2-21　　　　　　　　　　　　　图 3-2-22

4. 三人策应配合

练习方法：如图 3-2-22 所示，全队分为三组，④⑥（④先传给 C 一球）相互传球，并注意⑧的动向，当⑧横向移动越过禁区来做策应时，④或⑥及时传球给⑧，然后围绕⑧交叉切入，⑧根据情况将球传给④投篮或自己转身投篮，⑥接 C 传球投篮，三人共抢篮板，按顺时针方向换位。

第三节
个人防守

这里所讲的个人防守是运动员在防守时，为了实现总体防守策略与目的所运用的多种方法的统称，是篮球运动员个体竞技能力的基本部分，是全队防守战术的基础，是多项防守技能的综合。

一、防守有球对手

在防守理念演变过程中，"以球为主"贯穿始终。在比赛中，球是双方争夺的焦点，持球对手可以直接或间接地得分，具有最大的威胁。在防守中，一旦自己防守的对象接到球，防守者要做到"球到手，人到位"，及时调整与对手的距离与位置，占据球与篮筐之间的合理位置，并根据防守目的、己方战术需要与对手的特点调整防守的距离与姿势，最大成效地控制对手。防守有球对手最基本的任务就是尽力干扰和破坏其投篮、堵截其运球、封锁其助攻传球，并积极抢、打、掏球，以达到制约对手、控制球权的目的。

≫（一）防持球突破

防守对手的持球突破，要根据对手在场上的位置、距离球篮的远近、对手的进攻特点，合理选择基本步法（平步或前后步），抢占有利的防守位置，争取防守的主动权。

1. 平步防守

防守者正对对手，两脚左右平行开立，重心下移（头部约与同身高对手的肩部平齐），与对手保持一臂距离，用靠近球侧的手臂伸缩和指腕挑拨动作干扰对手手中的球，另一臂侧后挥摆，封堵其传球，两脚随手臂动作做碎步滑移，准备随时起动衔接下一动作。

2.前、后步防守

防守者距对手一臂距离，两脚前后开立，宽步幅、低重心，前脚同侧的手臂前伸（掌心向上）扰球，另一臂侧后挥摆，封堵对手的传球，两脚碎步滑移，随时保持起动姿势。

当对手持球突破时，防守者与突破方向同侧的脚立即做后撤步接后滑步，积极堵截其前脚，置其前脚于己方两脚之间，胸对其肩，当其肩触及己方胸部时，上体后仰主动倒地，造成对方带球撞人犯规。

≫（二）防运球突破

当对手运球突破时，防守者要抢先滑步移动，以身体躯干对着球的落点，阻止其向纵深运球并迫使其停止运球或改变运球的方向。一旦对手停球，防守者要立即逼近对手，封堵投篮与传球，并进一步挤压空间迫使其转身背向球篮。对手传球后，及时向传球方向和球篮的方向后撤，以控制其空切。

≫（三）封盖投篮

防守队员封盖投篮俗称"盖帽"。通常的盖帽动作是：对手起跳投篮时，防投篮的队员跟随起跳，充分伸展身体和手臂，在对手举球到最高点投球或球刚离手的一瞬间打球，或用离对手近侧的手封球、拨球、按住球。尽量利用前臂和手腕的力量，动作要小而突然、短促有力，避免不必要的身体接触造成的犯规。对进攻队员行进间投篮的封盖，防守队员可以从侧面、后面跟防，一般用单脚起跳，从侧面封盖。对迎面上篮的队员，也可以在他投篮刚出手的上升期封盖。

≫（四）抢、打球

防守队员抢球，首先要判断好时机，以快速、敏捷的动作抢夺对手手中的球。抢球时手部的动作有"拉抢"和"转抢"两种。所谓"拉抢"，是用手臂向后拉拽的方法抢球，"转抢"是用后拉加转动的力量抢夺对方的球。防守队员还可以用快速的脚步移动抢占有利的位置，用手掌击打对手手中的球或者阻截运球。无论哪种方法，打球的动作不宜过大，用力不宜过猛。

二、防守无球对手

一场篮球比赛，绝大多数时间是无球队员之间的攻守对抗。提高防守的主动性，有效遏制对手的进攻，必须增强对无球防守的认识，提高防守无球对手的技能。防守无球对手的主要任务是不让对手在有威胁的区域内接球，或使其勉强接到球后处于被动状态。

》》（一）防守位置与距离的选择

防守无球队员要根据对手与球、球篮的距离，以及对手的身高、速度和进攻特点等个人因素和战术需要，选择防守位置和距离。一般而言，应该选择在"球—我—他（防守对象）"形成的三角形的钝角处，同时要做到人球兼顾。具体方法要遵循以下两点原则。

1. 根据对手与球、球篮距离的远近，选择与防守对手之间的距离

与被防守人的距离要与对手距球和球篮的距离成正比，对手距球、球篮较近，与防守对象之间的距离则近，反之亦反。做到"近球（篮）上，远球（篮）放"，人球兼顾。控制对手接球，目的就是集中优势，加强有球侧的防守。

2. "强""弱"侧决定站位姿势

以球场纵轴线为界，球所在的一侧称为强侧，另一侧称为弱侧。强侧防守无球对手，应该采取面向对手侧向球的斜前站立的防守姿势，即近球侧脚在前，另一脚稍后，与前脚同侧的手前伸，拇指向下，掌心向球，手掌处于球与对手间假想的连线上，切断其接球路线。弱侧防守无球对手，内侧的脚后撤，两臂侧伸，一臂向球，另一臂指向防守对手，兼顾对手与球，始终保持人球兼顾。

》》（二）防无球对手移动（防守切入者）

防守无球对手移动，应该采用合理的移动步法，并配以身体对抗抢占有利防守位置，堵截其移动摆脱路线。在与对手发生对抗时，降低重心，两脚发力，两臂屈肘外展，上体保持适度紧张，在发生身体接触的瞬间提前用力、主动对抗。

强侧防守无球对手，应用前滑步堵截对手迎上接球。当对手向球移动企图接球时，防守者用前滑步抢先堵截对手接球路线，迫使其加大移动距离，将对手逼到远离球框的区域。

1. 防纵切

防无球对手切入的首要要求是，绝对不让对手在球与自己之间通过。在图3-3-1中，①传球给②后，1随即偏向有球一侧错位防守，并积极堵截①从身前切入的路线，抢占球与对手连线之间的位置，逼迫①走身后。当①从身后向篮下移动时，1要跟随①移动并主动对抗，右臂屈肘顶隔开对手，伸张左臂封锁其接球路线，同时用眼睛的余光关注持球人。当防守者与球在一条直线上时，右脚后撤步，同时转头，换左手屈肘顶隔，伸右手臂

封锁接球路线（转头换臂），继续封堵其身前。即当对手向强侧移动时，"近球、近篮堵其前"。

图 3-3-2 所示的是①切入后向弱侧即远离球的一侧移动的情况。1 堵截身前切入位置，人球兼顾，跟随移动，阻断其在有威胁的区域接球。当②穿过限制区向另一侧边角移动时，1 按照"远球、远篮堵其后"的原则，伸左手封堵其身后的接球路线，并停留在图中所示的位置上，人球兼顾，协防篮下。

图 3-3-1　　　　　　　　　　　　　　图 3-3-2

2. 防横切（防溜底线）

如图 3-3-3 所示，①切向限制区，1 主动迎上，上左脚，用身体堵截不让其从自己身前横切。①变向沿底线横切（溜底线），1 右臂屈肘顶隔对手，跟随其移动，同时伸左臂封锁接球路线，待对手移过球场的纵轴线进入强侧时，贴近他迅速撤步、滑步，同时转头，伸右臂封锁接球路线（转头换臂），将对手逼离限制区。

图 3-3-3

总之，对无球队员的防守，始终要保持"球—我—他"的位置关系，以人为主，人球兼顾，切断对手与球的联系。近球侧防守，近球脚在前，贴身紧逼；远球区防守，向球和球篮方向回缩，主动协防。对手"向球向篮"移动堵其前，"远球背篮"移动堵其后，优先堵截对手威胁最大的一面，不让对手在其有利的位置上轻易接球。

⟫（三）断球

断球是截获对方传接球的方法。根据传球方向和防守队员断球前所处的位置，一般分为横断球、纵断球、封断球。

1. 横断球

横断球是从接球队员的侧面跃出断球的动作。断球时屈膝，身体重心下降，准备启动。在球刚从传球队员手中出手的刹那间突然启动，单脚或双脚用力向传球路线跃出，身体伸展，两臂前伸，将球截获。如距离较远，可助跑起跳。

2. 纵断球

纵断球是从接球队员身后或侧后跃出截获球的动作。当从接球人右侧向前断球时，右脚先向右前方跨出半步，然后侧身跨左脚绕到接球队员的前方，左脚或双脚用力蹬地向前跃出，身体伸展，两臂前伸，将球截获。

3. 封断球

封断球是在封堵持球队员传球时截获球的方法。当持球队员暴露了自己的传球意图或传球动作较大时，防守者可在对手球出手的刹那间突然启动，伸臂封盖或将球截获。

第四节 ■■■
防守战术基础配合

一、 防守战术基础配合概述

防守战术基础配合是全队整体防守行动中，在局部区域为了破坏对方的进攻配合所采用的两、三个人之间所实施的协同防守方法。防守战术基础配合虽然理论上称为"局部区域"的行为，但实际上，在其他区域的防守队员需要进行相应的轮转换位和位置的调整。所以，任何一种防守战术基础配合的运用，都是全队层面的防守行动，是局部对球的控制和对无球进攻队员以及无球区域控制的统一。

防守战术基础配合的方法主要有挤过、穿过、绕过、交换防守、"关门"、夹击、补防、围守中锋。挤过、穿过、绕过、交换防守是破坏对方掩护时采用的配合方法，"关门"、夹击、围守中锋是重点针对持球进攻队员的协同防守行动。

二、防守战术基础配合方法

>>>（一）挤过

挤过也叫抢过，是指对方掩护时，防守队员在掩护者接近自己的时候，主动横跨一步贴近自己的防守对手，并从两个进攻队员之间挤过去，继续防守自己对手的配合方法。挤过的优点是不容易失位，是破坏对方掩护，继续防住自己防守对手的最富有攻击性的方法。当进攻队给投篮较准的队员作掩护时，应积极运用挤过配合。

1.挤过配合示例

如图 3-4-1 所示，④去给①作掩护，当④临近 1 时，1 快速贴近①并从①与④之间侧身挤过去，继续防守自己的对手①。

图 3-4-1

2.挤过配合要点

（1）防守掩护者的队员要及时提醒，使同伴在思想和行动上有充分的准备，选择好有利的防守位置。

（2）当掩护临近时，挤过队员要主动贴近自己的防守者，脚尖朝着挤过的方向向前抢步，运用跨步、碎步等脚步动作从掩护者和自己的防守对手之间通过。

>>>（二）穿过

穿过是当进攻方进行掩护时，防守掩护者的队员及时提醒同伴并主动后撤一步，让同伴从自己和掩护者之间通过继续防守对手的一种配合方法。此种配合方法一般选择在对方没有外线投篮威胁时运用。

1.穿过配合示例

如图 3-4-2 所示，④去给①作掩护，④的防守者应主动后退一步让出一个通道，使同伴 1 快速从掩护者④和自己之间穿过，继续防守①。

篮球
LANQIU

2. 穿过配合要点

（1）防守掩护者的队员要及时提醒同伴，并主动后撤让出通道。

（2）当对方掩护时，防守队员应及时调整位置，迅速从同伴和掩护者之间穿过，继续防住自己的对手。

图 3-4-2

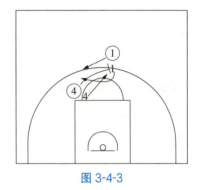

图 3-4-3

≫（三）绕过

绕过是当进攻方进行掩护时，掩护队员的防守者主动贴近对手，让同伴从自己身后通过，继续防守各自对手的方法。此种配合方法一般应用于持球者外线攻击能力差，尤其是中远距离投篮命中率低，防守方保护篮下的情况。

1. 绕过配合示例

如图 3-4-3 所示，当进攻方④给①作掩护时，掩护者④的防守者 4，应紧贴掩护者④，防守者 1 应快速从同伴 4 的身后绕过去，继续防守①。

2. 绕过配合要点

（1）防守掩护者的队员要及时提醒同伴绕过，并主动靠近对手为同伴创造空间。

（2）绕过队员迅速绕过并及时调整防守位置和距离，根据自己防守对手的特点选择迎上紧逼或收缩保护篮下。

≫（四）交换防守

交换防守简称换防，是为了破坏对方的掩护，防守者之间及时交换各自防守对手的一种配合方法，一般应用于持球人掩护后有极大的外线威胁的情况。不足之处是如换防后对手善于利用错位优势，则对防守方不利。一般而言，对方横向掩护时，大多交换防守；纵向掩护时，特别是换防后出现错位，小防大的情况下，尽量少用交换防守。

1. 交换防守示例

如图 3-4-4 所示，①持球，进攻方④给①作掩护，这时防守者 4 应紧跟④，并提示同伴 1 换防。当①运球突破时，4 迅速换防，并向斜前方上步堵住①的突破路线，此时 1 为了不被④挡在外侧，应迅速调整步法，抢占内侧防守位置，同时堵住④转身切向篮下的路线。

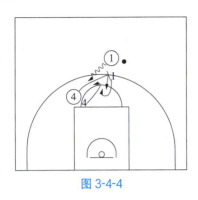

图 3-4-4

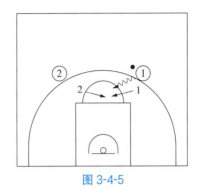

图 3-4-5

2. 交换防守配合要点

（1）防守掩护者的队员要及时提醒同伴，并贴近自己的对手，当同伴的防守人切入时，及时换防并主动跨出紧逼换防后的对手。

（2）防守被掩护者的队员要及时调整防守位置，抢占人与球篮之间或者是人与球之间的有利位置，不让掩护者把自己挡在外侧。

≫（五）"关门"

"关门"配合是邻近的两名防守队员协同防守对方突破的方法。当进攻队员运球突破时，防守突破的队员应向其侧后方滑步，同时，临近突破一侧的防守队员也应及时快速向进攻者突破的方向靠拢，二人像两扇门"关门"一样堵截突破者的移动路线。

1. "关门"配合示例

如图 3-4-5 所示，①持球，1 意识到自己的左侧有队友 2 协防，而采取了偏右侧的占位防守，迫使①向自己的左侧突破。2 采取偏向有球侧的错位防守，当①运球突破时，1 迅速向侧后方滑步堵截，2 及时移动与 1 靠拢"关门"协防，若①传球给②，2 则快速回防。

2. "关门"配合要点

（1）防守突破的队员应该向偏协同防守者的一侧选位，迫使对方向预期的方向突破。

（2）协同防守者偏有球侧站位防守，当同伴防守的进攻队员运球突破时，抢先移动，及时与同伴"关门"。对方停球或传球时，进行封堵和快速回防自己的对手。

≫（六）夹击

夹击是防守者采取突然行动，与同伴一起封堵、围夹持球者的一种攻击性很强的配合方法。夹击通常用于堵截边角运球者或在场地边角停球的进攻者，体现了防守的积极主动性和攻击性。

1. 夹击配合示例

如图 3-4-6 所示，进攻队员②接到①的传球后沿底线运球突破，弱侧防守的 3 调整防守位置，适时大胆暂时舍弃自己防守的对手，与队友 2 一起夹击突破受阻在底线停球的②。此时，1 应向限制区内移动，以少防多。当球传出时，防守队员调整防守位置与对手，建立新的防守。

图 3-4-6

2. 夹击配合要点

（1）要正确选择夹击的时机与地点。夹击的时机通常选择在对方运球而对场上其他情况不予注意时、运球转身或停球时、战术需要的其他时机。夹击的最佳位置在中线边角或场地四周边角，因此应有意将对方持球队员迫向边线或底线。

（2）夹击时，防守者们用腿与躯干封堵对方的移动空间，同时挥舞手臂积极堵截干扰传球，但不提倡盲目下手抢球，以免犯规。临近对方持球队员的防守队员切断其接球路线，伺机断球，其他防守队员调整防守位置，以少防多。

≫（七）补防

补防是指防守队员被对手突破或出现漏防时，其他防守队员主动放弃自己的防守人，填补防守漏洞，防住同伴防守者的一种配合方法。补防可以减少一次对手直接得分或进攻的威胁。

1. 补防配合示例

如图 3-4-7 所示，②运球突破了 2 的防守，冲击篮下。3 观察到队友 2 被突破后，为避免②直接上篮得分，主动放弃自己的防守对手③，补防②。1 轮转补防③，2 去防守①。

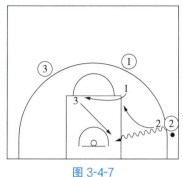

图 3-4-7

2. 补防配合要点

（1）要贯彻"以球为主，人球兼顾"的原则，根据球的位置调整防守位置，加强对有球区的协防和篮下的保护。

（2）补防队员要预判准确、动作迅速、行动果断。漏防队员要积极移动，快速追击或者及时轮转。

>>>（八）围守中锋

围守中锋是指为削弱对方内线中锋进攻威胁，其他防守队员协同内线防守队员，共同堵防、夹守对方中锋的一种配合方法。一般在对方中锋队员攻击力较强，为减少内线防守压力，削弱对方中锋进攻威力时采用。

1. 围守中锋示例

示例一：如图 3-4-8 所示，①持球，5 在⑤的左侧前方侧前防守，2 回收，抢断给⑤的高吊球。当球传给②时，2 防守持球人，5 在⑤的右侧前方侧前防守，1 回收，阻断⑤左侧的接球路线。一旦中锋⑤接到球，邻近的防守队员要与中锋的防守者一起对其进行围夹，限制其活动空间，迫使其将球给外线。以上示例常见于区域联防对低位中锋的围守。

图 3-4-8

图 3-4-9

示例二：弱侧外线防守队员围夹强侧低位进攻中锋也是经常采用的一种遏制内线进攻威力的防守形式。如图3-4-9所示，②持球，弱侧外线防守者3回收篮下，保护内线。一旦内线进攻队员⑤接到球（图3-4-10），3与5立即对⑤进行围夹，1、2紧逼各自对手，阻断其接球路线，4向③与④之间的位置移动，以少防多。

图 3-4-10

2. 围守中锋要点

（1）中锋防守者要根据对方中锋的身体条件、进攻能力与特点，有目的地选择占位形式，并积极移动抢位，切断进攻中锋接球路线，堵截其向有威胁的区域移动。持球人的防守者要有"逼外制内"的意识，紧逼防守，干扰其向内线传球。其他防守者要根据全队防守部署，合理选位，围夹或者准备围夹对方的中锋队员。

（2）一旦对方中锋队员接到球，防守者要根据既定部署进行围夹，限制其活动空间，迫使其将球传出。

第五节
防守战术基础配合教学与训练

一、 防守战术基础配合教学与训练建议

（1）首先从思想上提高防守对比赛胜负重要性的认识，克服重攻轻守的思想。树立主动防守的信心与决心，强调积极防守、顽强战斗的作风建设。

（2）提高个人防守基本功，特别是滑步、撤步、抢步、上步、前后转身等，并可把脚步动作练习与体能训练相结合，提高手脚配合的协调性和反应能力。

（3）在具备一定防守基本能力的基础上，先学习防守有球对手，再学习防守无球对手。学习防守无球对手，第一步是根据球的位置，合理选择防守的姿势、位置与距离；第二步是防对手的切入；第三步是在球移动的情况下，防守无球对手的切入。

（4）在防守战术基础配合的教学中，要强化语言信号提示，注意培养学生相互呼应、协同配合的意识。

（5）鼓励学生积极对抗，合理运用身体对抗、手臂封堵等防守攻击性动作，提高防守的侵略性与攻击性。逐步提高练习难度与对抗程度，并把防守训练与体能训练相结合，提高在高对抗的条件下运用防守技术与战术的能力。

（6）重视整体作战意识的培养，培养学生协调一致、顽强拼搏的防守风格和意志品质。

二、防守战术基础配合学练步骤与方法

》》（一）防守基本步法练习

1.防守滑步

练习方法：从基本防守姿势开始，听口令练习横滑步、前滑步、后滑步。

2."Z"形滑步移动

练习方法：基本防守姿势开始，练习者在图 3-5-1 所示的区域内，滑步移动至规定界线处接后撤步，再做后滑步，连续"Z"形滑步移动。

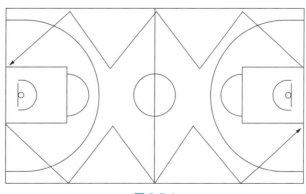

图 3-5-1

3."Z"形滑步 + 交叉步 + 跑步 + 滑步

练习方法：基本防守姿势开始，辅助练习者按照图 3-5-2 所示路线分别作中等速度跑、加速跑接中等速度跑，练习者根据其移动的速度分别作滑步、交叉步接快速跑、滑步练习。

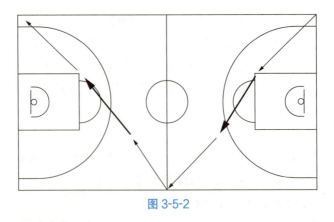

图 3-5-2

4."Z"形滑步防运球

练习方法：辅助练习者按照图 3-5-3 所示的路线运球，练习者滑步移动防守其运球，临近练习区域边界的时候，练习者要积极抢步，压迫运球者改变运球方向。

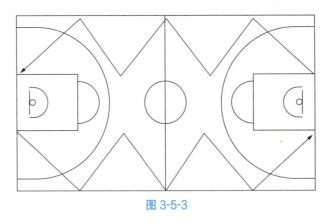

图 3-5-3

5. 迎前防守接防运球突破

练习方法：如图 3-5-4 所示，1 以地滚球的方式传球给①后，从端线起动，快跑至进攻者身前时，碎步调整防守姿势与距离。①运球向底线突破，1 防守，堵中放边，至端线附近时，抢步封堵①的运球路线，迫使其停球。

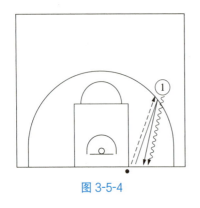

图 3-5-4

图 3-5-5

≫（二）防守战术基础配合练习示例

1. 挤过、穿过、绕过、换防

练习一：如图 3-5-5 所示，①传球给 C 后向下给队友②作侧掩护，②利用①的掩护向上移动接球。防守者 2 和 1 练习防守掩护配合的挤过、穿过、绕过、换防。

练习二：半场三对三攻守对抗，进攻队员尽力利用掩护配合创造进攻机会，防守队员进行防守掩护配合练习。

2. 夹击

练习一：如图 3-5-6 所示，2 传球给①后练习开始。1 迫使①向场角运球并逼其停球，2 随即与队友 1 一起对①进行夹击。夹击时，两名防守队员要合理选择位置，用腿与身体围堵持球人，并积极挥动手臂干扰传球。

图 3-5-6

练习二：如图 3-5-7 所示，进攻队员①沿边线运球推进，防守队员 1 在其侧前方控制其运球速度与方向，当 1 运球接近中线时，防守队员 3 快速启动，在运球队员刚过中线时，两名防守队员共同完成对运球队员的夹击。

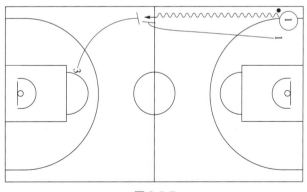

图 3-5-7

练习三：全场二防一夹击。三人"8"字环绕传球至前场上篮，上篮后二防一返回，其中得到篮板球者为进攻者。持球者的防守人堵中放边，迫使持球人向边线运球，并控制其运球路线和速度，另一名防守人择机与同伴一起对持球者进行夹击。

3.关门

练习一：三防一。如图 3-5-8 所示，进攻者①从左侧突破，防守者 1、2 关门防守，从右侧突破，1、3 关门防守。

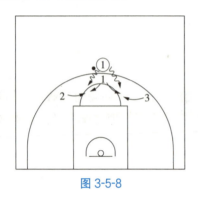

图 3-5-8

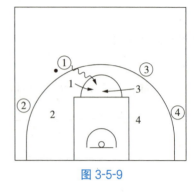

图 3-5-9

练习二：如图 3-5-9 所示，"2-2" 站位，攻防四对四。限制进攻条件，进攻队员只能从外线两名防守者之间运球突破，四名防守队员练习关门配合。

知识拓展)))

防守训练理论

防守不好的球队无法赢得比赛，在一定的时候防守要比进攻重要得多，因此必须懂得如何采取正确的防守，球队应该练就优秀的集体防守体系和集体防守能力。

防守总体可以分为三种情况：防守持球队员、防守有球一侧的无球队员、防守弱侧无球队员。青少年队员要明确规则的重要性，知道防守主要靠移动和合理选择位置切断进攻队员之间的联系，而不是用手去阻挡对方。在训练中要提高队员靠身体和脚步防守的能力，要保持双脚着地的正常位置，不要轻易被对方假动作诱骗，失去正常的防守位置。除此之外，我们还要充分利用规则的时间概念（8 秒、24 秒、5 秒、3 秒），采取合适的防守手段，达到最佳的防守效果。

防守队员应采取主动的防守方式，利用防守调动进攻队员，而不是让进攻队员调动防守。防守有球队员不存在协防的问题，因此在防守时可以把注意力完全放在防守队员的身上，其他防守队员要随时准备补防和协防。训练中的协防和补防是集体防守的体现，需要防守队员不断地呼应和移动。

在防守训练中，抢篮板球至关重要，尤其是前场篮板球的拼抢可以有效遏制对方的快攻。

【节选自：中国篮球协会.外籍篮球专家来华执教训练方法选编[M].北京：北京体育大学出版社.2014.】

内容提要

● 进攻战术基础配合是指两名或两三名进攻队员为组织己方战术行动，创造投篮得分机会而采用的有目的、有组织的协作行动与应变方法，包括传切、突分、掩护和策应配合。

● 防守战术基础配合是在局部区域展开的防守配合行动，是全队防守质量的基础。挤过、穿过、绕过、交换防守是破坏对方掩护时采用的配合方法，"关门"、夹击、围守中锋是重点针对持球进攻队员的协同防守行动。

 思考题

1. 绘图并说明传切配合的方法？

2. 绘图并说明突分配合的方法？

3. 什么是掩护？

4. 绘图并说明掩护配合的方法？

5. 绘图并说明策应配合的方法？

6. 什么叫挤过、穿过、绕过？

7. 什么叫交换防守？

8. 什么叫"关门"？

9. 什么叫夹击？

10. 什么叫补防？

第四章

快攻与防守快攻

第一节

快攻

现代篮球竞技比赛的特点更突出地体现在"智、悍、高、快、准、全、变"等方面，其中快速攻击就是最重要的特征之一，也是进攻战术中最犀利的武器。从当今世界强队的重大比赛来看，在对阵双方速度的较量中，队员的个人技术不断增强，特别是有快攻推进器之称的后卫队员的个人技术、高大队员的快速能力、队员高速移动中的得分手段和能力、快攻结束阶段远距离投篮的次数与成功率等。作为转换进攻重要组成部分的快攻阶段，突出表现为如下特点：快攻的来源与发动区域增大、快攻的推进形式简捷实效、快攻的结束方式机动灵活、专项技术和专项身体能力的作用明显。因此，现代篮球快攻是在由守转攻时，以最快的转换速度、最简捷的推进方式，合理利用人数、技能和时空优势追攻对方，使其不能完全退防及时抢攻的速决战。

快攻按照其推进的形式可以分为长传快攻、短传快攻、短传结合运球突破快攻、运球突破快攻等。就快攻的结构而言，长传快攻由发动和结束两个阶段组成。其他形式的快攻则由发动与接应、推进和结束三个阶段组成，在这三个阶段中，又因具体形式、位置、区域、时机、技术应用与战术配合的不同，演变为多种形式。

一、长传快攻配合方法

长传快攻是指队员在后场获得球后，直接把球长传给摆脱对手快速移动到前场队友的一种快攻形式。此配合方法只有战术发动和结束两个阶段，因而进攻时间短、速度快、配合简单，是一种简单易行的快攻战术形式。从获得球的方式来讲，长传快攻可以分为三种形式：抢获后场篮板球、掷后场端线球、抢打断球后的长传快攻。

抢获篮板球后的长传快攻战术如图 4-1-1 所示，④抢获后场篮板球后，首先观察全场情况，以便掌握发动快攻的时机，当看到⑦⑧及时快下超越防守者后，④应及时长传球给⑦⑧进行攻击，④⑤⑥随后快速跟进。

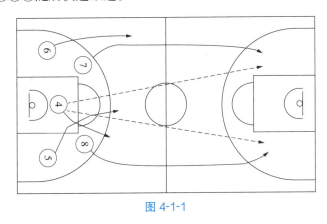

图 4-1-1

二、其他形式快攻的战术结构与配合方法

》》（一）发动与接应阶段

根据篮球比赛攻守转换的规律，快攻发动的时机主要有以下三种：抢获后场篮板球时，抢、打、断球获得球权时，对方得分掷后场界外球时。其中，以抢获后场篮板球发动快攻的机会最多，以抢、打、断球后发动快攻的成功率最高。无论是何种情况，一旦己方获得球，全队都应迅速分散，控制球的队员要根据场上情况，迅速、及时、准确地进行第一传。一般而言，先选择长传快攻，长传快攻受阻，再与接应队员配合。接应者应迅速摆脱防守，及时选择有利的位置接应一传，准备推进。后卫队员应该在同伴抢到篮板球时拉出接应，如对手破坏第一传，后卫要迎前接应，如没有被抢断球的危险，后卫可以在靠近中场的附近接应。此阶段，一传速度和接应的距离是关键。

快攻的接应分固定接应和机动接应两种。固定接应包括固定区域固定队员接应、固定区域不固定队员接应和固定队员不固定区域接应三种形式。机动接应是指获得球后，根据对方的情况将球传给最有利于发动与接应快攻的同伴的方法。快攻接应的特点如表 4-1-1 所示。

表 4-1-1 快攻接应的种类及特点

种类		特点
固定接应	固定区域固定队员	接应位置和接应队员明确，易于学习掌握，适合初学者应用，但容易被对手识破。
	固定区域不固定队员	接应趋于明确，接应队员灵活性大，但对方掌握规律后易被识破。
	固定队员不固定区域	接应者一般为球队核心成员，接应任务明确、灵活方便，但是固定接应队员容易被对方识破后重点盯防。
机动接应		灵活性大，接应面广、接应点多，增加了对手防守的难度。

≫（二）推进阶段

快攻推进阶段是指快攻发动与接应阶段之后，至快攻结束阶段之前中场配合的过程，在整个快攻过程中起到了承前启后的作用。推进阶段中，全队要有层次地散开，保持队形的纵深。依据其形式，快攻推进阶段分为传球推进、运球推进、传球结合运球推进。

快攻推进的要求是：

● 快攻发动后要迅速向前推进。

● 进攻队员要保持纵深队型，三线出击。

● 灵活运用传球与运球，能传不运。

● 进入前场攻击范围后，尽量减少不必要的传球。

1. 传球推进

传球推进是参与快攻的队员快速传球向前场推进。这种推进方式的特点是速度快，对行进间传接球技术要求相对较高。推进过程中，队员之间要保持纵深队形，无球队员要快速跑动，并随时准备接球，传球要准确、及时，尽量向斜前方传球，避免横传球。

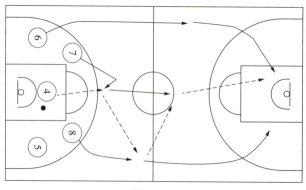

图 4-1-2

如图 4-1-2 所示，④抢获后场篮板球后，迅速传球给插中接应的⑦，此时⑧⑥已沿边线快下，插中接应的⑦接球后及时将球传给移动到中场附近的⑧，⑧接球后短促快速回传给⑦，⑦接球后传给已经奔袭到篮下的⑥投篮，④⑤跟进。

2. 运球推进

运球推进是指由守转攻时，获得球的队员利用运球技术超越防守，自己投篮或者传球给同伴进行进攻推进的方法。其特点是加快了推进速度，减少了中间环节。如图 4-1-3 所示，由守转攻时，⑦获得球后，直接运球突破防守，上篮得分或者分球给跟进队员进攻。

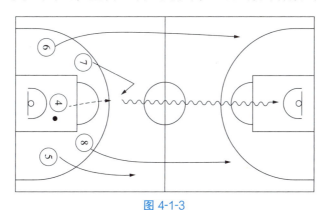

图 4-1-3

3. 传球结合运球推进

传球结合运球推进是指由守转攻时，进攻方立即以快速的短距离传球结合运球方式突破对方防守，直逼对方篮下的快攻推进形式，如图 4-1-4 所示。这种配合方法具有灵活、机动、多变的优点。

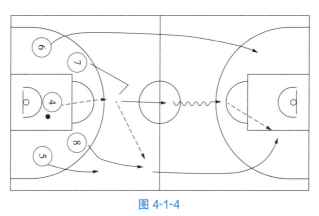

图 4-1-4

≫（三）结束阶段

快攻的结束阶段是指快攻推进到前场后直至完成攻击的阶段，是决定快攻成败的关键。这时，要求持球队员判断准确，适时传球或者果断投篮。其他队友也要对防守意图有清晰、准确的预测与判断，合理选择位置伺机接应，投篮后积极拼抢篮板球或补篮。

以多打少，在人数上的优势是快攻结束阶段最有利的局面，进攻队员应分散拉开，适时插入篮下，尽可能地创造近距离投篮的机会。

快攻结束阶段的要求是：

● 持球队员在观察对方防守站位的前提下，不要盲目停球或做多余的传球，保持推进速度，敢于运球接近对手，根据防守情况选择突破上篮或突破分球。

● 无球进攻队员要保持距离与层次，拉空篮下，选择有利位置接应传球。

1. 二攻一的配合方法

快攻推进到前场之后形成二攻一的局面，进攻队员应拉开空当调动防守，扩大进攻面。可以选择快速传球、突破分球或运球突破强行上篮等手段进行攻击。

如果"运球突破通道"[1] 被防守者占据，运球者就应该传球给空位队友。如图 4-1-5 所示，①②快速推进至前场，防守队员 1 上前对①进行防守控制时，①应及时将球传给切入篮下的②投篮。

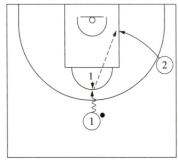
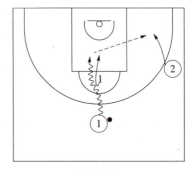

图 4-1-5   图 4-1-6

再如图 4-1-6 所示，①运球强行突破上篮，防守队员 1 堵截①的突破，①及时将球分给向底角拉开的②投篮。

2. 三攻二配合的方法

三攻二时，三名进攻队员要充分利用场地的宽度，保持中路队员靠后，两侧队员靠近边线并突前的倒三角形队形，扩大攻击面，根据防守队员的站位选择进攻路线。此时，进攻的目标是吸引一名防守队员过来防持球人，然后持球人将球传给另一名同伴，使之出现二攻一的局面。

1）防守队员平行站位时的进攻方法

这种防守站位的弱点是中间缺口大，便于由中路突破上篮或突破分球进行攻击。如图 4-1-7 所示，两名防守队员 1、2 平行站位，持球队员①运球中观察到防守方站位的情况后，

---

1   持球人与球框之间的通道。

应选择从 1 与 2 的中路运球突破，即"平行站位突中间"。当遇到 1 的堵截时，①果断将球分给③投篮。

2）防守队员前后重叠站位时的进攻方法

防守队员采用前后重叠站位时，中路的防守力量较强，强化了对篮下的保护而两侧较弱，应首先选择从两侧边路发动攻击。如图 4-1-8 所示，①运球过程中观察到防守方站位的情况后，传球给侧翼的②，即"重叠站位传一边"。②运球突破强行上篮，遇到 2 的堵截时，可根据防守情况将球分给③或①投篮。

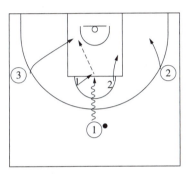

图 4-1-7

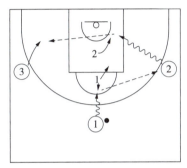

图 4-1-8

3）防守队员斜线站位时的进攻方法

当防守队员斜线站位，企图强化对某一侧进攻的控制时，进攻应从另外一侧发动，即"斜线站位攻空位"。如图 4-1-9 所示，①运球推进中，观察到防守采用斜线站位时，①应将球传给一侧的②，②运球强行向篮下突破，此时若 2 补防②，1 回收保护篮下，②可将球分给③投篮。

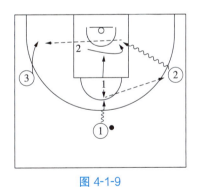

图 4-1-9

第二节
快攻教学与训练

一、快攻教学与训练建议

（1）快攻教学首先要使学生理解与掌握快攻的概念、发动时机、组织形式、各队员的位置与职责。

（2）快攻是进攻战术的重要组成部分，以进攻战术基础配合为基础，一般应安排在其后进行教学。同时，应把行进间传接球、快速运球、快速运球突破与分球、行进间接球急停投篮等基本技术与快攻学练相结合。

（3）教学中长传快攻安排在前，其他形式的快攻安排在后。以抢获后场篮板球、短传结合运球突破推进、以多打少的结束阶段形式的快攻作为教学的主要内容。

（4）在掌握快攻基本方法的基础上，强化快攻所需的专项技术训练，持续提高快攻的技术保证；提高攻守转换速度，加大对抗强度以及防守难度，强化应变能力；继续强调战斗作风与意志品质，并与体能训练相结合。

（5）与全队攻守战术相结合，把快攻与攻守转换、二次进攻及阵地进攻相结合。

二、快攻学练步骤与方法

》》（一）长传快攻

练习一：全队分为四组，如图 4-2-1 所示，①自抛自抢篮板球，②沿边线快下，至前场后侧身跑接①的长传球上篮，③抢篮板长传给快下的④上篮。全队依次练习，逆时针方向轮换位置。

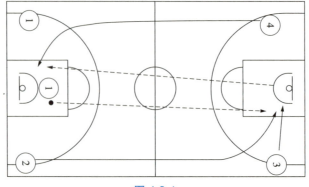

图 4-2-1

　　练习二：如图 4-2-2 所示，④自抛自抢篮板球，⑥插中接应，⑥接球后将球传给快下的⑤投篮。接应队员不要运球，接球后即可将球传出，⑤快下时要侧身看球，随时准备接球。

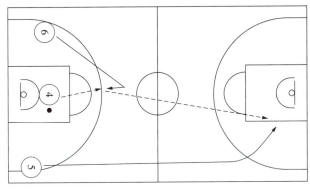

图 4-2-2

≫（二）短传（结合）推进快攻

　　练习一：如图 4-2-3 所示，④自抛自抢篮板球后传给插中接应的⑥，⑥接球后传给左侧快下的⑤，⑤接球后立刻回传给⑥，⑥接球后传球给拉边快下到篮下的④投篮。

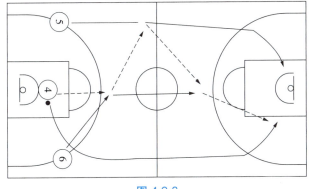

图 4-2-3

　　练习二：如图 4-2-4 所示，④自抛自抢篮板球后，传球给插中接应的⑥，⑥接球后沿中路运球向前场推进，适时传球给沿边线快下的④或⑥投篮。

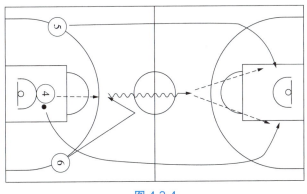

图 4-2-4

≫（三）快攻结束阶段练习

1. 二攻一练习

练习方法：如图 4-2-5 所示，1、①、②绕过标志物后练习二攻一，①②进攻，1 防守。

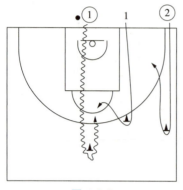

图 4-2-5

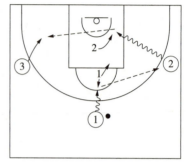

图 4-2-6

2. 三攻二练习

练习方法：如图 4-2-6 所示，①运球过程中观察到防守方站位的情况后，传球给侧翼的②，②运球突破强行上篮，当遇到 2 的堵截时，可根据防守情况将球分给③或①投篮。

3. 三攻二、二攻一循环练习

练习方法：全队分组如图 4-2-7 所示。⑤⑥⑦进攻，①②防守，三攻二练习开始。①②抢获篮板球后，快速推进至另外半场二攻一，⑧防守，一击（无论中与不中）即此回合结束，①②⑧任意一人抢获篮板球后，快速传（运）向另外一个半场推进，开始三攻二练习，③④防守。下一回合，③④进攻，⑨防守，全队循环练习。

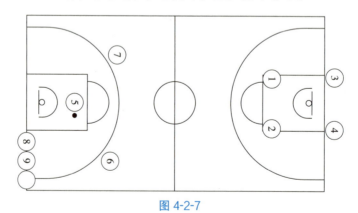

图 4-2-7

≫（四）多人快攻

练习一：练习开始时，站位如图 4-2-8 所示，教练员 C 将球传给②（也可以是任何一名队员）后，防守队员 2 回跑触端线后方能折返，参与防守。进攻队员①②③④利用进攻队人数的暂时优势，组织快速攻击。

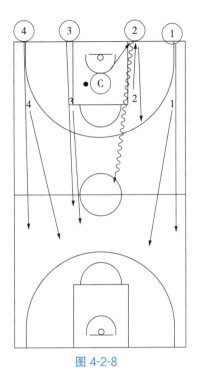

图 4-2-8

练习二：如图 4-2-9 所示，甲队①罚球，乙队①②抢篮板球或者发端线球后，向对面半场进攻，甲队①防守；甲队抢获篮板球（或在对方中篮后发端线球），甲队①②③进攻，乙队①②防守；乙队抢获篮板球（或在对方中篮后发端线球），乙队①②③④进攻，甲队①②③防守；然后是①②③④⑤进攻，①②③④防守，直至过渡到全场五对五攻守。

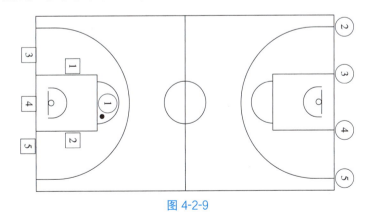

图 4-2-9

第三节
防守快攻

防守快攻是指比赛中由攻转守的瞬间，及时组织防守阵型阻止和破坏对方发动快攻的防守战术。防守快攻需要根据快攻攻势的展开，有针对性地防守，力求延缓对方的进攻速度，打乱进攻节奏，推迟进攻时间，以利于迅速组织阵地防守。

一、 防守快攻的基本要求

（1）全队战术设计中应该遵循"攻守平衡"原则。在阵地进攻战术的设计中，要明确队员的攻守任务，以便失去球权时及时迅速退守。

（2）一旦失去球权，要积极堵截破坏对方的第一传，并有准备地抢占其习惯的接应地点，堵截接应队员。

（3）要具备积极拼搏的精神，对方获得球权要及时迅速退守。即使在以少防多的情况下，也要积极阻击为队友的回防创造条件。

（4）采用有针对性的全队战术，以遏制对方的快攻。失去球权后，必要时采用全场紧逼战术控制其进攻速度，退回后场或局势发生可预见的转变后，再转入半场防守。

二、 防守快攻的方法

≫（一）提高投篮命中率，积极拼抢前场篮板球

从篮球比赛实战统计资料来看，抢获后场篮板球发动快攻的比例最大。因此，防守快攻，积极拼抢前场篮板球，提高进攻成功率是制约对方发动快攻最直接的办法。

≫（二）封一传，堵接应

攻守转换时，积极封堵对方的快攻第一传和堵截其接应队员是防守快攻的关键环节。当对方获得球权后，就近的防守队员要立即干扰持球队员的视野、角度，延缓其一传的速度。

当对手采用固定接应时，要抢占对方的接应点，堵截接应队员与一传队员之间的联系，有效地控制插上接应的意图与行动，破坏和延缓对方发动快攻。

≫（三）控制对手推进速度

对手采用运球突破推进时，应紧逼防守，堵中放边，为同伴协防、夹击创造有利条

件，给本队退守和组织全队防守争取时间。防守快攻除了要对持球队员进行干扰和阻击外，对拉边快下的队员也要予以盯防，对其要以防接球为主，破坏接球与下一个技术动作的衔接。

≫（四）提高以少防多的能力

当后场出现以少防多的局面时，防守队员应沉着冷静，根据进攻队的人数和位置，采用相应的防守技术与策略，可利用防守假动作等个人防守技术，以及协防、补防等配合策略，破坏和延缓对方进攻，为同伴回防赢得时间。

第四节
防守快攻教学与训练

一、防守快攻教学与练习建议

（1）防快攻的教学应安排在学习快攻以后，且可以把二者结合起来进行，这样不仅有助于培养快攻与防守快攻的战术意义，还能相互促进、共同提高。

（2）实践练习中，建议下列内容依次进行：封堵快攻第一传与堵截接应（先固定接应，再机动接应）、防快攻推进（先传球推进，再运传结合）、结束阶段（先以少防多，再人数相等），然后从消极防守逐渐增加防守难度。

二、防守快攻学练步骤与方法

≫（一）三对三堵截快攻的发动与接应

练习方法：如图 4-4-1 所示，C 将球抛向篮板，当④控制篮板球后，防守者要迅速就近盯防自己的对手，4 立即上前对④紧逼防守，干扰传球视野与路线，封堵④的传球并控制其突破，1、2 要防止①②摆脱，重点堵截①②的接球路线。

图 4-4-1

≫（二）防守快下队员

练习方法：如图 4-4-2 所示，以 C 以球击打篮板为启动信号，②③沿边路快下，随时准备接 C 的传球，防守队员 2、3 快速沿内侧退守，控制快下队员，力争断球。

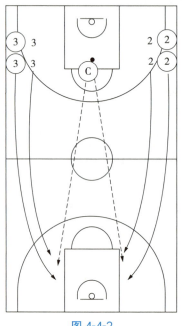

图 4-4-2

≫（三）半场一防二

练习方法：如图 4-4-3 所示，1、①、②绕过标准物后练习一防二，①②进攻，1 防守。

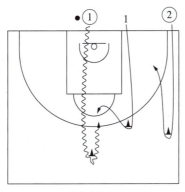

图 4-4-3

≫（四）全场二防三

练习方法：如图 4-4-4 所示，①②③传（运）球推进快攻，④⑤防守。当④⑤获得球权之后，与⑥立即快速推进至对面半场进攻，⑦⑧防守，攻守交替进行。此方法可以演化为一防二、二防三、三防四或人数相等的攻守对抗。

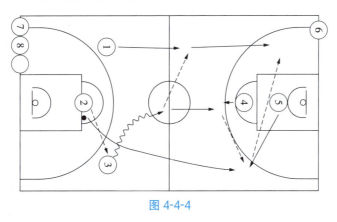

图 4-4-4

有关快攻——来自 NBA 教练的一些建议

一、我们偏爱快攻的原因

● 快攻没有严格确定的位置和打法，使得对手难以准备和防守。

● 快攻的快节奏常常可以打乱对方的阵脚，使其措手不及。

● 快攻能更多地消耗对方的体能。

● 快攻能更容易地创造出比阵地进攻更多的空位投篮机会。

● 快攻可以给队员带来更多展示个人才华的机会，使他们得到更多的乐趣。

二、实施快攻的方法

（一）运用防守压力

善于打快攻的球队都会进行攻击性的防守。好的、有效的防守压力能充分瓦解对方的进攻，迫使对方出现失误而获得机会。

（二）拼抢篮板球

在执行快攻战术时，无论怎么强调拼抢后场篮板球的重要性都不为过。在对方每次投篮时，我们要求（除组织后卫外）四名队员都要去抢篮板球。

（三）快速跑动

一旦获得球权，队员在球场上的反应要像赛跑运动员从起点向终点冲刺一样，毫不犹豫地全力冲向前场。

（四）球的移动

只有在球员快速移动时，球也快速转移，才能使快攻收到成效。

（五）快速、果断地出手

最后强调的是队员快速出手投篮。队员需要在首次或二次快攻中抓住机会，果断出手。为了做到快速出手果断投篮，队员必须清楚自己适合在什么样的条件下出手，然后在机会到来时自信地投篮。

（节选自：乔治欧·甘多尔菲.NBA教练员训练指南——技术、战术和教学要点[M].郑旗，王玉峰，译.北京：人民体育出版社，2012.P155-159.）

📚 内容提要

- 快攻按照其推进的形式可以分为长传快攻、短传快攻、短传结合运球突破快攻、运球突破快攻等。

- 快攻发动的时机主要有以下几种：抢获后场篮板球时，抢、打、断球获得球权时，对方得分掷后场界外球时。其中，以抢获后场篮板球发动快攻的机会最多，以抢打断球后发动快攻的成功率最高。

- 推进阶段中，全队要有层次地散开，保持队形的纵深。依据其形式，快攻推进阶段分为传球推进、运球推进、传球结合运球推进。

- 快攻结束阶段的要求：持球队员在观察对方防守站位前提下，不要盲目停球或做多余的传球，保持推进速度，敢于运球接近对手，根据防守情况选择突破上篮或突破分球。无球进攻队员要保持距离与层次，拉空篮下，选择有利位置接应传球。

- 防守快攻的方法有：提高投篮命中率，积极拼抢前场篮板球。封一传，堵接应。控制对手推进速度。提高以少防多的能力。

思考题

1. 什么叫快攻?

2. 快攻的发动时机有哪些?

3. 快攻推进阶段有哪些要求?

4. 快攻结束阶段有哪些要求?

5. 绘图并说明快攻结束阶段二攻一的战术配合方法。

6. 绘图并说明快攻结束阶段三攻二的战术配合方法。

7. 防守快攻的方法有哪些?

第五章

半场人盯人防守与进攻半场人盯人防守

第一节

半场人盯人防守

一、半场人盯人防守概述

人盯人防守是篮球运动最早产生的一种防守战术形式，早期人盯人防守要求每名防守队员防住自己的防守人，"黏"住对手，这种战术形式仅限于个人行动，防守队员之间相对孤立，缺乏防守的整体性。随着篮球运动的发展，现代人盯人防守的主动性与破坏性大大加强，战术手段更加丰富，战术应用更加合理，增强了篮球运动攻守对抗的激烈性与观赏性。

人盯人防守具有相对固定的防守对象，在防守过程中以控制自己的防守对象为主，但也不能理解为仅是防守自己的对手。在控制自己对手的同时，对于防守有球与无球的转换、不同的防守区域之间要相互联系，以防人为中心，结合对对方各种进攻配合行动的综合限制和破坏，共同形成严密的整体防守体系。

　　人盯人防守按照防守的范围，可以分为全场紧逼人盯人防守和半场人盯人防守。半场人盯人防守是在由攻转守时，全队迅速退回后场，每名队员以负责盯防各自的防守对手为主，兼顾对球和区的控制，与同伴协同配合进行集体防守的全队防守战术。半场人盯人防守是现代篮球运用最多、最重要的战术方法之一，是人盯人防守战术体系中最基本的全队防守战术。这种防守战术分工明确，责任到位，针对性强，能有效地控制对手的习惯打法，调动个人防守的积极性，充分发挥个人防守特长与能力。

　　半场人盯人防守可以分为半场扩大（紧逼）人盯人防守和半场缩小（松动）人盯人防守两种。半场扩大（紧逼）人盯人防守扩大了外围防守范围，一般在 8～10 m 区域内展开防守，用以对付中远距离投篮较准、内线相对较弱的对手。有时也用于"制内防外"的防守策略，即加强外线的防守压力，控制其向内线传球，切断内外线之间的联系，以达到削弱其内线进攻威胁的目的。这种打法的优点是防守的主动性强，可以主动加大比赛的强度，破坏对方的习惯配合，容易形成抢断球快攻反击，但由于防区扩大，协防难度较大。半场缩小（松动）人盯人防守加强了内线防守，控制区域相对较小，一般在 6～7 m 的范围内，主要针对对手外线投篮较差，而个人突破和内线攻击力较强的球队使用。防守范围较小，容易进行协防，强化了篮下区域内线防守的主动性，便于抢篮板球发动快攻反击。

　　半场人盯人防守是区域联防、区域紧逼战术的基础，能够极大地调动防守的积极性与主动性，能够灵活、准确、及时地调整防守的侧重点，对球的压力大，对对手防守的针对性强，能有效地控制对手的进攻重点。不足之处是队员主要处于个人防守的状态，个人防守能力是制约战术效果的影响因素。

二、半场人盯人防守战术要点

≫（一）以个人的"盯人防守"为基础，兼顾球的位置和所处区域

　　采用盯人防守战术，个人防守能力是战术有效性的基础，防守分工时需要充分考虑对手的进攻特点和本队队员的个人防守能力，合理安排盯人防守的对手。一般会采用强对强、弱对弱、高对高、矮对矮的原则分工防守。以球为主，人、球、区、时兼顾。

≫（二）人盯人防守，强调对球施压

　　对球的施压，其一，体现于对持球者的压迫式防守，以防球为主对持球对手施以最大压力，力求不给持球队员投篮、传球和摆脱的机会。广泛采用迎前防守和贴身防守技术，防守队员在移动中贴近对手的身体，对手停球后即时上前"挤压"其活动的空间，并采取攻击性防守的动作干扰破坏其进攻行为；其二，对无球队员防守的"近球上，远球放"也

体现了对球施压的原则。对无球队员的防守，强侧要紧逼，阻断对方的接球路线，弱侧要协防，形成"近球近，远球松"，随时要协防的防守态势。防无球对手，要始终保持人、球、区兼顾的有利位置，做到有球侧以多防少，无球侧以少防多，在强侧严格控制持球队员的行动，防止其将球向内线传递，切断持球队员与无球队员之间的联系。在对球持续施压的同时，控制有威胁的区域（如限制区）和赛场上的时间进程也是盯人防守的重要因素。

≫（三）强调防守的整体性，注意集体力量的发挥

对于防守战术中的主体因素"我"而言，人盯人中的"人"不仅仅是指自己所防守的对手，还包括所有其他对手。为了发挥集体的力量，不仅要守住自己的对手，还必须随时了解和观察其他对手和队友的行动意图，实现防守的集体性。在防守中还要互通信息及时呼应，造成声势压倒对手。换防、关门等在人盯人防守中是频繁使用的基础配合。对有球队员紧逼、临近队员协防、弱侧协（补）防、围守内线等丰富了防守的内涵。集体防守对进攻的整体制约和控制有了很大的提高，防守的攻击性与主动性也越来越强。

三、半场人盯人防守战术配合方法

≫（一）防守外线有球队员

1. 持续对球施压
持续地对外线有球队员施加防守压力的目的是通过对有球者持续不断的干扰，使其观察球场的形势以及队友位置时变得更加困难，造成进攻失误、抢断球、外线投篮困难、切断内外线之间的联系等局面。

技术提示 ≫

按照持续对外线有球队员施压的要求，紧跟控球者是否会被他运球突破？是，也不是。"帮助及回位"的原则在防守运球突破时显得尤为重要，再次证明了人盯人防守是"团队防守"，而不仅仅是各人盯一个人的防守。还有，负责协防的低位防守球员应当站好位，阻止外线有球对手的突破，但是这样会有漏掉某个低位进攻球员的危险，所以必须教会外线防守球员协防和回位，以使球始终只能停留在外线。

2. 迫向边线和底线
对外线持球者防守的另一个要点是：将球迫向边线，进而往底线逼。

　　将球迫向边线给协防建立了时间与空间。当球位于三分线弧顶或中路的时候，低位防守球员必须适当的"上提"，需要防守整个球场。而一旦球到了边路，弱侧防守球员就要移动到协防的位置，不让球传入禁区，同时也可以更好地协助队友阻止持球队员的突破。当球处于球场边角时，防守球员可以把更多的注意力置于强侧。就某种意义而言，此时只需要防守半个球场。当球大范围转移到球场另一侧的时候，通常会有充足的时间（球在空中飞行）来完成防守位置的调整。

技术提示　)))

　　如何将球逼至边线？防守者需要保持靠边线（靠外）的脚在后，靠中间（靠内）的脚在前这样的姿势来盯防对方的控球球员。防守球员将重心稍多地放在前脚上，这样就能在控球者开始向外快速移动的时候，通过前脚的反向作用力更迅速地做出反应。需要提醒的是，不要盲目出击抢球，以免失去防守位置被对手过掉。

≫（二）防守无球队员

1.防守无球队员的站位

　　防守无球对手的队员，应该做到"人球兼顾"，用眼睛余光同时关注球和自己盯防的球员。即防守者要始终处在"球—我—他"人球兼顾的位置上，这就是所谓的"双枪位"：一手指向球，一手指向自己盯防的对手。

　　如图5-1-1所示，防守队员1距球"一传之隔"（一次传球的距离），为叙述方便，从防守层面上，我们称他处在"帮助"的位置上；3处于距球"两传之隔"（两次传球的距离）的位置，称之为处于"协防"的位置。

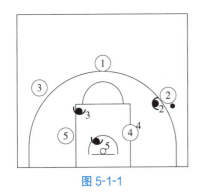
图5-1-1

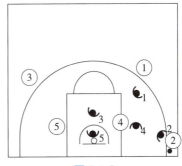
图5-1-2

　　一旦球到了底角，所有"协防"队员都应该一脚踩在球场的（纵）中轴线上。从图5-1-2中可以看出，此时，5处于一个很好的防守位置，既能照顾积极盯防的对手⑤，又能兼顾④，协助队友4防守，从后面抢断给④的高吊球，而4也处于既能防守外线给④的传球，又能兼顾②突破的位置上。

图 5-1-3

图 5-1-4

在图 5-1-3 中，当进攻队员②沿底线运球突破时，4 堵截②的突破，5 补防④，3 向下移动，准备补防⑤。防守队员 5 与 3 的具体行动，在下文防底线运球突破时有更为详细的讲述。

图 5-1-4 显示的是，当球在另一侧进攻队员③手中时，防守无球队员站位的情况。

2. "帮助与回位"

对球紧逼防守，总不可避免地有时会被对手带球突破，此时，邻近的防守队员就要过来"帮助"，试图阻止对方运球突破。

图 5-1-5 显示了如何在外线实现"帮助"与"回位"。③运球突破，位于"一传之隔"的临近防守队员 1 过来"帮助"，和追防的 3 一起控制进攻队员的带球突破。图 5-1-6 显示的是③突破受阻，将球传给①，1 快速"回位"。除此之外，也应该留意图中其他防守队员的位置变化。

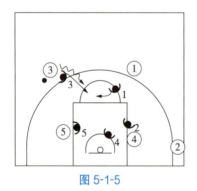
图 5-1-5

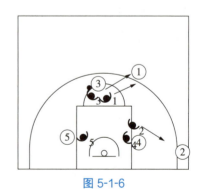
图 5-1-6

≫（三）防底线运球突破

在图 5-1-7 中，防守队员 2 将球迫至于底线，低位防守的 4 此时应该移动到底线位置，阻止有球进攻队员沿底线突破，并和队友 2 一起控制其运球突破。与此同时，另一侧低位防守的队员 5 应该立刻轮转，防守进攻队员④，而另一侧的 3 则向下移动来保护篮下，此时 1 处于①③之间的位置，以少防多，随时准备抢断。

图 5-1-7

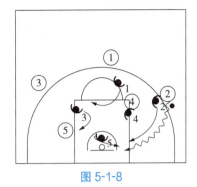

图 5-1-8

如图 5-1-8 所示，当进攻队员②沿底线运球突破时，低位队员④上移为②的突破拉空底线是更常见的进攻情况。此种情况下，防守 5 应立即轮换来阻止②的底线突破，而 3 则应该下沉保护篮下。

如图 5-1-9 所示，进攻队员②运球突破，受到追防队员和内线队员的共同堵截受阻后，将球传给③，此时距离③较近的防守队员 1 应轮转防守③，而 3 在队友 5 过来换防后应该轮转到外线，防守进攻队员①。

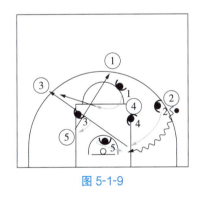

图 5-1-9

》》》（四）防守内线球员

当球在弧顶控卫手中时，低位中锋防守者应该全部绕前防守，两只脚都在低位进攻队员身前，一只手感知对手的位置，另一只手高举防止对方的高吊球。对高位进攻球员采用二分之一或者四分之三的绕前防守，此时防守队员要让自己的一只脚位于进攻球员和球之间，同侧手臂高举，封堵接球路线。

当对方统治级别的低位中锋接到球后，一般采用弱侧边翼防守队员 3 与低位防守者 4 进行双人包夹围堵的方法，限制其进攻威力（图 5-1-10）。此时，4 防止④从底线向限制区突破，3 则限制其另一侧。2 防止④向②的回传球，1 移动到①和③之间，以少防多。在 3 和 4 的包夹围堵下，④将球传给外线的③，1 轮转补位防守③，3 轮转防守①（图

5-1-11）。在对两名内线队员进行防守中，如果另外一个进攻中锋⑤处于高位，弱侧边翼防守队员 3 应协助限制对方低位中锋（图 5-1-12）。

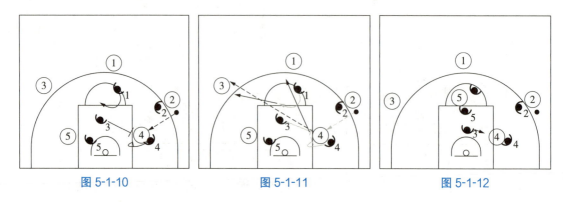

图 5-1-10　　　　　图 5-1-11　　　　　图 5-1-12

技术提示 　)))

　　有些时候，有些球队也采用有球侧的边翼防守队员 2 下沉，与低位防守者 4 一起完成对低位进攻队员的包夹。

≫（五）防守切入者

　　传球后切入、弱侧边翼斜插至限制区、高低位快切、背切等无球移动是进攻半场盯人防守的主要方法。因此，防止将球传到切入至限制区的攻方队员手中就成为半场盯人防守的重要命题。

　　要高效地防守切入者，首先就是理解迅速向球移动。迅速向球移动所指的是，所有防守球员应该对球的每次移动都要做出反应，无论是传球还是运球，只要球的位置发生了改变，每一个防守队员都应该迅速向球移动，即朝向球的方向移动一两步。这样不仅有助于阻断传球，而且将防守者置于了切入者的移动路线之上，让防守球员有更好的机会来"碰撞"和阻止切入者。"碰撞"和阻止切入者即永远不让对手在球与自己之间通过，就是使用训练有素的脚步动作抢占比切入者更有利的位置，通过抢位使其偏离预期的切入路线，延误进攻配合的时机。篮球场上合法位置的建立完全取决于谁先到达那个位置，抢位的目的在于抢先占据场上的某个位置。双方抢位的激烈程度和攻守球员拼抢篮板球时完全相同。此时，抢位的方法也极类似于内线防守时的 1/2 或 3/4 的绕前：一只手臂保持在切入者前面的传球路线上，另一臂屈肘顶放在对方腰部，隔开对手。

技术提示 >>>

　　防守切入者的目标不是不让对手接球，而是让对手在尽可能远离球框的位置接球。要抢占球与对手连线之间的位置，不要让对手与球之间形成直接的连线。另一臂屈肘顶隔开对手的目的是避免与对手发生"零距离"的身体直接接触，以免被对手"坐着"要到球。

>>>（六）防守高位有球掩护

　　对于掩护的防守，除在防守基础战术配合中提到的挤过、穿过、绕过与交换防守以外，在半场人盯人防守的全队配合中，也经常性地使用"延误回防"与"夹击轮转"。

　　1. 延误回防

　　延误回防是进攻方给持球者实施挡拆配合时，防守掩护者的队员要提前跨出迎上攻击性防守运球队员，给防守运球的队友缓冲时间继续防守自己的运球对手，防守掩护者的队员转身追防自己防守对手的方法。这是目前破解对方挡拆配合最有效和使用最多的方法。这种方法的战术目的在于，一是防守掩护的队员迅速抢到运球者的移动路线上，迫使其远离挡拆点，阻止其投篮或突破，避免了对外线持球者防守的暂时失位。二是给原防守持球的队友绕过掩护争取了时间，避免了攻方出现错位优势。

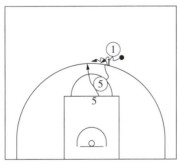

图 5-1-13

　　配合示例如图 5-1-13 所示，持球者①利用本方中锋⑤的掩护突破，5 立即迎前堵截其行动，阻止其投篮，干扰其突破的速度与路线。当防守队员 1 挤过或穿过，跟上自己的防守队员①后，防守掩护者的队员要高举双手，转身追防掩护者⑤。为了防止掩护者在掩护后转身切入，临近防守队员也要做好轮转换位准备。

　　2. 夹击轮转

　　夹击轮转是进攻方即将实施挡拆配合时，防守掩护者的队员提前迎上阻拦运球者前进路线，防守运球者的队员跟随夹击运球者，临近防守队员进行轮转防守的方法。这种方法一般运用于持球者外线威胁大，掩护者进攻能力差的情况。其优点是可以压制挡拆后强力外线球员的进攻。

　　配合示例如图 5-1-14 所示，持球者①运球，企图利用高位中锋⑤的掩护突破，在掩护配合发生前或发生时，防守掩护的队员 5 提前跨出阻拦运球者，防守运球的 1 利用挤过贴身持续紧逼运球人，与 5 一起夹击持球者，1、5 手臂高举紧逼持球者，使其不能继续运球，干扰其传球。此时，4 应向⑤下顺切向限制区的路线上移动，防守⑤的进攻，3 防④，2 以少防多，完成轮转补防。若球被传出，则防守掩护的队员根据同伴的呼应就近找人。

图 5-1-14

第二节
半场人盯人防守教学与训练

一、半场人盯人防守教学训练建议

　　（1）半场人盯人防守应以防守脚步动作、防有球队员、防无球队员以及防守战术基础配合的教学与提高为基础。

　　（2）利用战术画板、录像等直观材料，讲解半场人盯人防守的概念、原则与方法，重点分析防守无球人的选位方法与作用，人球兼顾的意义，防无球人移动的作用，"强、弱侧"与全队协同的方法与作用，围守包夹中锋的方法，防守对手沿底线突破的方法以及各种情况下的轮转防守。

　　（3）半场人盯人防守的教学应在掌握战术概念、理解战术行动意义后，先进行局部的分区分解练习、单一防守任务的练习、限制条件下的进攻练习，逐渐过渡到比赛条件下的攻守，最后通过比赛来修正、巩固与提高战术学习。具体来讲，一般情况下半场人盯人防守的学练步骤，应该由个人至全队，由一对一、二对二，至三对三、四对四、五对五；由外至内到内外结合，由外线防守至内线防守，再至外线协防内线；由单一防守任务，进攻队人、球相对固定到"人、球都动"，相应地，防守任务从防守自己的对手增至全队协同；由限制进攻条件到比赛条件下的攻守对抗，如限定进攻队不能利用掩护练习防守选位与防对手移动，限定内线不能投篮练习弱侧侧翼围守中锋等。

（4）半场人盯人防守训练中，应该把防守多种类型的掩护作为练习的重点。根据常见掩护配合方式与本队的战术指导思想，侧重练习防守掩护的方式与方法。

（5）半场人盯人防守训练过程中，应把后场篮板球争抢、防守快攻与攻守转换贯穿始终。

二、常见错误与纠正方法

常见错误	纠正方法
● 基本防守原则与概念不清楚，无规律移动。协防配合观念差，只管防守自己的对手，不能兼顾相邻的对手。	● 在练习中应由简单到复杂，由个人防守到二、三人配合防守，教师要边示范边讲解，帮助学生形成正确的防守战术概念。 ● 强调在防守自己对手的前提下，协防相邻的对手，可以运用呼喊口令促使动作完成到位。
● 防守无球对手选位不正确，不能做到"人、球兼顾"，防守无球对手的穿插移动能力差。	● 强化学生的选位意识，做到有球紧、无球松；近球紧、远球松；近篮紧，远篮松。 ● 强化强、弱侧防守的协调配合概念，并进行防无球对手插上、溜底线等练习。

三、半场人盯人防守学练步骤与方法

》》（一）一对一迫向边线

练习方法：如图 5-2-1 所示，在与限制区同宽的区域内，①持球进攻，力争运球到达底线；1 防守①，力争将其逼出练习区域，或尽力将其逼向两边的"界线"。

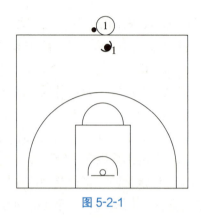

图 5-2-1

≫（二）防守持球者

练习一：如图 5-2-2 所示，练习者地滚球传球给①，①拿到球后以"三威胁"姿势站立不动。防守者 1 在两人之间的距离上，前 2/3 冲刺，后 1/3 以碎步减缓冲刺速度，并滑步接近持球人，调整防守姿势控制持球人投篮。

练习二：如图 5-2-3 所示，在练习一的基础上，防守人"堵中放边"，将球迫向边线，进而逼向端线。

图 5-2-2

图 5-2-3

≫（三）"人球兼顾"视野练习

练习一：如图 5-2-4 所示，①静止不动，防守者根据 C 持球移动的位置，适时调整与①的距离，始终保持"人球兼顾"的位置。

练习二：如图 5-2-5 所示，持球者 C 不动，①在限定的区域内移动，防守练习者根据①的移动情况，适时调整防守距离，始终保持"人球兼顾"。

图 5-2-4

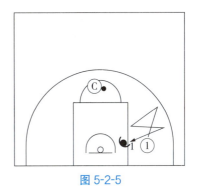

图 5-2-5

练习三：持球者 C 和辅助练习者①同时在限定的区域内以规定的速度移动，防守练习者根据二者移动的情况，适时调整防守姿势以及与①的距离，始终保持"人球兼顾"。

》》》（四）"帮助"与"回位"练习

练习一：如图 5-2-6 所示，①持球，1 防守持球人，①传球给 C，1 适时调整距离、姿势，并移动到"帮助"的位置。

练习二：如图 5-2-7 所示，辅助练习的进攻者①②按照规定的要求传球，练习防守者 1、2 练习帮助与回位。

图 5-2-6

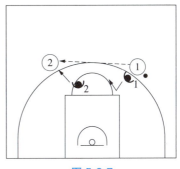

图 5-2-7

练习三：如图 5-2-8 所示，①运球从右侧突破受阻后传球给②。2 帮助队友 1 阻止①的运球突破，当①将球传给②时，2 快速回防。

图 5-2-8

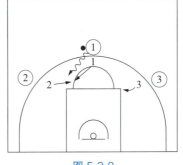

图 5-2-9

练习四：如图 5-2-9 所示，①运球突破，1 防守，2 帮助队友阻止进攻队员①的运球突破，3 随球的移动调整位置。

≫≫（五）四防四防守选位

练习方法：如图 5-2-10 所示，练习辅助者①②③④沿三分线"2-2"站位，听口令传球。防守练习者 1、2、3、4 随球移动选位，每次传球后，教练员检查纠错防守者的防守姿势与位置。

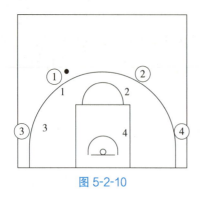

图 5-2-10　　　　　　　　图 5-2-11

≫≫（六）防插上

练习方法：如图 5-2-11 所示，C 持球，辅助练习者①听口令后启动，按图中所示路线切向强侧高位。防守练习者从人球兼顾的位置开始进行防守，确保做到：延误其移动路线，阻止在有威胁的区域接球，身体对抗无犯规发生。

≫≫（七）防切向低位

练习方法：如图 5-2-12 所示，C 持球，辅助练习者①听口令后启动，按图中所示路线切向强侧低位。防守练习者从人球兼顾的位置开始进行防守，确保做到：延误其移动路线，阻止在有威胁的区域接球，身体对抗无犯规发生。

图 5-2-12　　　　　　　　图 5-2-13

⋙（八）防守传切配合

练习方法：如图 5-2-13 所示，辅助练习者①传球给 C 后，用规定的速度试图从球与防守者之间切向篮下。防守练习者从防有球队员开始，当①传球即可向传球方向移动一步，阻断①的切入路线，并阻断其在有威胁区域内接到球。此练习可以从另外一个方向开始。

⋙（九）外线四对四攻防

练习一：练习辅助者①②③④沿三分线"2-2"站位，球分别固定在任一练习辅助者手中，其他人向篮下切入。防守练习者练习防传切、插上、溜底线等。

练习二：从进攻者①②③④沿三分线"2-2"站位开始，外线队员四对四攻防对抗。防守者抢断、抢获篮板球得 2 分，进攻者投进一球得 1 分，防守队得到规定的分数后取胜。

⋙（十）防守中锋

练习一：如图 5-2-14 所示，辅助练习者 C 按照规定的速度从弧顶沿一侧三分线运球至底线边角。防守练习者 5 随着球的转移，从全绕前至侧前防守低位中锋。

练习二：如图 5-2-15 所示，①②③④⑤为辅助练习者，4、5 为防守内线高低位中锋的防守练习者。①②③听口令在外线传球，4、5 练习对高低位中锋的防守。

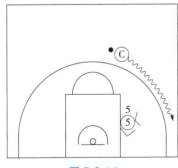

图 5-2-14

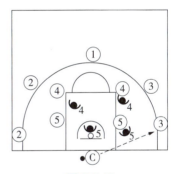

图 5-2-15

练习三：如图 5-2-16 所示，C 为辅助练习者。强侧低位接到球后，防守练习者 1 夹击围堵。球传给另一侧侧翼队员时，1 回防限制其投篮，并将球迫向底线。

图 5-2-16

图 5-2-17

练习四：防守练习者按照图 5-2-17 所示进行练习，①持球传球给侧翼的②，②传球给无人防守的低位中锋④，④拿球至 3 过来夹击围堵和其他防守轮转到位后，传球给另一侧侧翼的③。

练习五：练习方法如图 5-2-18 所示，④可以在限制区两侧低位间移动接球，但不能投篮，外线进攻队员①②③不能移动，但可以接到④的传球后投篮得分。

练习六：外线攻防队员增加至四名，练习方法如练习五。

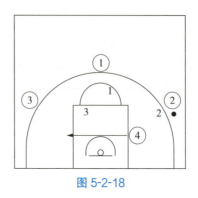

图 5-2-18

>>> （十一）全场三防四 + 追防

练习方法：攻防队员四对四，沿后场罚球线及罚球线的延长线相隔站立。教练员将球传给一名进攻队员的同时喊出他的名字，全场范围内的四攻三开始，被喊到名字的防守队员必须触后场端线后才能投入到防守。

>>> （十二）半场人盯人防守模拟

练习方法：听到开始的口令后，辅助练习的五名进攻队员在半场范围内用所有的进攻战术进攻半场盯人防守，但速度要缓慢。当听到停止的口令后，所有人保持原有姿态与位置，由教练员进行讲评。练习的过程中，允许任一队员就防守问题提出疑问。

>>> （十三）"5-0" 快攻 + 攻防转换

练习方法：5 名练习者从后场至前场进行一次无防守的五人快攻后，站于篮下的教练员 C 将球传给位于中场处的另一名教练。这名教练接到球后，传球给后场已经站位准备进攻的五名进攻队员。防守方冲刺回到后场，迅速找人防守（图 5-2-19）。

>>> （十四）提高攻守转换速度的五对五攻防

练习方法：全场范围内五对五攻防，防守方抢断、抢获后场篮板球后立即反击。进攻方投中后，原防守方不需掷后场端线球，而是接位于中场处教练员的传球直接反击，提高攻守转换速度。原进攻方必须及时退防遏制对手的快攻，并及时找人盯防。

图 5-2-19

第三节

进攻半场人盯人防守

一、进攻半场人盯人防守战术概述

　　进攻半场人盯人防守是现代篮球进攻战术体系的重要组成部分，也是体育专业篮球战术教学最重要的内容之一。由于半场人盯人防守在比赛中运用的普遍性，进攻半场人盯人防守相应地成为了各层次球队战术训练的重点。

　　进攻半场人盯人防守战术是根据对方防守区域范围、防守阵势等特点，结合本队具体实际，以我为主，充分发挥本队队员特点，合理组织进攻阵型，综合使用掩护、突分、策应、传切等进攻战术基础配合，并结合快攻与个人攻击所组成的全队进攻战术。

为了发挥己方的优势与特长，进攻方进入前场转入阵地进攻后，全队必须有组织地部署落位队形。进攻队的落位队形是以本队队员，特别是中锋队员身体条件与技术特点为基础，根据对方防守情况进行合理选择的结果。根据中锋队员的配备情况，常见的进攻落位队形可以分为三种：一是单中锋落位，布阵形式有"2-3""2-1-2"等；二是双中锋落位，布阵形式有"1-3-1""1-2-2""1-4"；三是采用机动中锋打法的马蹄形落位或"2-3"落位。

二、进攻半场人盯人防守战术要点

（1）以我为主，从本队实际出发，合理组织进攻阵型与人员配备，充分发挥本队队员身体、技术、战术特长，结合防守特点选择主要的攻击点与攻击面。

（2）充分利用进攻战术基础配合及其变化来创造进攻机会，要正面与侧面、内线与外围、主攻与辅攻、整体与个人进攻相结合，扩大攻击面，增多进攻点。

（3）进攻中要强调人、球移动，在移动中完成配合。通过有目的地传导球和连续穿插换位、掩护等，做到进攻点面结合、内外结合，提高进攻的灵活性和机动性。

（4）充分发挥核心球员作用，提高个人攻坚作战的能力。利用防守方的薄弱环节或防守错位，实施强攻。

（5）前场篮板球的保障是全队进攻战术的重要组成部分，拼抢前场篮板球要分工明确、责任到人，做到"每投必抢""逢投必抢"，同时要注意攻守平衡。

三、进攻半场人盯人防守战术配合方法

》》（一）内线主导的全队进攻战术

进攻半场人盯人防守，需要进攻队员正确地阅读防守、设置和利用掩护，并选择合适的时机有目的地切入来调动防守。让内线队员发挥更大的作用，球队进攻会变得可预测但不可阻挡，比赛将变得轻松而高效。进攻时，将球传给强有力的本方内线队员，可以直接获得更高命中率的投篮、造成对方犯规，或迫使防守方围守、夹击中锋，给外线进攻队员更多空位投篮机会。

内线主导的进攻战术，要求球队成员中至少有一名是内线强者。内线主导绝不是说外线队员不重要，外线队员必须精于阅读防守、传球、设置和利用掩护。外线对内线的有力支援，可以减少内线进攻阻力，更有利于内线队员进攻威力的发挥。

需要指出的是，无论是以内线主导还是以外线为主的全队进攻战术，都应该从本队队员的身体条件和专项能力出发。充分发掘本队在比赛中的优势，是全队战术设计最根本的依据。

1. 战术示例一

此战术设计的目的是创造一个内线得分或外线投篮的机会。本队中，⑤号位队员具有

很强的得分能力，②号位队员是一个优秀的投手。如图 5-3-1 所示，①利用④的掩护向左侧边翼运球，同时⑤利用②的掩护移至左侧低位。如图 5-3-2 所示，①可以传球给篮下的⑤内线进攻，也可以传球给④，或传球给借助④的掩护拉出的②。此战术中，②给⑤作掩护的时机是关键，②应该在①利用④的掩护摆脱掉对手的瞬间，去给⑤作掩护。

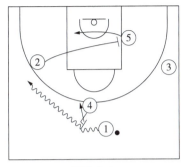

图 5-3-1

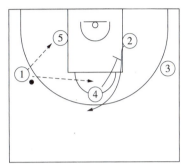

图 5-3-2

2. 战术示例二

此战术的目的是创造内线得分的机会。本队中④号位应具有优秀的策应和内线得分能力。如图 5-3-3 所示，①传球给④，伴做向禁区内插入，突然折回给⑤后掩护，⑤利用①的掩护，接④的传球上篮。如图 5-3-4 所示，如⑤没有好的接球机会，⑤向右侧边角移动，拉空篮下，①突然切入，接④传球进攻。

图 5-3-3

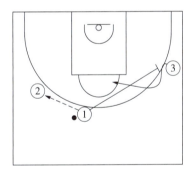

图 5-3-4

≫（二）外线主导的进攻战术

当防守方把更多的精力专注于阻止内线进攻时，完善的外线进攻可以减少内线防守压力。以外线为主导进攻半场人盯人防守的全队战术，要求外线队员具有良好的进攻技能，能根据战术设计急停跳投或三分线外远投、突破至篮下得分，并能根据即时防守情况做出合理选择。

以外线为主导的进攻半场人盯人防守战术，球和进攻队员的移动是关键，队员之间传导球的速度越快、越频繁，切入和掩护力度越大，防守方就必须付出更多的努力跟上这一连串动作，而能被进攻方抓住的防守失误终会出现。

1. 战术示例一

此战术设计主要用于对付半场紧逼盯人防守，特别是本方核心外线队员被紧密盯防时。战术目的是让被紧密盯防的外线核心队员获得拿球的机会。对于进攻队的要求是，③号位队员有远投和突破至内线得分的能力，内线队员善于设置和利用掩护，④号位能在罚球线跳投，⑤号位善于内线进攻。如图5-3-5所示，②穿过限制区切入至①传球给③，④给⑤作掩护，⑤利用④的掩护切向篮下。如图5-3-6所示，②上提至左侧边翼，对侧边角的③绕过高位的④⑤移至对侧边翼。如图5-3-7所示，③择机传球给切入篮下的⑤或罚球线附近的④进攻。执行本战术行动时，③的横切要快速，避免球在①手中的时间过长。③在横切时要利用④⑤的掩护，这样才可以摆脱防守。

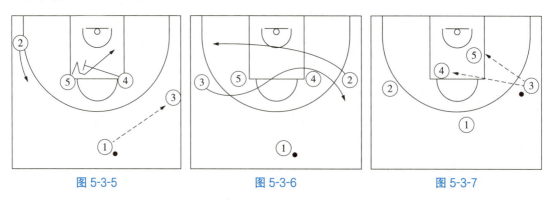

图 5-3-5　　　　　　图 5-3-6　　　　　　图 5-3-7

2. 战术示例二

此战术设计主要利用了高位中锋的策应和无球队员的纵切、下掩护等，保证了每一次投篮机会内线篮板球和攻守平衡。战术设计的目的是给外线队员创造切入上篮，或利用③号位防守不匹配制造③号位单打的机会。如图5-3-8所示，①传球给②，②传球给④；⑤上提至高位，③下压牵制防守。如图5-3-9所示，②传球给④后，利用⑤的掩护切入篮下，接④的传球进攻。如图5-3-10所示，如②没有接球机会，④传球给⑤。⑤接到球后，或传球给处于低位的③进攻，或传球给借助④的掩护弹出的②。

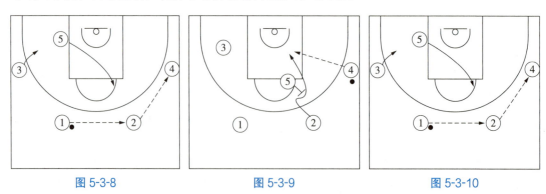

图 5-3-8　　　　　　图 5-3-9　　　　　　图 5-3-10

第四节
进攻半场人盯人防守战术教学与训练

一、进攻半场人盯人防守战术教学建议

（1）结合直观教学材料讲解进攻半场人盯人防守战术，重点强调战术配合队形、特点、移动路线、攻击时机与进攻点及其应变方法。

（2）全队战术配合教学的初期，应采用分解法，通过讲解与演练，使各人明晰战术配合中的个人战术行动，再通过外线三对三、内线二对二等形式的进攻战术基础配合练习，掌握作为集体战术组成部分的局部配合，进而才是五对五的全队战术教学。

（3）在无防守的情况下练习全队战术配合，掌握战术行动方法、空间、队形平衡等。然后半场五对五攻防，限制防守队员的移动速度，建立进攻自信并解读防守方对进攻行动的应对。

（4）通过教学比赛巩固提高进攻战术质量。

二、教学重点与难点

≫（一）教学重点

1.个人进攻技术的教学

个人技术是全队战术实施的保证与基础，在进攻半场人盯人防守战术教学中，要投入足够的精力与时间，大力提高个人基本技术训练。

2.进攻基础配合的教学

掩护、传切、突分与策应等战术基础配合是全队战术的重要组成部分，也是完成进攻战术的最基本的要素，全队战术训练要从局部配合即两三个人之间的战术基础配合抓起。

3.战术配合的连续性与灵活性

根据本队的特点和队员的特长选择和设计进攻战术，运用基础配合及其变化创造进攻机会，保持战术配合的连续性、整体性，并切合实际，随机应变。

≫（二）教学难点

1.正确的移动跑位

篮球竞赛场上队员之间的空间位置是实施战术的必要条件，对于运动员个人来说，正

确合理的移动是个人战术素养的重要组成部分。根据战术要求，适时高效的跑位是进攻战术训练的重要内容。

2. 战术基础配合的合理运用

全队战术由局部的基础配合组成，熟练掌握、灵活运用战术基础配合是全队战术的基础。

3. 组织进攻中如何掌握节奏和结合防守情况随机应变

掌握好进攻的节奏，快、慢、动、静结合，既要掌握进攻的主动权，又要注意保持攻守平衡，提高攻守转换速度。同时，充分发挥个人特长，随机应变，果断攻击。

三、常见错误与纠正方法

常见错误	纠正方法
● 两、三人局部配合不默契。主要表现在位置、距离、路线、时间、节奏、变化等方面。 ● 基础配合中、内、外线的联系不密切，各自攻击意图不明确。 ● 进攻中，主攻和辅助进攻联系不紧密，战术行动脱节。	● 在无防守情况下，进行战术分解的强化练习。 ● 在无防守情况下，熟练配合的距离、路线变化，加强默契度。 ● 教师在讲解配合时要边讲边做，逐一讲解不同位置的变化情况，强化学生的动作概念。然后在无防守或消极防守的情况下，进行全队战术练习，加强学生对整套战术的落位队形、配合路线与实践、攻击点及变化的理解。在半场防守队积极防守的情况下，加强学生的攻击意识和能力，同时提高个人与球队的配合能力与意识。

四、进攻半场人盯人防守学练步骤与方法

≫（一）外线配合练习示例

1. 浅切接球投篮

练习方法：如图 5-4-1 所示，①向②运球，②浅切至弧顶，接球投篮。

2. 突破分球 + 接球投篮

练习方法：如图 5-4-2 所示，②运球突破，分球给接应的①投篮。

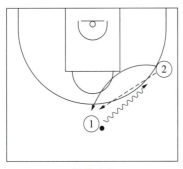
图 5-4-1

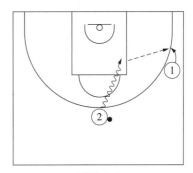
图 5-4-2

3. "V"切 + 接球投篮

练习方法：如图 5-4-3 所示，①向②运球，②做"V"移动，拉至边角接球投篮。

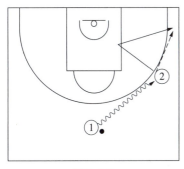
图 5-4-3

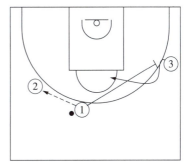
图 5-4-4

4. 反掩护

练习方法：如图 5-4-4 所示，①传球给②后，移动至另一侧翼给③作掩护。③借助同伴的掩护移动至罚球区接球投篮。

5. 后掩护

练习方法：如图 5-4-5 所示，①传球给②后，利用③的后掩护向外拉开准备接球投篮，③掩护后及时拆开，准备接②的传球进攻。

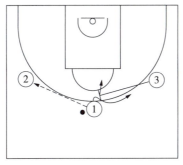
图 5-4-5

≫（二）内线之间战术配合

1. 下掩护

练习方法：如图 5-4-6 所示，④借助⑤的掩护切向高位，C 传球给⑤或拆开的④投篮。如图 5-4-7 所示，此配合可以变化为⑤切向另一侧低位，④拆开后移动至高位。

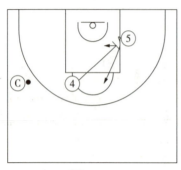
图 5-4-6

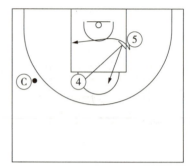
图 5-4-7

2. 上掩护

练习方法：如图 5-4-8 所示，⑤向上移动给④作掩护，C 传球给④投篮。或传球给拆开的⑤，⑤接球后传球给篮下要位的④进攻，如图 5-4-9 所示。

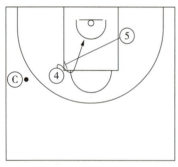
图 5-4-8

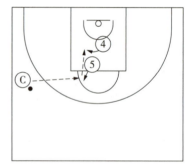
图 5-4-9

≫（三）内、外线之间战术配合

1. 五攻三（内线不设防守）

练习方法：外线三名进攻队员配置三名防守队员，内线两名进攻队员不设防守队员。按照既定战术配合进行练习，让队员熟悉战术行动方法、空间、配合时机等。

2. 五攻二（外线不设防守）

练习方法：外线三名进攻队员不设防守队员，内线两名进攻队员配置两名防守队员，按照既定战术配合进行练习。

≫（四）五对五攻防

练习步骤与方法如下：

1. 半场无防守

在半场无防守的情况下，进攻队员根据进攻战术队形与配合方法，按照既定战术设计方案演练战术配合方法。主要目的是熟悉配合路线、配合方法，掌握战术配合套路。

2. 半场消极防守

限制防守队员移动速度，进攻队员按照既定战术配合进行练习。

3. 半场五对五攻守对抗

在半场积极防守的情况下进行攻防练习，练习的重点集中于配合的衔接与变化。

4. 全场五对五攻防

由守转攻时，首先要积极发动快攻，力争在对方未完全完成防守全队部署前完成攻击，一旦对方完全落位防守，进攻队要迅速落位组织阵地进攻。

5. 教学比赛

通过比赛巩固和提高进攻战术质量。赛前提出要求，赛中进行指导，赛后要认真总结，逐步提高战术配合质量。

📘 内容提要

- 半场人盯人防守是在由攻转守时，全队迅速退回后场，每名队员以负责盯防分工的防守对手为主，兼顾对球和区的控制，与同伴协同配合进行集体防守的全队防守战术。
- 防守脚步移动、个人防守技术以及防守战术基础配合是半场人盯人防守教学的基础，强弱侧的协同防守是半场人盯人防守教学的重点。对有球队员的防守，要干扰对方的投篮和传球以及积极堵截其突破路线，防守无球队员要做到"近球近篮紧，远球远篮松"，并积极移动堵截其向球、向篮下切入的路线，控制对手。
- 进攻半场人盯人防守战术是根据对方防守区域范围、防守阵势等特点，结合本队具体实际，以我为主，充分发挥本队队员特点，合理组织进攻阵型，综合使用掩护、突分、策应、传切等进攻战术基础配合，并结合快攻与个人攻击所组成的全队进攻战术。
- 进攻半场盯人防守战术设计与实施，个人进攻战术是基础，进攻战术基础配合是保障，应根据己方特点充分发挥每个队员的进攻特长。

📘 思考题

1. 什么是半场人盯人防守？其战术要点有哪些？

2. 请详述半场人盯人防守的战术方法。

3. 如果你是一名青少年球队的教练员，请论述如何构建球队半场人盯人防守战术体系。

4. 进攻半场人盯人防守战术的要求有哪些？

5. 请举例说明一种常用的进攻半场人盯人防守战术配合方法。

第六章

全场紧逼人盯人防守与进攻全场紧逼人盯人防守

第一节

全场紧逼人盯人防守

一、全场紧逼人盯人防守概述

　　全场紧逼人盯人防守是由攻转守时，防守方在全场范围内布防，每个队员盯防临近对手，以个人攻击性防守为基础，结合全队协同配合，阻挠、限制对手有组织的进攻活动，以迅速达到由守转攻目标，具有极强攻击性的一种全队防守战术。

　　全场紧逼人盯人防守因防守对手明确，便于合理组织防守力量，发挥队员的个人特点，打乱对手的部署和习惯打法，可以更有效地制约对手的进攻行动。全场紧逼人盯人防守是在全场范围内与对手展开的以球权转换为目的的激烈争夺，故能充分利用球场的面积迫使对方更频繁地移动，给予对手更大的心理压力，造成其失误或违例，从而取得竞赛的主动权。全场紧逼人盯人防守对培养运动员特别是青少年运动员积极主动、勇猛顽强、敢打敢拼的战斗作风和战术素养，提高身体素质和促进技术全面发展方面有着极其重要的作用。

在任何级别的篮球比赛中，全场紧逼防守都是一件可怕的武器，每支球队都需要准备一套在比赛的关键时刻，逼迫对手出现失误的全场紧逼战术。全场紧逼防守战术的优势有：

- 通过设置防守陷阱，夹击、抢断球，以获得更多的球权。
- 打乱对方进攻节奏，按照己方节奏控制比赛。
- 逼迫对手只能向后传球，延误进攻时间，迫使对方拉长进攻的战线，甚至造成球回后场违例。
- 充分发挥己方速度方面的优势。
- 利用对方没有较好控球队员的特点。

二、全场紧逼人盯人防守战术要点

1. 全体队员要思想统一、协同一致

全队要有良好的整体作战意识，思想统一，配合默契。一旦球权转换，由攻转守时，立即就近找人，抢占有利的防守位置，盯防临近对手。对有球人要贴身紧逼，积极抢、打、断球，从心理、体能与技术上给对手以最大的压力。

2. 防守无球队员，积极封堵对方接球路线和移动路线，适时补防和抢断球

防守距球较近的无球队员，要保持正确的防守位置与距离，以控制对手接球为主。当对手向球移动时，要迎前堵截，切断其接球路线，迫使对手跑外线，做到"前紧后稍松"。当同伴被运球突破时，也要果断进行堵截和补防。防守距球较远的无球队员，要综合考虑人、球、区、篮、时间因素，准备补防和抢断球。

3. 防守有球对手，堵中放边，适时夹击

防守有球对手，要积极封堵其向前的传球路线，迫使对方长传或高吊球，制造抢断机会。当对手运球时，首先力争不让对手突破，一旦被突破，也要尽力追防。防运球队员要贯彻"堵中放边"的原则，迫使对手向边路、向场角运球，制造夹击机会，充分利用球场的区、线和时间，加强防守的攻击性。

4. 积极主动破坏对方进攻战术配合

积极运用挤过、穿过、换防、补防、夹击等，破坏对方向球、向篮下切入或突破。当对方利用策应时，要阻挠延误对手到达策应区域的位置。当对手接到球后，要努力封堵策应队员的传球路线。

三、全场紧逼人盯人防守战术配合方法

全场人盯人防守相对于半场人盯人防守来说，无非是扩大了防守面积，半场人盯人防守原则与方法同样适用于全场人盯人防守。

》（一）防守无球对手

在强侧防守，防守者应该背对球场的中轴线（图 6-1-1 中的防守队员 3 与 4）。在弱侧防守，防守者应该背对后场底线（图 6-1-1 中的防守队员 1、2）。1、3、4 都在强侧，以便于人、球兼顾。防守选位时，被防守者距球近，防守人与被防守者的距离则近，距球远则远。

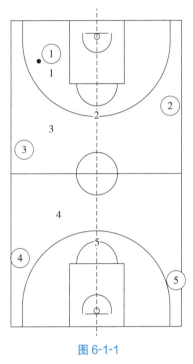
图 6-1-1

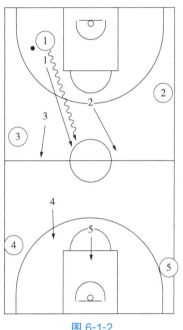
图 6-1-2

如果自己的防守人在"球线"[1] 下面，防守人需要随球移动至球线稍下的位置。如图 6-1-2 中所示，虽然进攻人②在球的后面，其防守队员 2 仍要随球线向前移动。

除此之外，防守无球对手时，还应做到：

● 对每一次长传球作出反应：站在一个可以抢断球的位置上，至少当对手接到球后，可以对其实施有效的控制。

● 每一次传球都要调整位置，球动（防守）人动。

1　通过球所在的位置，与后场端线平行的一条假想线。

●阻断自己防守者试图移动接球的路线。

●随时准备协防、补防，或者进行防守轮转。

》》（二）对球的双人包夹

防守队员 1 在防守①运球的过程中，要抓住时机抢前防守，压迫运球者改变运球方向或停球，这会为 2 对球实施双人包夹提供机会。机会一旦出现，2 要果断出击，快速冲刺，与队友一起对有球人实施双人包夹（图 6-1-3），其他队友要及时轮转。

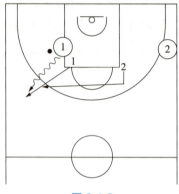

图 6-1-3

另外一种双人包夹的情况如图 6-1-4 所示：1"堵中放边"，迫使①沿边线运球，3 瞅准时机果断放弃自己的对手，迎前堵夹。

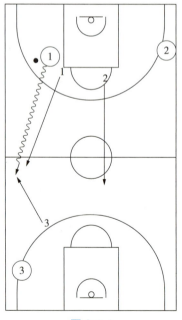

图 6-1-4

实施包夹的两名队员应该切记：确保持球人不能向中路横传球；双手高举，避免犯规。一般情况不要试图去抢球，包夹的目的是让持球对手做低质量的传球，给同伴制造抢断的机会，或造成对手八秒、五秒违例。

≫（三）防守分工

在本方投中、罚球中篮后，对方掷后场端线球，暂停、进攻失误后对方发球，或其他转入全场盯人防守的情况下，防守队员应根据预先部署，分工配合。

一般情况下，全场人盯人防守中的五名防守队员应分别完成下列任务之一：

- 防守接发球后（或接应）的持球人，逼迫对手向预定区域运球。
- 防守接发球（或接应）的另一名对手。与前一名防接发球的队友一起，对球适时实施包夹。在上一轮的进攻时保持攻守平衡，所以无须参与进攻篮板球的争抢。
- 参与进攻篮板球的争抢，封堵第一传。与前两名队友一起，对球适时实施包夹。
- 参与进攻篮板球的争抢，封堵第一传。干扰对手后场掷界外球。
- 退回后场防守。

更为具体的分工，可以通过图 6-1-5 加以说明：

4 防守发球时，应侧向站立，逼迫发球人向预期的方向掷球入界。一旦发球进场，防守队员 1、2、3 应按照半场人盯人防守原则调整防守位置：

- 1 防守持球人，根据既定战术部署，或迫使运球者改变方向，或堵中放边。
- 2 调整至阻断②接球的位置，当进攻队员①在防守人 1 的逼迫下沿边路运球时，

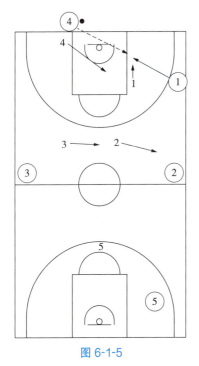

图 6-1-5

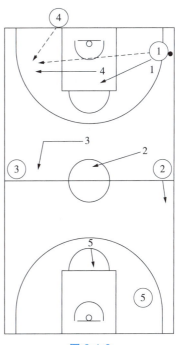

图 6-1-6

②应及时迎前堵夹。③移至球场中轴线。

- ④移至"球线"下，同时负责防守④的快下。

图 6-1-6 说明的是，球回传给④，防守者应按照半场人盯人防守的原则调整位置：

- 始终把自己的防守对手和持球人置于视野之内，人球兼顾。
- 站位于自己的防守对手与球之间，一旦自己的防守人接到球，要确保对其实施有效控制。

≫（四）后场紧逼人盯人防守的方法

全场紧逼人盯人防守中，一旦球进入后场，防守队应按照半场紧逼人盯人防守方法进行后场的紧逼人盯人防守。在紧逼自己对手的前提下，积极封堵持球队员，破坏其进攻配合，离球近的防守队员要错位抢前防守，切断其接球路线，大胆出击抢断传球。球到边角时临近的队员要果断夹击，离球远的防守队员应抢占有利位置，控制篮下，以少防多，同时注意随时断球和补防。如果在前一阶段的防守中由于换人和轮转补防出现防守队员内外配对失衡、强弱错位等现象，要寻找合适的机会及时调整。

第二节
全场紧逼人盯人防守教学与训练

一、 全场紧逼人盯人防守教学训练建议

（1）运用战术沙盘、教学课件等直观教学材料，使学生掌握完整的战术概念、战术要点、各位置队员的防守职责、战术行动以及应变方法。

（2）强调全队协同一致、整体作战作风的培养，同时把全队防守战术训练与体能训练、顽强拼搏的作风培养相结合。

（3）通过教学比赛，提高全队防守配合质量和临场应变能力。

二、 教学重点与难点

≫（一）教学重点：防守位置的选择与防对方移动

全场紧逼人盯人防守时，防守位置的选择是重点。选位应该做到对近球队员紧，对远

球队员松；对有球队员要"堵中放边"，堵一侧，放一侧；对无球队员要人球兼顾，以人为主。

全场紧逼人盯人防守时，如何防守对方的移动摆脱、插中策应，是教学训练的另一个重点内容。对向球移动的队员要紧防，积极移动堵截其接球路线，力争抢断球；对远离球移动的队员要松防，随着球、人的转移随时调整自己的防守位置。

≫（二）教学难点：找人选位，瞬时应变

在全场紧逼人盯人防守中，由攻转守时，所有队员要以最快的速度找到自己的防守对手，抢占有利防守位置，以积极的防守态度、合理的防守技术限制对手移动、传接球、运球突破，拖延其进攻速度，同时应积极应变，意在动先，反应迅速，瞬时应变。

三、常见错误与纠正方法

常见错误	纠正方法
● 防守时找人慢，找到防守对手后位置选择不合理。	● 使队员明确各自的位置分工与职责，并把分工与场上区域相联系，由攻转守时分区域就近找人。
● 夹击、轮转补防时机掌握不好，难以形成有效的夹击。	● 限制进攻队员移动速度，适时讲解夹击位置、时机。 ● 在教学训练中采用不同形式、不同位置的夹击练习，以提高队员的轮转补防、夹击的意识以及观察判断的准确性。
● 个人防守攻击性不强。	● 强化提高个人防守能力，安排针对性的身体素质练习，培养积极主动的竞赛精神。

四、全场紧逼人盯人防守学练步骤与方法

≫（一）与队员防守分工职责相关的脚步动作

练习方法一：如图 6-2-1 所示，冲刺至前场罚球线、边线，并做双人包夹动作，然后滑步至中轴线，撤步、滑步至边线，冲刺至后场三分线做防守基本姿势。

练习方法二：如图 6-2-2 所示，冲刺至中圈转身面对前场底线，然后冲刺至右侧边线做阻断接球的动作（"抱防"动作），接着冲刺至中线中点处做"敞防"动作，最后冲刺至后场三分线做防守基本姿势。

练习方法三：如图 6-2-3 所示，跳起摸篮板后冲刺至中圈，转身面对前场底线。然后冲刺至左侧边线做阻断接球的动作（"抱防"动作），接着冲刺至中线中点处做"敞防"动作，最后冲刺至后场三分线做防守基本姿势。

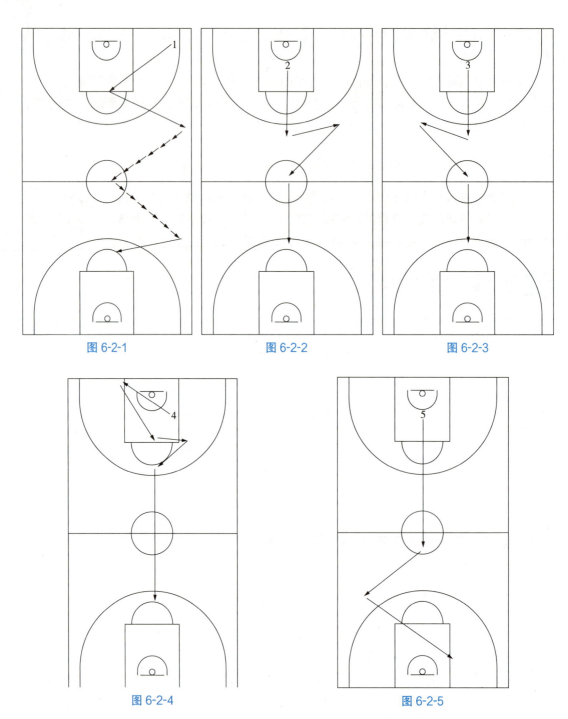

图 6-2-1　　　　　　　　　　图 6-2-2　　　　　　　　　　图 6-2-3

图 6-2-4　　　　　　　　　　图 6-2-5

　　练习方法四：如图 6-2-4 所示，跳起摸篮板后做防掷界外球动作，冲刺至前场罚球线做"敞防"动作，然后（向球）前滑步再稍后退，最后冲刺至后场三分线。

　　练习方法五：如图 6-2-5 所示，跳起摸篮板后防守第一传，冲刺至中圈先移动至左侧侧翼再移动至右侧低位。

》》（二）一对一防运球：迫使运球者变向

练习方法：全场范围内，一对一攻防。防守者与运球者保持一臂距离，始终置球于身体的正中线，随球移动并积极抢前跨步，封堵运球路线，迫使运球人变向、转身或停球。

》》（三）一对一防运球：堵中放边

练习方法：纵向二分之一场地范围内，一对一攻防。防守者后面的肩与运球者距自己最近的肩对齐，随球移动，逼迫运球者沿边路运球。

》》（四）二防二系列练习

在这个练习中，保持在"球线"以下是重要原则，即当②传球给①时，防守者要及时回收至"球线"以下（图6-2-6）。

当②运球试图从内侧突破时，1向球的方向移动一至两步，上去协防②的突破，在②放缓突破速度后，1回归正常防守位置防守①（图6-2-7）。半场人盯人防守中的"帮助与回位"在这里仍然适用。

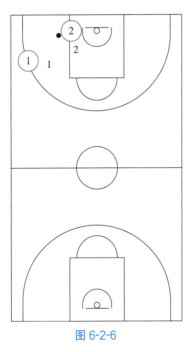

图 6-2-6

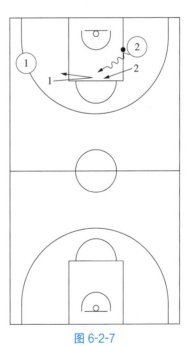

图 6-2-7

②运球突破了2的防守，1观察到同伴被突破后，在大喊"换、换"的同时上去防守②，2交换防守去防守①（图6-2-8）。

1堵中放边，迫使①沿边线运球，2随球调整位置，始终保持在"球线"以下，并伺机与1一起对①进行围夹。此练习要限制①的运球速度，限制进攻队员②要在"球线"以上（图 6-2-9）。

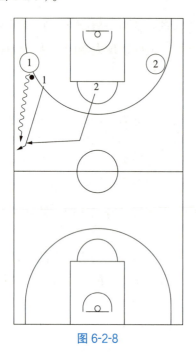

图 6-2-8

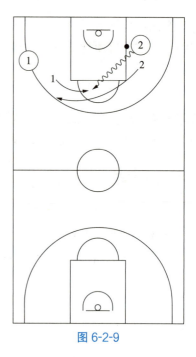

图 6-2-9

≫（五）三防三练习

练习方法与半场盯人防守一样（图 6-2-10），防守者要遵循以下原则：

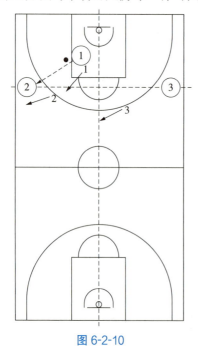

图 6-2-10

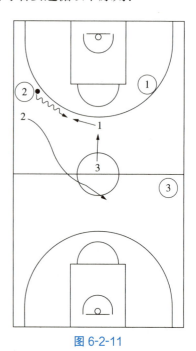

图 6-2-11

（1）防守者必须位于或在球线以下。

（2）弱侧防守队员要处于球场中轴线上，并保持人球兼顾。

（3）防守者使用"协防与回位"、换人，可能的话进行双人包夹。

［备注：此练习限制进攻队员移动速度，并要求无球队员不能移动到球的前方太远的位置。］

此练习的另一个任务是"帮助协防者"（图 6-2-11），防守队员 1 观察到②突破了队友 2 后，主动换防去防守②。3 应帮助协防队员 1 去防守①。需要指出的是，防守队员 3 移动补防的速度要稍加控制，以便于防守者 2 轮转防守③。

此练习要强调的重点是，一旦需要，就要快速移动至中轴线或球线，并结合语言交流。

≫（六）全场四防四

练习方法与要求：此练习的要求简单来说是以上练习中所用原则的延伸。最重要的是，所有防守球员必须在每次传球发生时，随球而动，确保球到人到。

≫（七）五防五全场紧逼人盯人防守

练习方法：如图 6-2-12 所示，④掷后场端线球，①接球后运球，1 堵中放边，迫使①沿边路运球，防守队员 4、2 随"球线"下移。当①运球刚过中线时，3 迎前堵截，迫使①停球，与队友 1 一起在中线边角对持球队员进行夹击。此时，5 向前移动防守③，4 随球移动到中场控制④的接球，2 处于防守的远端，以少防多，积极移动，抢断②或⑤的长

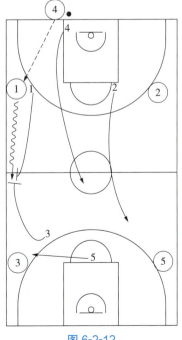

图 6-2-12

传球。练习初期，可以限制进攻队员的移动路线、速度，待防守者熟悉了夹击的时机、轮转补防的方法后，再逐渐过渡到积极攻防。

前场紧逼人盯人防守的方法

前场是全场紧逼人盯人防守的第一道防线，要贯彻以夺取球权为目的的防守策略。由攻转守时，前场防守队员应迅速找到防守对手，抢占有利防守位置，以声势浩大的防守气势给予对手巨大的心理压力。或积极干扰对方发球，或适时夹击对方接球人，或抓住时机适时夹击持球人，造成对方失误或违例，有时甚至可以直接获得得分的机会。

由于由攻转守的形式不一，前场紧逼防守的战术形式也不尽相同。

一、对手掷端线界外球的防守

（一）一对一紧逼形式

临近发球的防守队员封堵发球队员的传球路线，干扰其顺利发球进场，其他队员积极移动，堵截各自防守对手的接球路线，迫使其发球失误或五秒违例。

（二）夹击接应队员的紧逼形式

此种形式重点防守对方控球组织能力强的队员。防守发球人的队员暂时放弃自己的对手，与防守控卫的队友一起夹击对方控球后卫，其他队友应该注意阻断长传球。

（三）"游击"夹击的紧逼形式

为便于抢断或更为灵活地形成夹击，当④掷界外球时，4放弃对④的防守，充当"游击队员"，防守队员1、2分别在接球队员①②侧前占位，不使各自对手迎前接球，4及时移动抢断④给①②的高吊球，或与1、2协同夹击①或②（图6-2-13）。

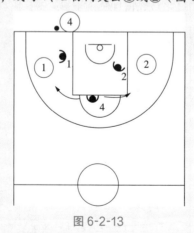

图 6-2-13

二、对方掷前场边线球时的紧逼形式

当对方掷边线界外球时，一般采取放弃防守发球队员，采用夹击接应队员的紧逼防守方法。其他队友要及时抢占有利防守位置，切断各自对手的接球路线，随时准备抢断球。

对手掷球入界后，"游击"队员要及时回防掷界外球的对手。

三、己方投篮不中，对方抢获篮板球后的紧逼形式

己方投篮未中，被对手抢得防守篮板球后，防守队决定采用全场紧逼人盯人防守时，要首先紧逼抢获篮板球的对手，不让对手快速地将球传出或运球突破。其他人采用就近找人的方法，尽快贴身紧逼。

第三节
进攻全场紧逼人盯人防守

一、进攻全场紧逼人盯人防守战术概述

进攻全场紧逼人盯人防守，是指根据防守队员在全场范围内进行紧逼人盯人防守的情况，将球快速由后场推进到前场，利用摆脱防守接球、快速传球、运球突破、掩护等配合组织的攻破全场紧逼人盯人的战术方法。

进攻全场紧逼人盯人防守，不能简单地认为把进攻半场人盯人防守的方法扩大到全场范围就可以奏效。由于进攻全场紧逼人盯人防守战术是在全场区域内进行的，与半场进攻人盯人防守比较而言，无论是时间、空间还是配合行动执行的方法都有较大的不同。为了有效地进行进攻全场紧逼人盯人防守，首先要对这种防守战术的特点和规律有充分了解，并针对其防守队员分散、个人防守面积大、不便协防的弱点，结合本队具体情况组织全队进攻配合。

总体而言，进攻全场紧逼人盯人防守按照战术配合发生的前后顺序和防守区域，整个战术过程可以分为两个连续的阶段：第一阶段以接应发球和把球顺利推进到前场为主要任务；第二阶段是指球进入前场后的攻击，其着重点在于球进入前场后，根据防守队形和本队特点，连续地、不间断地执行具体的进攻战术配合。

二、进攻全场紧逼人盯人防守战术要点

≫（一）沉着冷静，快稳结合

当对方使用全场紧逼人盯人防守时，首先要沉着冷静、思想一致、行动协调，按照进

篮球
LANQIU

攻全场紧逼人盯人防守的既定部署合理布阵，有目的地组织进攻配合。

立足于快而不乱、快稳结合，空切、策应、掩护等配合要简捷，并趁对方忙于找人或布阵防守的时机，针对防守情况抓紧组织进攻。

≫（二）快攻是首选

由守转攻时，快攻是击破全场紧逼人盯人防守最高效的方法。快，要从发界外球开始，球权转换后要快速发球，第一传接应队员接到球后应向中场快速运球，快下的队员要拉边，并随时准备接中场运球队员的传球。球进入前场，要利用对方在调整中场防守中形成错位的瞬间，实施抢攻。

≫（三）持球队员视野开阔、传运结合，无球队员选位和移动要保持拉开阵型

持球队员运球突破时要选好方向，不能在边角停球，以免对方夹击。如遇对方堵截，要及时将球传出。尽量少运球、多传球，如遇夹击，应争取在夹击形成之前将球传出，若来不及传出，也要利用跨步、转身等扩大活动范围。临近队员要及时迎上接应，以帮助同伴摆脱夹击。

掌握好进攻节奏和空间，无球队员要多穿插跑动，连续进行传切、空切、掩护、策应等配合，造成防守上的漏洞。在整个配合过程中，队员的移动路线是横向的，而球传递的方向是纵向的，将球保持在球场的中间地带，尽量避开场角和边线。

≫（四）合理布阵，寻机进攻

如没有快攻机会，进攻队要迅速合理落位布阵。进攻全场紧逼人盯人防守有两种基本的落位阵型：后场纵向或横向的密集落位，这种方法有意造成前场空虚，以便于偷袭快攻；另外一种方法是全场分散布阵，进攻队员分散部署于全场，分散对手的防守协作，利用防守的薄弱环节和空当，寻机进攻。

三、 进攻全场紧逼人盯人防守战术配合方法范例

进攻全场紧逼人盯人防守是最直接有效的快攻战术方法，一旦对方采用全场紧逼人盯人防守，进攻队要力争在紧逼形成之前组织快速反击攻破防守。如没有快攻机会，进攻队要迅速合理落位布阵，利用防守的薄弱环节和空当，寻机进攻。

≫（一）后场屏风式站位进攻

后场屏风式站位进攻主要的战术意图是有意造成进攻前场空虚，利用后场的掩护及战术配合迷惑对手，使快下的队员获得偷袭的机会。可以更好地接发界外球，甚至可以创造

直接得分的机会。

　　如图 6-3-1 所示，进攻开始时，④发后场端线球，①③②在后场端线处站位成屏风式掩护队形，接到④战术行动开始的信号后，⑤利用②的后掩护拉边快下，接④的传球上篮。如没有机会传球给快下的⑤，④可将球传给掩护后拆开的②或接应的①。

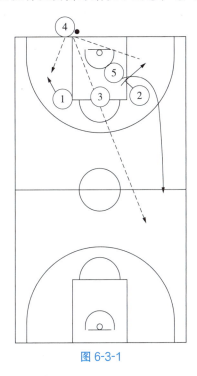
图 6-3-1

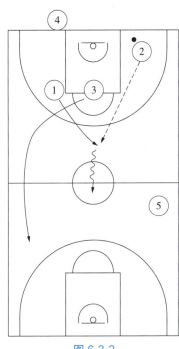
图 6-3-2

　　②接到④的传球后（图 6-3-2），③沿边线快下，①斜插接应，①接到②的传球后，迅速与⑤③在前场展开进攻。如果④将球传给①（图 6-3-3），③沿边线快下，②及时插中接应，②接到①的传球后要求迅速突破防守，力争与⑤③在前场形成以多打少的局面。

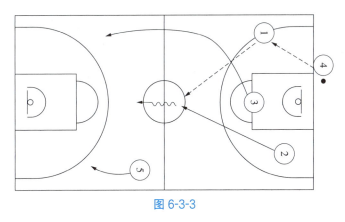
图 6-3-3

≫（二）两侧同时掩护结合中路突破进攻

如图 6-3-4 所示，④掷后场端线界外球，其他队员后场"2-2"落位。进攻开始时，①⑤同时给③②作掩护，③②利用同伴的掩护拉边快下，⑤掩护后接应④的发球，⑤接球后迅速传球给插中接应的①运球中路突破，①②③迅速展开攻击，力争在前场创造多打少的局面。

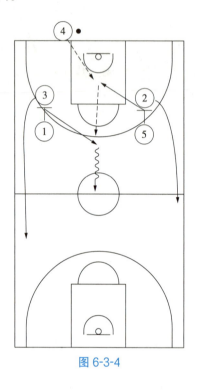

图 6-3-4

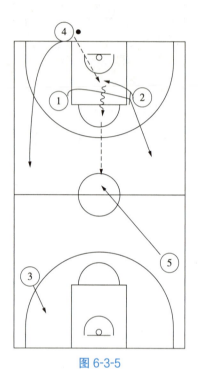

图 6-3-5

≫（三）"1-2-2"落位插中接应进攻

全场紧逼人盯人防守中，多人对球进行围守是常见的方法，对付其最好的办法就是让协防队员远离持球人。"1-2-2"落位插中接应进攻战术的意图是，进攻队员拉开阵型，场上队员保持一定的距离，为进攻创造更多的空间。如图 6-3-5 所示，进攻开始时，②利用①的掩护接发球沿中路运球，并传球给插中策应的⑤，与此同时，①④分散快下。

第四节
进攻全场紧逼人盯人防守教学与训练

一、进攻全场紧逼人盯人防守教学训练建议

（1）进攻全场紧逼人盯人防守配合战术面宽线长，配合难度较大，掌握在快速度、高强度下进攻技术的运用是关键，进攻队组织后卫、攻击后卫和锋线队员掌握娴熟的运球突破技术，利用娴熟的运球快速突破是破坏全场人盯人防守最简单有效的方法。

（2）进攻全场紧逼人盯人防守战术要放在全场紧逼人盯人防守战术教学之后进行。在针对防守战术特点的基础上，使学生了解进攻全场紧逼人盯人防守战术配合的特点、要求和方法以及分工落位、应用时机、移动路线、主要的攻击点以及变化等等。

（3）教学训练中，先进行后场接发球和中路策应的配合，再学习整体战术配合方法。学习的重点在于前场的掩护、传切和中场的策应等配合，同时加强由守转攻时反击速度和快攻意识的训练。

二、教学重点与难点

≫（一）教学重点

进攻全场紧逼人盯人防守战术教学训练要针对某些典型配合方法进行分析和练习。例如分散站位、接应发球、传切配合、掩护配合、运球推进、摆脱防守后的投篮等。

≫（二）教学难点

在教学与训练中，应培养学生的心理素质，如进攻全场紧逼人盯人防守的自信心，破除遇到对方全场紧逼人盯人防守就患得患失、盲目跑动、不敢承担的心理因素。

三、常见错误与纠正方法

常见错误	纠正方法
● 盲目运球，贻误战机。	● 练习运球一攻一，要求随时观察场上情况，传球给指定目标。
● 策应或掩护不到位，造成传球失误。	● 反复练习策应和不同位置、不同形式的掩护配合，提高局部战术配合质量。

四、学练步骤与方法

>>>（一）一对一摆脱接球

练习方法：两人互为攻守，进攻方利用传切或"反跑"摆脱对手，接发球后快速突破运球进攻。

>>>（二）二对二接发球

练习方法：四人两两互为攻守，进攻方利用个人摆脱或同伴之间的掩护摆脱防守接发球后快速突破进攻。

>>>（三）二对二掩护

练习方法：如图 6-4-1 所示，四人两两互为攻守，①接 C 的界外球后给②做运球掩护，②接①的传球后从中路运球突破，①沿边路快下接②的传球上篮。

>>>（四）全场四对四攻防

练习方法：半场攻防开始，如对方投中或罚中，采用固定人员发球，防守方由守转攻要迅速抢发球。如对方违例，采用机动发球，接应发球队员要采用个人摆脱或利用掩护摆脱。球发进场后，要运用传切掩护配合推进。

>>>（五）全队进攻配合

练习方法：如图 6-4-2 所示，④掷后场端线界外球，其他队员后场"2-2"落位。进攻开始时，①⑤同时给③②作掩护，③②利用同伴的掩护拉边快下，⑤掩护后接应④的发球，⑤接球后迅速传球给插中接应的①运球中路突破，①②③迅速展开攻击，力争在前场创造多打少的局面。练习中各个位置要明确任务，责任到人。

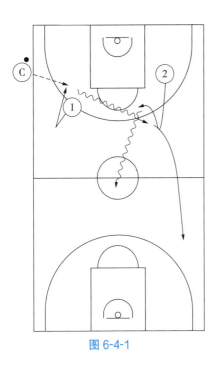

图 6-4-1

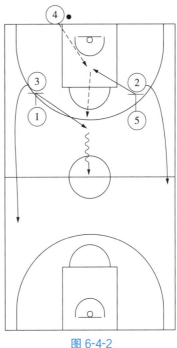

图 6-4-2

内容提要

● 全场紧逼人盯人防守在全场范围内布防，是以个人攻击性盯防为基础，结合全队协同配合，以迅速达到由守转攻目标的全队防守战术。全场紧逼人盯人防守在发挥己方速度、控制比赛的节奏等方面具有独特的优势。

● 全场紧逼人盯人防守的战术要点有：全队要有良好的整体作战意识，一旦球权转换由攻转守时，立即就近找人，抢占有利的防守位置，盯防临近对手。防守无球队员，积极封堵对方接球路线和移动路线，适时补防和抢断球。防守有球对手，堵中放边，适时夹击。积极运用挤过、穿过、换防、补防、夹击等，破坏对方向球、向篮下切入或突破。当对方利用策应时，要阻挠延误对手到达策应区域的位置，当对手接到球后，要努力封堵策应队员的传球路线。

● 进攻全场紧逼人盯人防守是指根据防守队在全场范围内进行紧逼人盯人防守的情况，将球快速由后场推进到前场，利用摆脱防守接球、快速传球、运球突破、掩护等配合组织的攻破全场紧逼人盯人防守的战术方法。

● 进攻全场紧逼人盯人防守有两种基本的落位阵型：后场纵向或横向的密集落位，这种方法有意造成前场空虚，以便于偷袭快攻；另外一种方法是全场分散布阵，进攻队员分散部署于全场，分散对手的防守协作，利用防守的薄弱环节和空当寻机进攻。

 **思考题**

1. 什么是全场紧逼人盯人防守？其战术优势有哪些？
2. 全场紧逼人盯人防守战术要点有哪些？
3. 进攻全场紧逼人盯人防守战术要点有哪些？
4. 试举例说明一种进攻全场紧逼人盯人防守战术配合方法。

第七章

区域联防与进攻区域联防

第一节

区域联防概述

　　篮球防守战术从最初的人盯人，到每个队员选定一定的区域进行防守（联防的最初形式），再至多种固定的联防形式，逐渐发展形成了结合盯人、联防两大防守体系优点的综合型防守。

　　区域联防是在半场范围内通过分区站位形成一定的阵型，严密防守在该区域的球与进攻队员，并通过移动补位封锁内线，把每个防守区域结合起来的全队防守战术。区域联防有着鲜明的战术特征和竞技实践需要的功能，是篮球全队防守体系的重要组成部分，是各级运动队战术训练的重要内容，也是体育专业篮球教学的重点之一。

　　区域联防战术是由攻转守时，防守队员迅速退回后场，按分工负责防守一定的区域，严密防守在该区域的球和进攻队员，并以一定的形式把每个防守区域的同伴有机地联系起来的全队防守战术。现代联防战术的特点是，防守队员随球的转移并积极地移动和协防，位置区域分工明确，对有球区以多防少，无球区以少防多。因此，有利于内线防守、组织抢篮板球和发动快攻。但由于各种形式的区域联防都存在一定的薄弱区域，容易让对方在局部区域形成以多打少的局面而陷于被动。

一、区域联防战术阵型

区域联防的形式是依据五名防守队员在防守的半场所占据的位置来命名的，常用的形式有"2-1-2""2-3""3-2""1-3-1""1-2-2"。不同的区域联防布局有其优势，也存在着防守的不足。

》》（一）"2-1-2"阵型

"2-1-2"阵型（图7-1-1）是区域联防最基本的形式，特点是五名防守队员在场上的分布位置均衡，队员之间的移动距离较近，有利于彼此间的相互呼应协作，便于控制限制区与对篮下的防守，还可以根据对手的攻击方法及时改变防守阵型。图中所示的阴影部分是其防守的薄弱区域。

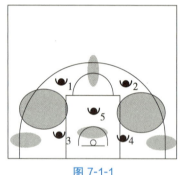
图 7-1-1

图 7-1-2

》》（二）"2-3"阵型

"2-3"阵型（图7-1-2）有利于对篮下、底线、场角队员的防守，能够有效地控制、协防篮下内线进攻队员和拼抢篮板球，但图中所示的阴影部位是其防守的薄弱环节，对此区域进攻队员的控制与投篮的防守存在着较大的难度。

》》（三）"3-2"阵型

"3-2"联防（图7-1-3）能有效地对外线队员进行控制，有利于防守外线队员的中远距离投篮、抢获篮板球后快攻的发动，图中所示的阴影部分即场角、篮下以及罚球线附近是其防守的薄弱区域。

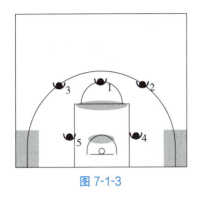

图 7-1-3

图 7-1-4

》》（四）"1-3-1"阵型

"1-3-1"区域联防阵型（图 7-1-4）可以有效地加强正面、发球区及其两侧的防守，队员之间可以形成有机的联系，有利于相互之间的协防、呼应，阻断了进攻队员传接球之间的联系，在场角区域可以形成夹击，强化了防守的整体性。在防守整体移动速度足够快速的情况下，"1-3-1"区域联防体现出很强的伸缩性，防守的范围也进一步扩大，延伸到三分线外，甚至在比赛中出现了防守到中线附近的"1-3-1"区域联防阵型，更好地表现了此阵型防守的伸缩性、攻击性。图中所示的阴影部分是其防守的薄弱区域。

》》（五）"1-2-2"阵型

"1-2-2"区域联防（图 7-1-5）的主要特点是加强了对外线队员的防守，特别是对中路运球突破的队员和三分线弧顶两侧投篮的队员能形成有效控制，对罚球线接球进攻的队员可以形成包夹。图中所示的阴影部分是其防守的薄弱环节。

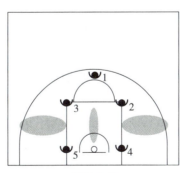

图 7-1-5

区域联防由于受防守者防守区域分工的限制，每一种区域联防的防守形式都会存在一定的薄弱区域。进攻队可以在落位时或在移动配合中占据这些薄弱区域（上述五种联防的薄弱区域如各图阴影部分所示），在局部地区形成人员上的优势，以多打少。因此，任何固定形式的联防都很难完全适应当代篮球竞技比赛的要求。现阶段，区域联防的队形已从原来单一、固定的形式向随着进攻队的战术落位变化而变化的方向发展。比赛中最基本的防守阵型为"2-1-2"与"1-3-1"，以此形式为基础，变化为其他形式的区域防守。

攻守技术、战术的提高与竞赛规则增加的"三分球"规定促进了区域联防的发展，防守队形从固定变为不固定，从而形成"一对一"的对位联防，加强了区域联防的针对性。同时，在区域联防的运用中也普遍遵循并贯彻"以球为主"的防守原则，做到球、人、区三者兼顾，扩大了每名防守队员的控制范围，强调与同伴的协防以及封盖、夹击等防守技战术的运用，进一步加强了区域联防的集体性、伸缩性和攻击性。区域联防的发展，使它在现代篮球比赛中仍然作为一种有效的防守战术而广泛运用。

二、区域联防的战术要点

》（一）攻守转换之际，积极堵截对方发动快攻

当由进攻转入防守时，首先要积极阻止对方发动快攻，防守队员应立即组织干扰一传和接应，"堵中路，卡两边"，伺机抢断球，控制对方的进攻速度，然后迅速退回后场按照战术部署形成联防阵型。

》（二）守区防人，随球移动，加强区域间的协同配合

根据本队的防守策略和防守特点，以及场上队员的身体技术特点，合理分配防守的区域和布置防守阵型，处于篮下的队员应该是身材高大、善于拼抢篮板球、补防能力较强的队员。在区域防守分工的基础上，队员之间应高度协同，强调队员之间的协同防守和区域之间的有机联系。根据对方进攻方式的变化及时调整防守阵型，从而形成具有连续性、整体性和攻击性的全队防守体系。

全队随球而动，"球、人、区"兼顾。要加强对有球侧和进攻威胁较大区域的防守。具体要求是，在本防区内对有球队员要按照人盯人防守的方法进行防守，根据持球人的进攻特点有针对性地盯人防守；对场角持球队员要侧重防守底线，严防对手从底线运球突破；对不持球的队员要贯彻"以球为主，人、球、区兼顾"的原则。在近球区除防守本防区的无球队员外，还要协助同伴防守持球队员的运球突破。在远球区防守无球队员背插、溜底和纵切的同时，对向有球一侧移动的队员要积极协防，同时向篮下回缩加强篮下的防守，还要随时抢断对方的"越区"长传球。当进攻队员在篮下接到球时，邻近的防守队员要协助包夹篮下持球进攻队员。当球传到外围时，防守队要根据球的位置及时回撤，合理调整防守队形和布局。

》（三）围守、夹击中锋

区域联防是有侧重的，应做到先内线后外围，以对篮下的防守为主。在防守外线持球

队员时，要干扰和破坏其向内线传球，其他队员要兼顾防守篮下。防守中锋队员，可采用侧前或绕前的方法切断其接球路线。对有球的中锋，特别是攻击能力强的高大中锋，采取围守、夹击的方法。必要时，在对方接球前就采取围守、夹击的方法，隔断其与传球者的联系。也就是说，首先不让其接球，一旦接到球，也要逼迫其将球再传出去。

≫（四）限制对方穿插移动

对方穿插移动时，采用"卡堵、护送、交接、回位"的方法限制其移动路线，跟、送、交接要相互呼应。远离球的防守队员在"人、球、区兼顾"的原则下向有球一侧回收，同时要特别留意本区进攻队员的穿插移动，对于向球、球篮切入的进攻队员，要及时堵截其移动路线，阻止其接到球，特别是不允许其在靠近球篮的区域接到球。当对方向有球一侧背插或溜底线时，要堵截其移动路线，必要时暂时离开自己的防区盯人防守，直到球转移到另外的区域再回原位防守。对于向无球一侧的移动穿插，也要堵截其在限制区及其附近的接球路线，护送后再与下一区域的队友交接，本人回位。

三、区域联防战术的优点与运用时机

≫（一）区域联防战术的优点

（1）防守队员在相对固定的区域内活动，分工明确节省体力。
（2）抑制对方的跑动和穿插移动。
（3）发挥集体的防守优势，弥补个人防守能力的不足。
（4）防守位置的相对固定为抢篮板球和抢断球提供了有利条件。

≫（二）区域联防的运用时机

（1）对方内线进攻威胁较大，而外围投篮不准时。
（2）对方运球突破能力较强，或为了避免本队队员过多地犯规和保存本队的体力时选择使用。
（3）为了更有组织地拼抢篮板球、发动快攻时。
（4）为了弥补本队篮下防守的弱点和遏制对方进攻的速度。
（5）对方不善于进攻区域联防时，可以作为战术变化方案使用。

第二节
"2-3" 区域联防战术配合方法

一、"2-3" 区域联防基本阵型

"2-3" 区域联防是最常见的区域防守形式，一提区域防守，最先映射到脑海里的可能就是 "2-3" 联防。在 "2-3" 区域联防的阵型中（图7-2-1），前排限制区弧顶处的两名防守队员一般为后卫队员（图中的1和2），靠近底线两侧的队员一般是锋线队员3和4，中间的队员为中锋5。

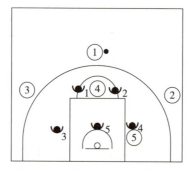

图 7-2-1 在弧顶时的基本占位

"2-3" 区域联防的重点是阻止和干扰对方的内线进攻，这也就意味着有时会放松对对手外线的防守。因为有3名高大队员站在内线，"2-3" 区域联防能够有效加强对内线篮板球和进攻中锋的防守，但也给攻方提供了在两侧边翼外线投篮的机会。

"2-3" 区域联防可以根据进攻的具体情况进行变化，这些变化取决于对方的进攻特点。如站在中间位置的防守队员，可以根据攻防的具体情况或上提至罚球线，或下沉至篮圈下。

二、"2-3" 区域联防战术配合方法

≫（一）球在弧顶时的防守

当球在弧顶时，基本的 "2-3" 区域联防的阵型形式如图7-2-2所示：后卫1、2位于防守区域的顶部，两名前锋3、4在禁区外两侧，中锋5在中间区域。

球在弧顶时，1和2两名防守者，一人按人盯人防守的方法防守持球人，另一名防守

者负责阻断进攻队高位中锋接球。同时，两名防守者应该保持足够近的距离，以便于协防持球人从中路突破。

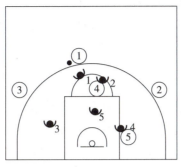

图 7-2-2 弧顶防守

》》》（二）球在边翼位置时的防守

"2-3"区域联防不阻断向侧翼的传球，而是采取同侧后排防守的前锋队员趋前"帮助"，直至上线后卫防守到位后再"回位"的方法，来协助完成对侧翼队员的防守。这有点类似于半场人盯人防守的"帮助与回位"（Help and Recovery）。

如图 7-2-3 所示，球传到边翼，进攻队员②持球。强侧防守前锋 4 应该占据进攻中锋（如果该位置有低位中锋）前面的位置。如果高策应区没有进攻球员，防守队员 1 应该处于距球最近的罚球线的端点处，协防低位中锋，准备随时抢断②向低位中锋⑤的传球。中锋 5 从底线二分之一绕前防守低位进攻球员⑤。弱侧防守前锋 3 向有球侧移动协防限制区，并随时准备抢断由强侧向弱侧的长传球。

图 7-2-3

技术提示 》》》

球在边翼位置时要保护、"帮助"、"撞回""2-3"区域联防的一个重要问题在于弧顶落位的两名后卫要负责防守外线的三个位置：弧顶正中加上两个边翼位置。此时，三个位置之间的传球——传球给边翼、越区传球（②传给③或③传给②），以及突然改变传球方向的"反向传球"所带来的重要问题是在两名防守后卫的移动回防中，外线边翼进攻球员有足够的时间出手投篮。为了解决这个问题，在后排防守的前锋队员应及时"帮助"，来阻止进攻队员接球后立即投篮，然后待负责该区域防守的后卫到达时，被"撞回"正常的防守位置。在"2-3"区域联防中，正是后排防守队员的"帮助"让弧顶的两名后卫可以对抗外线的三名进攻球员。

1. 反向传球

当弧顶进攻队员①②相互传球时，前排防守队员不得不同时防守进攻队员①和②。在图 7-2-4 和图 7-2-5 所示的情况中，①接到②的回传球后突然反向传球给另外一侧的③，此时如果没有底线防守队员 3 的"帮助"（待防守队员 1 移动至既定防守位置后，被"撞回"后排防守），弧顶防守队员是不可能完成防守任务的。

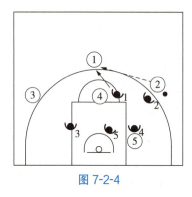

图 7-2-4

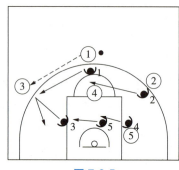

图 7-2-5

2. "越区"传球

当侧翼进攻队员将球"越区"传给另外一侧时，如图 7-2-6 所示，防守队员 1 此时在阻断高位策应队员接球的位置上，如果没有后排防守队员 3 的"帮助"（图 7-2-7），是很难完成防守任务的。

图 7-2-6

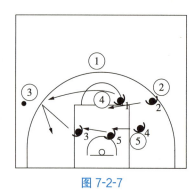

图 7-2-7

≫（三）球在底角位置时的防守

图 7-2-8 说明的是在"2-3"区域联防时，球传至底角时的防守情况。强侧防守前锋 4

跨出并给球施压，防守中锋5绕前防守进攻中锋⑤。强侧防守后卫2下移，协助4防守持球者突破，并积极抢断向内线的传球弱侧防守后卫阻断向高位中锋的传球。弱侧防守前锋3移至球场中轴线，协防低位中锋⑤、防守高位中锋④下顺、防止弱侧无球队员切入、抢断向弱侧的长传球。

图 7-2-8

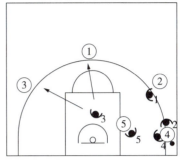

图 7-2-9

技术提示1　)))

底角夹击

底角夹击是"2-3"联防最有效的夹击方法（图7-2-9），当边翼的球传给底线边角的球员时，强侧防守后卫2立即跟随传球，和正在逼抢的前锋4一起困住持球者。中锋5此时绕前防守，弱侧防守后卫1阻断向②的传球，弱侧前锋3以少防多。

该区域夹击的优点还在于：通过几次成功夹击后，对手将十分忌惮在底角持球，这将使得"2-3"区域联防更加运转自如起来。如果有一支可以做到底角夹击的团队，强烈建议每次都进行底角夹击。

技术提示2　)))

如果在原定战术设计中没有底角夹击，当球在底角的时候，根据有球侧防守后卫2的行动，还可以做出两种战术选择：

1. 后卫收缩防守，允许底角回传边翼，重点防守向内线传球与运球突破。
2. 后卫阻断底角向边翼的回传球，这种方法更具有攻击性和主动性。

>>>（四）球在高位时的防守

当球进入高策应区时，高位策应者除自己进攻外，还可以向场上任何同伴供给有直接攻击球框威胁的传球，防守队会处于非常被动的局面。

在"2-3"区域联防时，球一旦进入高策应区，如图7-2-10所示：中锋队员5立即上移防守高位中锋④，两名防守前锋3和4必须立即向球框"夹进"并防守同侧靠近篮筐的进攻队员。与此同时，两名防守者也必须做好冲刺到底角防守三分球的准备。上线防守的后卫队员 1 和 2 此时应靠近球，并迫使高位中锋将球传给外线，但同时应做好冲刺防守同侧边翼进攻队员接球远距离投篮的准备。

图 7-2-10

》》（五）球在低位时的防守——夹击低位中锋

在"2-3"区域联防中，我们总是希望让球尽可能远离篮筐，出于这个原因，当球传给低位中锋时，我们必须围堵夹击，逼迫球传给外线（此种夹击也适用于运球沿底线突破至此的情况）。如图 7-2-11 所示：当球进入低位，5 和 4 即刻进行围堵包夹。弱侧前锋 3 此时负责限制区的防守，确保阻断⑤给④的传球和"碰撞"④向限制区的下顺抢位。强侧防守的后卫队员 2 阻断给外线队员②的传球，防守后卫 1 以少防多。

此种夹击更重要的目的是利用投篮计时规则让球从内线传出来，重新建立防守。

图 7-2-11

》》（六）防守无球队员移动

对无球队员的穿插移动，要根据距球的远近和队友的位置积极抢位、堵截和护送，并及时与队友呼应联系，不让对手向有威胁的区域移动或在有威胁的区域接到球。远球侧的防守队员应起到指挥作用，并协助同伴进行"关门"、夹击和补防等配合来协防篮下有威胁的进攻队员，还要防止离球远的进攻队员背插和溜底线。进攻队员溜底线时可大声呼应

"堵、跟、送、交接"。

图 7-2-12　　　　　　　　　　　图 7-2-13

如图 7-2-12 和图 7-2-13 所示，②传①后，企图经底线溜至另一侧边角接球进攻，4 堵截②的移动路线延误其配合时间，阻断其在限制区附近接球，并护送②至限制区的另一侧，提示被"撞回"的 3，完成对②防守的交接后，返回自己的防区。

≫（七）其他需要注意的事项

● 球动人动，对每一次进攻传球都要作出反应。应该做到传球者球离手，防守者即刻移动，当接球者拿到球的时刻，防守者已经移动到位。
● 人球兼顾，防守者必须时刻同时关注球与自己的防守责任人。
● 高举双手积极干扰传球"通道"。
● 积极进行语言交流。
● 每一次投篮，每一个防守者都要"背住"一个进攻队员，积极争抢篮板球。
● 防守有球者，距离优先。作为一般原则，谁离球最近，谁就要去防守持球人。
● 强侧防守者防守低位中锋时，要绕前抢位。

第三节

区域联防教学与训练

一、区域联防教学与训练建议

（1）区域联防教学应安排在攻防人盯人全队战术之后，并把区域联防教学训练和进攻区域联防有机结合起来。

（2）利用直观教具或示范讲解区域联防的概念、阵型特点、战术意义、运用时机。对于"2-3"区域联防的教学，更要重点讲解并使队员理解掌握防守队员的职责与位置要求：

● 谁防守有球队员以及每次传球时防守队员应该怎么做？

● 谁负责阻止有球队员运球突破？

● 谁应该进行"帮助与回位"，什么时候帮助？

● 当一名队员进行"帮助"时，应该怎么轮转——谁负责帮助"帮助者"？

● 谁负责阻断向高策应区的传球？

（3）先进行局部区域分工的随球移动选位练习。由外线前排一防二随球移动防守，到二防二、二防三，再到外线侧翼二防二、二防三。使学生在理解人、球、区、篮关系的前提下，增强主防与协防的意识。

（4）在局部配合的基础上，过渡到半场五防五或五防六、五防七的全队配合练习。先球动进攻人不动、防守人随球移动，强调球在场上不同位置时各防区结合部分的协调分工和全队随球移动的一致性。然后是球不动人动，进攻人穿插、切入移动，防守人堵截其移动路线延误配合时机、卡抢位置阻断内线接球，以及进行护送、呼应、交接、回位的配合练习。

（5）在以上练习的基础上，过渡到半场五对五、球动人动的防守配合练习。此时仍要重点强调防守背插、溜底线、对内线队员的围守。

（6）在完整的战术配合练习中，要把抢篮板球和快攻反击纳入区域联防战术训练，提高队员完整的战术意识和攻守转换能力。最后，通过比赛检验、巩固与提高战术质量。

二、常见错误与纠正方法

常见错误	纠正方法
● 区域分工不明确。	● 通过讲解与演示，明确防守区域的划分与责任。 ● 加强局部区域以少防多的练习，强调邻近区域防守队员的主防、协防与补防。 ● 在各个防守区域间明确配合方法，避免漏人情况的发生，同时注意集体协同与及时补位练习。
● 人、球不能兼顾，防守者只把注意力放在球的转移上面，没能兼顾进入自己防区的进攻队员，临近有球区的防守队员协防意识薄弱。	● 当无球队员穿插移动时，在练习中教师要用语言提示该防区的防守队员，队员之间要及时交流，相互呼应。 ● 当局部区域出现以少防多时，防守队员应调整防守位置，首先防住威胁较大的进攻队员，其他队员要注意协防。

续表

常见错误	纠正方法
● 无球区的队员缺乏协防意识，远球区——"弱侧"没有及时回缩保护篮下。当球的位置发生变化时，未能及时调整防守位置，对进攻者的穿插移动没有堵截和护送。	● 通过转移球的练习让队员明确随球移动、强侧以多防少的意义与方法。 ● 对无球人移动的防守要强调呼应、护送、交接环节的重要性，并进行有针对性的练习。

三、"2-3"区域联防学练步骤与方法

≫（一）一防二随球移动

练习方法：如图 7-3-1 所示，①与②在外线相互传球，接球后做瞄篮、突破，1 随球的转移防守有球队员，提高随球移动的能力与意识。

图 7-3-1

≫（二）二防二移动协防

练习方法：如图 7-3-2 所示，①持球，1 按照盯人的方法防守持球人，2 协防。①传球给②，2 按照盯人方法防守②，1 先后撤一步，然后向有球侧移动协防②。

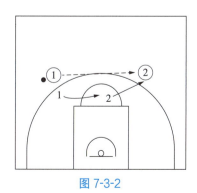

图 7-3-2

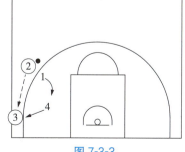

图 7-3-3

如图 7-3-3 所示，进攻队员③处于底角，4 上前防守时，要优先防守③底线突破，以便于利用同伴的协同防守。

练习中强调要随球的转移及时调整防守位置，提高协防能力与意识，突出防守和回撤转换调整的速度。

≫（三）二防三移动补位

练习方法：1 防守持球人①，2 协防。①传球给②，2 移动补位防守②，1 协防（图 7-3-4）。②越区传球给另一侧侧翼队员③，1 移动补位防守③（图 7-3-5）。

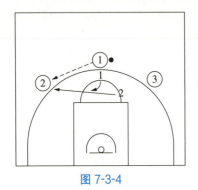
图 7-3-4

图 7-3-5

≫（四）外线三防四

练习方法：如图 7-3-6 所示，2 防守持球人①，1 占据④前面的位置干扰其接球，随时准备"关门"阻止①沿右侧突破，3 协防持球人左侧运球突破和阻断低位内线进攻队员接球。①传球给②，3 上前"帮助"，控制②接球投篮，待 2 移动到位后"撞回"，1 调整位置阻断④的接球路线。

如图 7-3-7 所示，②传球给底线的③，3 迎前防守③，2 协防③沿其右侧突破，并干扰其向内线的传球，1 防无球队员切入至限制区接球进攻。

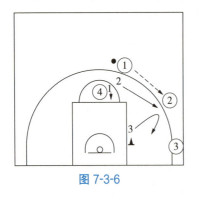
图 7-3-6

图 7-3-7

如图 7-3-8 所示，③传球给②，2 防②，3 回缩协防，1 阻断④的接球路线。

图 7-3-8

图 7-3-9

如图 7-3-9 所示，②传球给①，1 防守①，2 协防，3 回撤至限制区低位上方的位置。

≫（五）锋卫队员防守配合

练习方法：如图 7-3-10 所示，1 防①，2 协防。①传球给③，在 3 的"帮助"下 2 快速移动防守③，1 回撤协防，4 向限制区内移动。

如图 7-3-11 所示，③越区传球给②，1 在 4 的"帮助"下快速移动去防守②，2 移动至图中所示的协防位置，3 移至限制区内。

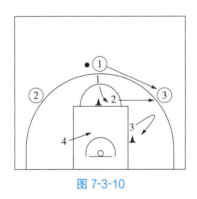
图 7-3-10

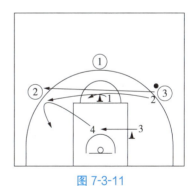
图 7-3-11

≫（六）半场五对五，"球动（进攻）人不动"防守选位

练习方法：如图 7-3-12 所示，配合练习的五名进攻队员站成"1-3-1"进攻阵型进行传球，防守者随球移动选位。球在外线的不同位置，防守方法可参考练习（一）至（五）所示的方法。当球传球给低位中锋时，临近队员要进行围堵。

刚开始练习时，教练员可根据球的位置，就每个队员的站位、分工区域、防守方法、移动路线、主防与协防等随时叫停进行讲解，以便于队员更好地理解防守动作的战术意义。

图 7-3-12

图 7-3-13

≫（七）防斜插篮下

练习方法：如图 7-3-13 所示，①传球给②后，斜插至强侧边角，1 迎前堵截不让其在有威胁的区域接球，并护送至限制区内，大声呼应，在完成与 3 的交接后返回。

≫（八）防溜底线

练习方法：如图 7-3-14 所示，①传球给②后溜底线，1 迎前堵截并护送至限制区内，大声呼应，在完成与 4 的交接后返回。

图 7-3-14

≫（九）半场五对五，"人动球不动"，防守无球队员穿插移动

练习方法：攻防五对五，根据练习的要求，球固定在某一位置的进攻队员手中。无球进攻队员分别做斜插篮下、溜底线、内线插上等进攻移动方式。练习从最初的指定某一进攻队员移动过渡至四人都动。教练员有必要时可随时叫停，根据无球移动队员与球、球框距离的关系，就防守队员防守动作、移动路线、交接的区域、护送距离与回位的时机等进行讲解，以便于队员更好地理解防守无球移动的战术意义。

≫（十）全场三队五对五，攻防半场"2-3"区域联防

练习方法：采用全场五对五的形式，按照比赛规则进行半场攻守，防守采用区域联

防。联防的队形与形式应根据本队的防守特点和对方的进攻特点，以及练习的目的和任务来决定。

知识拓展)))

混合防守战术

混合防守结合了人盯人防守和区域联防防守的各自特点，弥补了两种防守战术的不足，防守的针对性更强。混合防守常见的防守方法包括"一盯四联"和"二盯三联"。"一盯四联"即一名防守人采用盯人防守，防住对方主要的进攻队员，其余四名队友采用区域联防。"二盯三联"即两名防守人采用盯人防守，三名队友采用区域联防，此种方法适用于对方有两名特别优秀的进攻队员。

一、"一盯四联"混合防守战术

"一盯四联"混合防守使用本方最好的防守队员紧紧盯防对方进攻最强的队员。盯人防守的队员要全力以赴、贴身紧逼盯防的对手，阻断其接球。当对手利用掩护时，防守者最好利用挤过继续防住对手，必要时同伴也可以利用抢防予以协助。"一盯四联"由于是一人盯人防守，其余四名队友采用联防的防守策略，其主要的战术目的就是：迫使对手只能利用除被盯人防守之外的四人进攻，"保内逼外"，阻止和干扰对方的内线进攻，避免出现对手直接切入或突入篮下进攻的机会，允许其余四人在外线远距离投篮。

"一盯四联"传统的站位形式是"2-2"阵型（图 7-3-15），两名身材高大、善于抢篮板球的队员站在限制区两侧的低策应区，两名队员站在罚球线左右两侧的位置。"一盯四联"的另外一种阵型为"1-2-1"菱形站位（图 7-3-16），一名队员站在弧顶或者罚球线中间的位置，两名队员位于限制区中间两侧，另一名队员站在篮筐下方。

图 7-3-15　　　　　　　　　图 7-3-16

二、"二盯三联"混合防守战术

"二盯三联"是两名防守队员专门盯防两名进攻能力很强的对手，尽力阻断他们接球，迫使进攻方只能依靠另外三名球员进攻。当负责盯人的两名球员各自盯防自己的对手时，另外三名队友应该在限制区站成三角阵型（图 7-3-17）：1、2 盯人防守，2 阻断给②的传球，3、4、5 三角形站位。

图 7-3-17

　　"二盯三联"混合防守也采取"保内逼外"的策略，因为负责盯人的队友已经控制了两名攻击力最强的对手，迫使进攻方只能依靠其余三名队员在外线投篮或者在防守干扰的情况下勉强投篮。

第四节
进攻区域联防

一、进攻区域联防概述

　　进攻区域联防是根据防守阵型和变化特点，为充分发挥本队队员的身体条件和技战术特长，利用防守的薄弱环节组织相应进攻阵型，通过有目的的人、球移动和其他战术行动，调动和扰乱对方防守阵型，创造投篮机会的战术策略与方法。进攻区域联防需要根据区域联防的特点和规律，针对特定防守阵型的薄弱环节，结合本队具体情况组织有针对性的进攻战术配合。进攻区域联防首先要采用与防守方相对应的进攻阵型，利用防区的薄弱位置确立重点攻击区域与方法，组织有针对性的进攻。

　　为打乱区域联防阵型，在局部地区创造以多打少的进攻机会，进攻方经常采用"球动""人动"的策略来调动防守，利用策应、溜底线、背插、掩护、突分等个人和集体行动破坏防守整体布局，创造投篮机会。同时，命中率愈来愈高的中远距离投篮迫使对方不得不拉大防区，而攻防可以更为容易地趁机在防区内组织策应，破坏防守的整体性，提高进攻的灵活性与效率。

二、 进攻区域联防战术阵型

一般而言，区域联防常见阵型有"2-1-2""2-3""3-2""1-3-1""1-2-2"五种。我们可以依据突前（前排）防守队员的人数，把前两种阵型称之为"偶数联防"，后三种阵型为"奇数联防"。与之相应的进攻区域联防战术阵型，也可以根据上述两类防守阵型来分门别类。

对于"2-1-2"与"2-3"两种"偶数联防"来讲，虽然在防守阵型上有区别，但在实际运用之中是很难明确区分开来的。"2-3"区域联防在篮下和底线加强了防守力量，但高位和两侧边翼的外线区域却是防守的薄弱环节；"2-1-2"联防虽说阵型均匀、位置均衡，但高位和两翼的外线也是防守的薄弱环节。两种阵型共有的特点是，后排防守队员一旦轮转换位到别的区域，那么低位区域就很容易被对手攻击。针对其阵型弱点，进攻"偶数联防"采用的攻击阵型主要有"1-2-2"与"1-3-1"。

"3-2"与"1-3-1"联防虽然加强了正面和罚球区的防守力量，有利于限制外线投篮和两侧边翼的进攻，但篮下和场角的防守是其薄弱点。因此，在对付这类联防时，采用的进攻阵型是"2-2-1"与"2-1-2"，进攻的重点是两个场角和篮下的限制区附近。

总而言之，进攻区域联防战术阵型是针对区域联防队形而采用的相应的进攻队形，其基本要求是进攻队员不要与防守队员一对一站位，而应占据防守的薄弱区域，在局部地区形成以多打少的优势，根据队员身体、技战术特点与专长，合理部署队员并保持队形的攻守平衡。

三、 进攻区域联防战术要点

≫（一）在区域联防防守的薄弱区域进行攻击

根据防守阵型与本队特点，采用有针对性的进攻落位阵型，在防守的薄弱区域寻找进攻点。根据不同的防守阵型，设计与应用不同的进攻战术。

≫（二）"移动进攻"区域联防

有目的地转移球，特别是反向回传球、"越区"传球、假动作传球，可以"拉扯"防守队员，这很容易形成防守方回位不及时所致的空位投篮机会。进攻队员有序移动，特别是外线队员在防区内反复穿插，给防守造成局部"过载"，在该区域形成以多打少的局面。通过有目的地转移球，结合进攻队的有序移动，这种人、球同时移动的"移动进攻"所体现出的时空变化的有机性与合理性，可以大大提高进攻联防战术的成效。

≫（三）内外结合是进攻区域联防的重要原则

把球打进内线，进攻方会有更高的投篮命中率、外线会获得更多的空位投篮机会，进攻将变得可预测而不可阻挡。高命中率的中远距离投篮除了直接得分，还可以逼迫对方扩大防区，给内线进攻创造更多、更好的机会。所以，内外结合是进攻区域联防最理想和最有效的策略。

≫（四）创造与利用"错位"进攻

区域联防各防区人员配备相对固定，识别防守方某区域人员配备的弱点，发挥该区域进攻队员的相对优势，根据这种攻守能力不匹配的"错位"，采取有针对性的进攻。这种策略也可以有意在该防守者责任区域造成进攻方人数"过载"来实现。

≫（五）快攻是进攻区域联防最积极有效的办法

由守转攻时，在联防防守阵型尚未布置好之前的快速攻击，能使联防的整体性不能有效发挥。

≫（六）积极拼抢前场篮板球

在进攻区域联防时，进攻队员要积极拼抢篮板球，争取补篮或重新组织进攻。同时注意保持攻守平衡，攻守转化时要迅速退守并有组织地封堵、破坏对方的快攻。

四、进攻区域联防战术配合方法示例

≫（一）内线主导的全队进攻战术

区域联防由于防守区域分工的限制，每一种阵型都会存在防守薄弱区域，例如："2-3"区域联防中的罚球线与侧翼、"1-3-1"区域联防的底线区域，进攻区域联防通过攻击防守阵型本身的薄弱区域来创造机会。进攻区域联防仍然依赖于人、球移动和一些掩护，但这些需要考虑不同防守阵型中防守者的责任区域、不同区域的防守人员分布。可以说，进攻区域联防的移动更为精确和具有针对性。

进攻区域联防对运动员进攻能力的要求是：内线队员要具备执行内线战术的体型与技能，低位内线应该可以抢占和保持接球位置、在对抗中将球打进，具有中距离投篮的能力，并能策应传球为队友创造投篮机会，且能设置和利用掩护。外线球员要具有制造空位和将球带入内线的技能，后卫队员要具有专注防守、精于传球、切入篮下和远距离投篮的能力。场上队员还要清楚一些进攻区域联防的原则：根据防守阵型插空落位；进攻时球和人需要频繁移动，调动防守，使防守区域"局部过载"；传球时要利用传球假动作以及反向传球、越区传球等。

1. 战术示例一

此战术设计几乎可以应对任何一种形式的区域联防，目的是通过在上线集中优势进攻兵力，通过人、球移动创造罚球线跳投或篮下进攻的机会。对队员的要求是，④号位队员技术全面，善于在罚球线跳投或突破至篮下得分，具有良好的战术配合意识和广阔的视野，能为同伴创造投篮机会。

如图 7-4-1 所示，①传球给③，③运球向弧顶①原来所在的位置，④填补③原来所在的左侧翼，②填补罚球线位置，①移至②原来所在的右侧边翼，⑤在强侧低位。

以相同或相反的顺序继续进行，④移至罚球线高策应区（图 7-4-2）。

④一旦接到球，可以罚球线跳投或传球给篮下的⑤，②③向边角移动（图 7-4-3）。

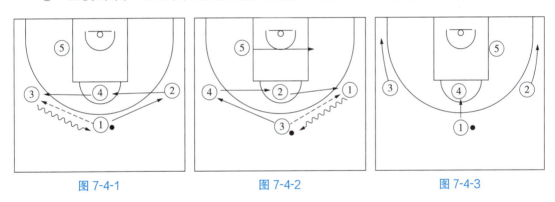

图 7-4-1　　　　　　　　图 7-4-2　　　　　　　　图 7-4-3

2. 战术示例二

此战术设计主要用于进攻"2-3"区域联防，目的是在底线区域造成防守的"局部过载"，获得空位投篮的机会，在防区内进行攻击。对队员的要求是，所有的外线队员都具有远投能力，中锋强悍全面。

如图 7-4-4 所示，①传球给③后越过罚球线，折向移动至填补自己空位的②的原位置。

③传球给②，在②传球给①时，溜底线移动至另一侧边角，同时④给⑤作掩护，挡住中间防守者 5，⑤拉出限制区，移至"2-3"联防前、后排接合部，准备接①的传球（图 7-4-5）。

此战术行动中，及时与协调一致的人、球移动是关键。侧翼队员溜底线到位后要有接球的动作，以便于拉出底线防守 4。此时，④掩护，⑤拉至防守队员 1、4 之间的位置接球，可获得较好的中距离投篮机会。

图 7-4-4

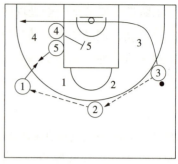

图 7-4-5

>>>（二）外线为主导的进攻战术

优秀外线队员是进攻任何形式的联防最有力的武器，他们可以突至并在可能的情况下将球送入篮筐，或在吸引两名队员防守时传球给空位的同伴。进攻区域联防时，外线队员通过特定形式的传球（越区传球、反向传球、对角传球等）和一系列的假动作（切入假动作、投篮假动作、传球假动作、假掩护等）调动防守，伺机进攻。在通过外线主导的进攻战术中，内线队员也应发挥自己的作用，这包括通过掩护使同伴轻松上篮、弹出远投、拆开下顺，或者是策应传球和拼抢篮板等。

下面一些战术示例通过多种战术行动为外线队员创造进攻机会：通过制造防守"局部过载"以多攻少，通过投篮假动作创造持球突破或投篮机会，通过回传球或运球拉扯防守阵型。

1. 战术示例一

此战术示例适合于进攻任何形式区域联防。战术目的是，造成防守的"局部过载"，在某区域内出现三攻二或二攻一局面。对进攻队员要求是，①号位队员具有端线边角远投能力，④⑤号位在限制区能较好地发挥作用，②③号位能远距离投篮、突破至内线及精准的越区传球能力。

如图 7-4-6 所示，①传球给位于右侧翼的②后，纵向穿过限制区，移动至强侧边角，③移至弧顶，填补②的位置。

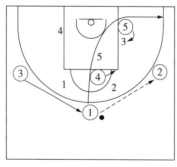

图 7-4-6

图 7-4-7

②可以投篮、持球突破或传球给位于边角的①、位于低位的⑤、位于弧顶的③（图7-4-7）。

①接到球后无投篮机会，可传球给⑤、传球给切向篮下的④、越区传球给③，或回传给②（图7-4-8）。①传球后，溜底线至对侧边角，④⑤沿限制区对角线切向罚球线两侧（图7-4-9）。

图 7-4-8

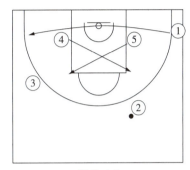

图 7-4-9

2. 战术示例二

该战术设计适用进攻任何类型的区域联防，战术目的是造成防守方的"局部过载"，在局部地区以多攻少。对队员的要求是，④号位队员应该是一个高明的组织者，外线队员有中远距离投篮的能力，并能随球移动，合理落位调动防守。

如图7-4-10所示，①运球至右侧侧翼，传球给弧顶的④。②在其运球的时候清空侧翼，溜底线至对面底角与侧翼之间的位置。④接到①的传球后，传球给③，③传球给②。同时，⑤沿图中所示路线切向左侧低位稍外的位置，准备接②的传球。

②接到球后做投篮动作，吸引左侧底角的防守，同时观察⑤和从限制区中路切入至低位的④的接球位置。③清空左侧边翼，切向限制区右侧低位（图7-4-11）。

图 7-4-10

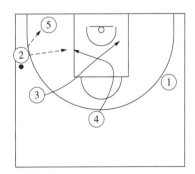

图 7-4-11

如②没有很好的机会传球给④或⑤，则向上运球，传球给移至弧顶的①（或传球给⑤）。③移至右侧边翼，④移至右侧低位（图7-4-12）。

④⑤沿图7-4-13中所示路线切向高策应区，③移至右侧边角与侧翼之间的位置。此

时，②③④⑤处于区域联防的薄弱区域，①择机传球给进攻机会最好的队友进攻（图7-4-14）。

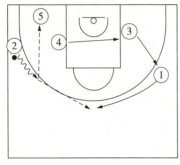
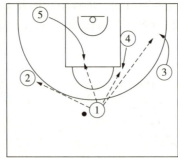
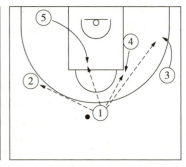

图 7-4-12 　　　　　　　 图 7-4-13 　　　　　　　 图 7-4-14

第五节
进攻区域联防教学与训练

一、 进攻区域联防教学与训练建议

（1）采用直观教具讲解进攻区域联防战术的概念、分类、特点、战术原则与要求。通过"1-3-1"阵型落位进攻"2-3"区域联防战术的解析，进一步加强对进攻区域联防战术原则与战术要点的理解与掌握，使学生明晰在进攻不同阵型区域联防时，可以使用相同的原则与进攻策略。

（2）在分位练习中，要强调所练习位置进攻配合的方法、要求和战术意义，使学生理解这种局部行为与整体战术行动之间的关联、与调动防守的关系，使进攻战术教学更具有针对性。

（3）全队战术教学应首先在没有防守的情况下，进行全队战术跑位练习，以便熟悉配合路线和配合方法。再逐渐由消极防守过渡到在积极对抗防守条件下进行练习，最后在教学比赛中巩固提高。

（4）应把快攻与阵地进攻结合起来进行。强调当快攻受阻时，阵地进攻落位要迅速，有步骤地组织阵地进攻。

二、常见错误与纠正方法

常见错误	纠正方法
● 没有正确的落位概念，只是根据个人习惯落位于与对手一对一对应的位置上。	● 强化正确的落位观念，要习惯于错位布阵。
● 传球的目的性不强，盲目传球，左右移动，穿插不够。	● 进攻区域联防时，强调有目的性的传球，以利于调动对方的防守阵型。同时组织左右穿插、移动，结合传球和投篮的练习。强调传球与移动时机相联系，正确做到球动人动、人到球到。
● 内外结合不足。	● 向队员强调内外结合对于进攻区域联防的重要意义。训练中，不仅要强化外线投篮，而且要考虑内线的插上与溜底进攻。

三、进攻"2-3"区域联防学练步骤与方法

≫（一）三人传球投篮

练习方法：如图 7-5-1 所示，①②③占据弧顶与两侧边翼位置进行传球，调动防守，抓住防守队员 1、2 不能及时回防的时机，果断跳投。

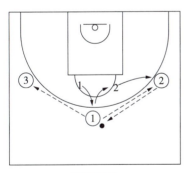

图 7-5-1

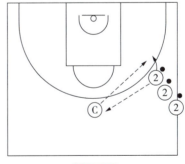

图 7-5-2

≫（二）移动接球投篮

练习方法：如图 7-5-2 所示，①传球给 C 后，向下稍作移动，接回传球投篮。

≫（三）突破分球与投篮

练习方法：如图 7-5-3 所示，①从弧顶运球突破分球给从边翼位置向下移动接应的

②投篮。

图 7-5-3

图 7-5-4

≫（四）掩护与运球突破

练习方法：如图 7-5-4 所示，①利用②的掩护运球突破上篮或急停跳投。

≫（五）斜切、纵切与接球投篮

练习方法：如图 7-5-5 所示，②④传球吸引防守，②突然反向传球给③，③接球后做投篮动作，⑤向篮下纵切，④向罚球线横切，③择机传球给④或⑤投篮。

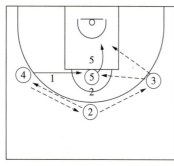

图 7-5-5

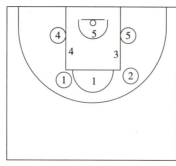

图 7-5-6

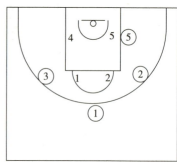

图 7-5-7

≫（六）四对四进攻区域联防

练习方法：防守方分别采用菱形、四边形站位，四人进行区域联防。进攻方落位方法如图 7-5-6 和图 7-5-7 所示，按照进攻区域联防原则进攻。

≫（七）四对五进攻"2-3"区域联防

练习方法：防守者五人，落位成"2-3"进行半场区域联防。进攻者四人练习进攻"2-3"区域联防。

》》（八）五对五攻防

练习步骤与方法如下：

（1）在半场无防守的情况下，进攻队员根据进攻战术队形与配合方法，按照既定战术设计方案，演练战术配合方法。主要目的是熟悉配合路线、配合方法，掌握战术配合套路。

（2）在半场消极防守的条件下，队员按照战术预定方案在进攻中创造以多打少的机会。

（3）在半场积极防守的情况下进行攻防练习，练习的重点集中于配合的衔接与变化。

（4）进行全场五对五攻防练习，由守转攻时首先要积极发动快攻，力争在对方未完全完成防守全队部署前完成攻击，一旦对方完全落位防守，进攻队要迅速落位组织阵地进攻。

（5）通过（教学）比赛巩固和提高进攻区域联防的战术质量。赛前提出要求，赛中进行指导，赛后要认真总结，逐步提高战术配合的质量。

内容提要

- 常见区域联防的形式有"2-1-2""2-3""3-2""1-3-1""1-2-2"，其中"2-1-2"是基本的联防形式，可根据进攻队员的落位调整阵型。"2-3"联防也是实践中运用较多的联防阵型之一。
- 区域联防的战术要点有：
1. 攻守转换时，积极封堵对方的快攻。
2. 根据己方队员特点合理布阵，在区域分工的基础上协同合作，"球、人、区"兼顾。
3. 侧重对内线队员的防守，切断内外线之间的联系，积极围守、夹击对方中锋队员。
4. 采用"卡堵、护送、交接、回位"方法限制进攻队员的穿插移动。
- 区域联防战术教学应安排在攻防人盯人战术之后进行，以"2-1-2"联防阵型作为基础的教学内容；以区域分工及其职责作为基础，强化防守中的"球、人、区"兼顾以及区域间的协同配合。
- 进攻区域联防常见的阵型有"2-1-2""2-3""3-2""1-3-1""1-2-2"五种，其中"1-3-1"落位进攻"偶数突前"防守阵型的配合方法是教学训练的主要内容。
- 进攻区域联防的战术要点有：
1. 力争在对方全队防守阵型未形成之前快速展开攻击。
2. 阵地进攻要根据己方队员的特点及防守阵型合理布阵。
3. 通过人的穿插移动、球的转移来调动对方的防守阵型，形成在局部区域以多攻少的有利局面。
4. 内线队员高低位向球换位移动，居中策应。

5. 外线溜底、突破、弱侧背插以及突破分球与外线的果断中远距离投篮等内外结合打法是攻击区域联防的有效方法。

6. 有组织地拼抢前场篮板球进行二次进攻，由攻转守时积极堵截对方的快攻。

● 进攻区域联防的战术教学训练应以"1-3-1"阵型落位进攻"2-1-2"区域联防为重点，在此基础上学习其他配合方法。

 ## 思考题

1. 什么是区域联防？

2. 区域联防的阵型有哪些？各有哪些优缺点？

3. 区域联防的战术要点有哪些？

4. 区域联防的战术应用时机有哪些？

5. 试述"2-3"区域联防战术配合方法。

6. 区域联防教学与训练要注意哪些问题？

7. 进攻区域联防的战术要点有哪些？

8. 试述进攻队采用"1-3-1"进攻队形进攻"2-3"区域联防的方法。

9. 进攻区域联防教学与训练要注意哪些问题？

第八章

篮球教学设计与实施

　　篮球教学是篮球教师与学生以篮球课堂为主渠道的交往过程，是篮球教师的教与学生的学的统一活动，是人对篮球运动的特殊认识过程。通过篮球的交往过程和活动，学生可以掌握一定的篮球运动、卫生保健的基础知识和基本技术、技能，形成对篮球的兴趣、爱好，发展体能和运动能力，培养思想品德和社会适应能力，最终实现教会学生科学锻炼，使其获得健康知识，指导学生掌握跑、跳、投等基本运动技能和篮球专项运动技能的目标。

　　篮球教学过程是篮球教学中为达成一定的篮球教学目标，教师、学生、课程等教学组成要素相互作用而展开的教学活动。篮球教学过程通常包括教师、学生、目标、课程（内容）、方法、环境和评价七个要素。其中教师是教的主体，学生是学的主体，课程是连接教师和学生的中介，教学目标、方法、环境和反馈则是由前三个要素的相互作用而引起的。

　　教师作为篮球教学设计和实施的主体，教师的教育理念和专业素养对人才培养质量起到至关重要的作用，要坚定不移地用习近平新时代中国特色社会主义思想铸魂育人。正如习近平总书记所说，教师不能只做传授书本知识的教书匠，而要成为塑造学生品格、品行、品位的"大先生"，要成为有理想信念、有道德情操、有扎实知识、有仁爱之心的"四有"好老师，做学生锤炼品格的引路人，做学生学习知识的引路人，做学生创新思维的引路人，做学生奉献祖国的引路人。

第一节
篮球教学设计概述

一、篮球教学设计的概念

篮球教学设计是教师为了优化篮球教学过程，提高篮球教学质量，以学习理论、教育传播理论和系统科学理论为基础，根据学生的学习特点和自身的教学风格，对篮球教学过程的各环节、各要素预先进行科学的计划、合理的安排，制定出整体教学运行方案的过程。完整的教学设计主要包括设计和确定教学目标、分析和了解学生实际、合理分配教学时间、分析和组织教学内容、选择教学方式和媒体资源、设计教学评价六个方面。

二、篮球教学设计的理念

》》（一）树立新的教育观、学生观和质量观

现代篮球教学设计要求围绕"培养什么人、怎样培养人、为谁培养人"这一根本问题，坚持立德树人根本任务，以德、技并修为目标，以学科（课程）核心素养为抓手，以身体练习为主要手段，树立新的教育观、学生观和质量观。所谓新的教育观，就是篮球教学要以学生发展为中心，坚持"健康第一"的指导思想，培养学生的体育品德、创新精神和实践能力。所谓新的学生观，就是在篮球教学过程中要把学生看成活生生的，具有独立思想、认识见解、身体基础、技术基础的人，尊重学生的独立人格和人格平等，突出篮球教育过程中学生的主体地位。所谓新的质量观，就是教师要注重学生的篮球技术技能和体能方面的发展，但更要注重学生体育品德、创新精神和实践能力方面的发展。既要注重短期有形指标（体质增强、技能提升、知识掌握）的变化，也要注重长远无形指标（以"为国争光、无私奉献、科学求实、遵纪守法、团结协作、顽强拼搏"为主要内容的体育精神）的发展变化。

》》（二）打破传统篮球技能传习式教学设计理念，创新逆向教学设计

传统篮球教学设计遵循技能传习式教学理念，存在三种教学设计倾向：第一，强调以教师为中心的教学设计。一切教学设计都围绕着"如何教"进行，把学生当成接受篮球知识技能的容器，教学是教师向学生灌输篮球知识和技能的过程，注重篮球知识和技能的传

授，强调篮球教学组织的规范。第二，强调以知识和技能体系为中心的教学设计。教师过分强调教材内容的系统性、严谨性，遵循技术传授过程的规律性和教学原则，片面地追求篮球教学中篮球知识和技能的灌输和接受的效率。第三，强调以课堂为中心的教学设计。以系统地掌握篮球技能为目标，忽视师生之间、生生之间应有的情感交流，使学生的学始终围绕教师的教而转，学生常处于被动接受状态，丧失了学习过程中的主动性和自主性。

现代篮球教学设计强调以学生发展为中心，选择适合学习者特点和学习任务的教学策略，侧重学法指导、情景创设、问题引导、手段使用、反馈调控等策略。教学设计打破为教师教学服务的理念，创新为学生学习服务的理念，采用逆向教学设计，先确定学生篮球学习的高阶预期结果，再确定可测量、可评价的合适的评估证据，最后设计学生学习体验和教学的过程。因此教学设计的逻辑起点由教材内容转向学习目标，依据《体育与健康课程标准》，教学目标由技能目标向思政引领下的认知、技能和情感目标的融合转变。教学内容由硬性规定向根据现实条件自主选择转变，教学策略由以机械性的被动模仿、被动接受、被动顺从为主要特征的技能灌输式学习向以自主体验、互助交往和创新为主要特征的探究式、合作式、讨论式学练转变；由以规范动作的讲解示范为主要形式的直接呈现方式向以学生思考、体验、感悟、探索、试错为主要形式的间接呈现方式转变；由传统的教师教、学生学的单向信息传递活动向师生双方相互交流、相互沟通、教学相长、共同发展的方向转变。教学评价由以终结性评价为主向终结性和形成性相结合的评价方式转变，教学组织由强调纪律性和规范性的整齐划一向强调灵活性和多样性的自主学习转变。

》》（三）坚持系统观念，创新"教会、勤练、常赛"一体化篮球教学设计

系统观念是具有基础性的思想和工作方法，篮球教育教学设计要以系统观念实现教育教学由"传统三中心"（教材、教师、场地）向"新三中心"（学生发展、学生学习、学习效果）的转变。强调尊重学生的个体差异、满足学生的需求，以促进学生的学习和发展为目的，以脑科学、认知科学和学习科学为理论基础，以现代化信息技术手段为抓手推进课内外一体化教学设计，创新"教会、勤练、常赛"的篮球课新模式，把"教会、勤练、常赛"的内容与形式做系统化规划和设计。课堂上教师教会学生健康知识、基本运动技能和篮球运动技能，课外让学生去熟练在课堂上学到的健康知识、基本运动技能和篮球运动技能，同时搭建学生均可参与的篮球竞赛平台，实现享受乐趣、增强体质、健全人格、锤炼意志的篮球教学终极目标。

第二节
篮球教学文件设计

一、篮球教学文件设计依据

》》（一）高校篮球课程教学文件设计依据

1999 年 6 月，中共中央、国务院下发的《关于深化教育改革全面推进素质教育的决定》指出："学校教育要树立健康第一的指导思想，切实加强体育工作，使学生掌握基本的运动技能，养成坚持锻炼身体的良好习惯。"在这一思想指导下，教育部 2002 年下发实施《全国普通高等学校体育课程教学指导纲要》，高校体育课确定了运动参与、运动技能、身体健康、心理健康和社会适应五个领域的目标，指出了学生具有自主选择课程内容的原则。2014 年下发的《高等学校体育工作基本标准》规定：必须为一、二年级本科学生开设不少于 144 学时（专科生不少于 108 学时）的体育必修课，每周安排体育课不少于 2 学时，每学时不少于 45 分钟，开设不少于 15 门的体育项目。篮球课程是各高校普遍开设的体育课程，应根据高校定位和培养目标自行编写篮球教学大纲，然后依据大纲设计教学进度，依据教学进度编写课时计划。

》》（二）中小学篮球课程教学文件设计依据

《体育与健康课程》是为义务教育阶段、普通高中和中等职业学校中小学生开设的以身体练习为主要手段，以增进中小学生健康为主要目的的必修课程。篮球作为《体育与健康课程》的一个项目，属于体育课程内容的一部分。2011 年教育部印发了针对小学和初中学生的《义务教育体育与健康课程标准》（以下简称《课程标准》），2017 年以来先后印发了针对普通高中和中等职业学校的《体育与健康课程标准》，篮球课程教学文件设计融入体育课程设计。

二、体育教学文件设计的分类和界定

根据中小学《课程标准》，体育教学设计分为宏观、中观和微观三个层次，学段、水平、年度、学期、单元和课时计划设计六个层级。宏观包括学段和水平体育教学设计，中观包括学年和学期体育教学设计，微观包括模块／单元和课时体育教学设计。体育教学设

计的成果为体育教学计划，具体表现形式为学年体育教学计划、学期体育教学计划、（大）单元体育教学计划和课时体育教学计划。

中小学生的学段分为小学、初中和高中三个学段，义务教育学段分为水平一（1—2年级）、水平二（3—4年级）、水平三（5—6年级）、水平四（7—9年级）四级水平，并在运动参与、运动技能、身体健康、心理健康和社会适应五个方面分别设置了相应的学习目标。高中教育阶段按水平一和水平二进行学业质量评价，围绕学科核心素养在运动能力、健康行为和体育品德三方面分别设置了相应的学习目标。

学年体育教学文件设计是依据中小学生所处学段水平等级的教学目标确定各学年教学目标，依据各学年教学目标确定评价内容和标准，然后再精选包括体能、项目运动技能和健康行为知识等教学内容，以年级为单位，依据《课程标准》的要求，结合学校实际和学生年龄特点，将课程目标要求、教材内容、教学时数、考核项目与标准合理地分配到两个学期中形成学年体育教学计划。

学期体育教学文件设计是根据学年体育教学计划，将规定的教学内容按一个学期的教学周次和课次进行合理安排，形成每个学期的教学计划。它使体育课堂教学更加体现出操作性和计划性，并为编制单元体育教学设计做好准备。学期体育教学设计是教师编写单元体育教学和课时教学设计的直接依据。

单元体育教学文件设计是依据学期教学进度安排，将学习内容按性质分单元进行教学工作安排，进而形成单元体育教学计划，它是教师编写教案的直接参考依据。主要任务是将单元教学计划中主要的教学内容，按照学期教学计划中确定的课次顺序安排出每次的教学目标、教学内容、教学步骤方法、教学重难点等。新课改对发展学生素养提出新要求，以大概念、大主题和大任务对学习内容进行分析、整合、重组、开发，转变6~8学时的技术小单元教学为至少18学时或学期的主题大单元教学。课时教学计划（教案）是根据学期教学计划、单元教学计划以及学生特点和场地器材等教学实际情况，预先设计的一堂体育课的教学方案，是教师完成一堂体育课的具体行动计划，是备课结果的书面表现，也是体育教学设计的归宿。

三、篮球教学文件设计的指导思想

根据《体育与健康课程标准》，针对中小学生的体育教学设计要符合其身心发展规律和特点，以学生发展为本，树立"健康第一"的指导思想，选择合理的体育教育教学方式和方法。小学体育课实施趣味化教学，初中体育课实施多样化教学，高中体育课实施专项化教学。小学1—3年级学生的体育教学设计以体育游戏融入身体最基本的活动形式为主，教学方法与手段力求趣味性、活动性和多样性；小学4—6年级学生的体育教学设计以基础运动的动作方法融入游戏为主；初中学生的体育教学设计以多个运动项目、多样运动技能、多种练习方法为主，探索初二学生男女分班教学形式，初三学生选项分班教学形式。高中学生的体育教学设计以专项技能以及与之相匹配的体能为主要发展目标，学生可根据自己的兴趣自主选择某一体育运动项目作为相对稳定的学习方向，以掌握和提高该专项技能为主要内容，同时学习相关知识，发展相关体能并逐步养成参加体育活动的习惯。

对于篮球教学文件设计而言，义务教育阶段根据学年和学期体育教学文件设计的总体安排，包括队列队形、大课间常规内容、基本身体素质、考试技能、学校特色项目课程和专项课程项目等。篮球项目仅是教学内容的一部分，因此教学设计在兼顾其他教学内容的同时，重点围绕篮球单元教学设计和课时教学设计开展。高中阶段实施选项教学，在兼顾其他内容的同时围绕篮球项目内容设计学年教学计划、学期教学计划、单元教学计划和课时教学计划。

四、 篮球教学文件设计与案例

》》（一）学年篮球教学计划制定

根据《体育与健康课程标准》，教师要从学生的实际出发，学习和领会标准精神，自主选择教学内容，合理确定教学内容的时数比例，注意教学内容安排的系统性和连贯性。例如根据普通高中体育与健康课程结构（图8-2-1），要求学生在学校开设的若干运动项目中进行自主选择，较为系统地学习 1～3 个运动项目，培养运动爱好和专长，养成体育锻炼习惯。作为深受学生喜爱的篮球项目，开设时间较长，需要在融入体能和健康教育内容的基础上设计学年篮球教学计划。具体设计步骤如下：

（1）依据《体育与健康课程标准》的学科（课程）核心素养目标要求和学生选定的运动项目，钻研体育教材，确定学习目标；

（2）依据学习目标制订可测量、可评价的年度考核和评价内容，根据教材性质、任务、作用、学生的情况和季节的特点，安排考试的项目、标准和日期；

（3）根据学校条件、学生身心发展特点等，确定本年级教学内容；

（4）结合本校具体情况，确定本学年每学期实际上课时数；

（5）根据教材的难易程度和教学需要，确定不同教材内容的授课时数；

（6）将选择好的教材，按其教学时数合理地分配到两个学期中去。

学年篮球教学计划编写模板见表8-2-1，表中学科（课程）素养按照运动能力（体能和运动技能）、健康行为和体育品德等进行填写，教学目标是根据学生特征和相应学科素养确定的预期结果，教学内容包括《国家学生体质健康标准》要求达标的体能项目、队列队形、大课间常规项目、特色课程项目、专项课程项目和健康知识等。课时是针对一节课

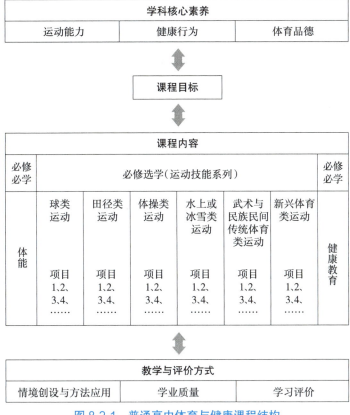

图 8-2-1　普通高中体育与健康课程结构

的时间而言，指连续教学的时间单位。时数是指完成相应教学内容所需的课的节数。"课次"是针对教学内容而言，指完成相应教学内容所需课时次数。区分课时和课次的主要目的在于提倡教材内容的合理搭配，提倡双教材内容上课。测试项目是每学期测试的内容。具体案例见表 8-2-2。

表 8-2-1　学年篮球教学计划模板

学科（课程）素养	教学目标	教学内容	全学年		第一学期		第二学期	
			时数	课次	时数	课次	时数	课次

续表

学科（课程）素养	教学目标	教学内容	全学年		第一学期		第二学期	
			时数	课次	时数	课次	时数	课次
	总计							
测试项目	第一学期							
	第二学期							

表 8-2-2　高一学生学年体育教学计划案例

学科素养	学习目标	教学内容	全学年		第一学期		第二学期	
			时数	课次	时数	课次	时数	课次
体能	达到《国家学生体质健康标准》的合格水平；具备未来从事职业基本体能的水平。	速度（50 m）	18	36	9	18	9	18
		柔韧（坐位体前屈）						
		爆发（立定跳远）						
		力量：引体向上（仰卧起坐）						
		耐力：1000 m（800 m）						
		灵敏和协调						
运动技能	能跟随音乐熟练完成广播体操；能与同伴配合完成队形组合；喜爱篮球项目，能欣赏篮球比赛，并在比赛中合理运用基本技战术。	广播体操	45	90	5	10	5	10
		队列队形			2	4	3	6
		篮球			15	30	15	30

学科素养	学习目标	教学内容	全学年		第一学期		第二学期	
			时数	课次	时数	课次	时数	课次
健康行为	了解维护个人健康的基本知识，养成良好锻炼习惯，能够控制情绪，主动与人合作。	健康知识	9	18	1	2	1	2
		合理营养			1	2	1	2
		运动损伤预防			1	2	1	2
		锻炼计划制定			1	2	2	4
		心理健康	融合到日常教学中					
体育品德	具有公平竞争的责任意识，主动遵守规则，能够正确面对胜负，具有良好的团队意识。	责任意识	把体育品德培养融合到日常教学中					
		规则意识						
		团队意识						
		勤奋热情						
总计			72	144	36		36	
测试项目	第一学期	坐位体前屈；广播操；立定跳远；篮球运球投篮；三对三比赛						
	第二学期	体质测试五项；篮球运球投篮；三对三比赛						

≫（二）学期篮球教学计划制定

1.学期篮球教学计划设计步骤

学期篮球教学计划是针对每个学期体育教学工作进行的教学设计工作，其结果是形成每个学期的教学方案，是将规定的篮球教学内容按一个学期的教学周次和课次进行合理安排，形成具有操作性和计划性的学期教学进度。教学内容安排要考虑学生的学习负担和生理负担，促进学生的全面发展。具体设计步骤如下：

（1）熟悉学年度教学计划，分析本学期篮球教学内容；

（2）计算各项教学内容在本学期的上课次数（课次）；

（3）将本学期各项教学内容按课次系统地排列到每次课中去；

（4）检查学期教学内容总体分布、每项教学内容出现次数和教学内容搭配的合理性，以及每次课基本教学内容数量符合要求的情况。

2.学期篮球教学计划各要素的撰写方法

学期篮球教学计划包括指导思想、教学目标、学情分析、教学工作要求、考核项目和教学进度等内容，其中教学进度是核心内容，具体模板见表8-2-3。周次是一学期教学周的次序，课次是每周篮球课的次序。教学内容是本次课学练的主要内容（主教材＋副教材），属于课基本部分的主要内容。教学内容安排要循序渐进、前后衔接，教学形式指理论、实践、实训，具体案例见表8-2-4。

表 8-2-3　学期篮球教学进度模板

周次	课次	教学内容	教学形式

表 8-2-4　学期篮球教学计划案例

周次	课次	教学内容	教学形式
2	1	测试诊断学生的技术状况，设计技术标准	实践
2	2	团队控制球、三威胁、传接球	实践
3	3	团队控制球、如何得分——原地投篮和行进间投篮	实践
3	4	篮球竞赛规则	理论
4	5	团队控制球、持球突破、投篮	实践
4	6	摆脱接球、持球突破、急停投篮	实践
5	7	摆脱接球、个人控制球——运球、急停投篮	实践
5	8	个人控制球、运球突破、急停投篮	实践
6	9	拼抢球——防守持球队员、防守运球队员	实践
6	10	拼抢球——防守有球队员、防守无球队员	实践

≫（三）单元篮球教学计划制定

1. 单元篮球教学计划设计步骤

　　单元篮球教学计划是依据学期教学计划的进度安排，将篮球学习内容按性质分单元进行编写的教学计划，它是教师编写教案的直接参考依据。单元教学计划设计的科学性主要取决于教师对教学内容的性质和特点的把握，要尽量克服为"教技术而教技术"，最大限度地发挥教学内容的多元教育功能。单元教学目标的制定要面向全体学生，保证绝大多数学生能完成教学目标。教法步骤的设计要注意融入学生主动学习的策略与方法，本着促进学生全面发展的目的，设计多元化和可操作的单元教学评价方法，关注学生的学习进步及学习态度的变化，设计模板见表 8-2-5。具体设计步骤如下：

（1）确立教学单元的指导思想或者教学理念；

（2）开展教材和学情分析；

（3）确定各项教学内容的总体教学目标和要求；

（4）根据学习内容的时数和难易程度确定每次课的具体目标和教学重点；

（5）根据每次课的教学重点和教学目标确定每次课的教法步骤；

（6）确定考核方法和评价标准。

表 8-2-5　单元篮球教学计划模板

年级		学期	课次		教师	
指导思想						
教材分析						
学情分析						
单元教学目标						
课次	教学内容		学习目标	重点难点	教与学的主要方法和手段	
1						
2						
3						
4						
5						
学习评价	技能评价标准： 评价方法：					
安全保障						

2. 单元篮球教学计划中各要素撰写方法

1）指导思想

任何行动都受一定思想、观点或理论的指导和支配，而指导和支配我们行动的思想、观点或理论则为指导思想。指导思想近似于行动指南，即应该怎样做、往哪个方面做，以及怎样做的设想。任何体育课的设计都是在指导思想的统帅下进行的，通常依据现代教育教学理念、学生水平、教材内容的特性、预期教学目标以及教育教学规律和原则提出指导思想。因此完整的指导思想至少包括四个方面的内容：第一，教学设计采用什么教育教学理念，即解决"怎样做"的问题；第二，采用什么样的设计思路，即解决"往哪个方面做"的问题；第三，指出设计目的是什么，即解决"这样做的设想"的问题；第四，表明设计思想上有何新意，即解决"与众不同"的问题（案例1）。

案例1:

　　坚持"以人为本"的课程理念。以篮球传切配合中如何快速摆脱防守及侧身切入跑动接球的学练为突破口,通过问题引领、层层递进、小组学习、分层练习等多种教学方法与手段,促使大部分学生能够有效掌握摆脱防守切入的方法,选择合理的跑动路线。充分感受篮球运动带来乐趣的同时,提升篮球基础战术素养,提高学生的合作意识与学习能力,培养学生积极思考、相互关爱、不畏困难的意志品质。

　　2)教材分析

　　教材是指教学内容或教学主题,一般从三方面进行分析。第一,分析教材的特点,包括教材的技能型、体能型、综合型特点,教材的技术特点以及教材的运动负荷特点;第二,分析教材的价值特点,包括教材的德育价值、健身价值、娱乐价值以及教材与学生日常生活的关联度和对学生终身体育的影响效果;第三,分析教材对学生的适切性,包括教材适合该年龄段学生心理水平、认知水平、运动技术技能水平以及身体素质基础的情况,同时分析学生在学习教材时可能会遇到的困难或出现的错误以及解决的相应措施。

　　教材分析应从以下几个方面撰写:第一,指出本次课是单元里的第几次课或者本单元几次课;第二,分析教材的一般特点(教材的属性、技术特点和运动负荷);第三,分析教材的价值(德育、健身、娱乐与长效性);第四,分析教材对学生的适切性;第五,分析教材的重点与难点;第六,分析教材的安全隐患。整个分析应该简洁,要做到客观、准确、合理、到位,格式规范,条理清晰(案例2)。

案例2:

　　本次课是篮球单元教学中的第二课次。篮球"传切配合"是高中《体育与健康》基本内容中进攻基础配合的教学内容,是进攻队员之间利用传球和切入技术所组成的一种基础配合。作为一种基本的战术配合,适合高中生学习。它不仅可以发展力量、速度、灵敏等身体素质,而且能提高心理抗挫折能力,能培养机智果断和团结合作的良好品质。教学重点是摆脱防守切入的方法和跑动路线,教学难点是对切入与传球时机的把握。教师提示学生着装要符合篮球比赛的要求,加强场地设施器材的管理,避免安全隐患。

　　3)学情分析

　　学情分析是体育教学设计的基础,学情分析的撰写水平可以反映体育课设计者的理论水平、认识高度、思想深度,以及意图和能力。

　　学情分析包括学生自身情况的分析、学生学习情况的分析以及与学生有关情况的分析三方面。学生自身情况的分析主要是陈述班级学生的基本信息,并对学生生理、认知和心理等一般特征做简要分析。包括对学生所在班级(年龄)、人数、性别比例等的简单介绍;由年龄、性别所决定的并与发育状况相关联的情况如生理特点、认知水平、心理特征等;对学生的学习情况进行分析,如介绍学生的体育知识、技能基础,即学生当前的状态;分析班级学生的思想、情感、态度、班风和组织纪律等;分析与学生有关的情况,包括种族、地区和家庭文化背景等方面;还有校园体育文化的氛围、学校课外体育活动开展情况、班主任的态度等方面的分析(案例3)。

案例3：

本课的授课对象为高二（9、10）男生。他们酷爱篮球运动，身体素质较好，且乐于合作、善于思考，接受能力强。本校是上海市篮球传统学校，有着良好的篮球学习氛围，大部分学生已具备一定的篮球基本技术基础。高二男生由于具有一定的思考和自学能力，因此本课在安排学习内容时，尽量让学生带着问题去尝试，并在教师引导下主动体验、合作学练，提高其实战技能。

4）教学目标

体育教学目标是指在一定的时间内，体育教学所要达到的预期标准或结果。一定时间内包括从几年到一个学期再到一个大单元或一次体育课，从时间长短看，体育教学目标可以分为体育课程目标、学段（水平）体育教学目标、学年体育教学目标、学期体育教学目标、单元体育教学目标、体育课教学目标。体育课程教学目标分为情感与品德培养目标（运动参与＋心理健康＋社会适应）、身体健康（体能）目标和运动知识与技能目标三个维度。

≫（四）篮球课时教学计划制定

1. 篮球课时教学计划设计步骤

篮球课时教学计划（教案）是根据学期教学计划、单元教学计划以及学生特点和场地器材等教学实际情况，预先设计的一堂篮球课的教学方案，是教师完成一堂篮球课的具体行动计划。篮球教案设计既要全面具体、具有可操作性，同时要简明扼要，体现出篮球学科的特点和规律，采用的教学手段要加强培养学生的合作意识和能力（具体篮球课时教学计划模板见表8-2-6）。具体设计步骤如下：

（1）准备工作：设计教案前需要学习篮球教材等相关内容，全面了解学生情况和学校条件等。

（2）制定篮球课的教学目标：教学目标是篮球课结束后学生在知识、技能、体能、情感态度等方面达到的程度，尽量全面、具体，并具有可操作性和可评价性。

（3）设计课的结构：一般划分为准备部分、基本部分和结束部分三个部分，或开始部分、准备部分、基本部分和结束部分四个部分，也可按照学生在篮球课中认知及心理活动变化的特点和规律来划分篮球课结构。

（4）按照篮球课的结构安排教学内容、组织教法和教学要求。

（5）分配篮球课各部分的时间以及各项教学内容所需的时间。

（6）安排各项练习的运动负荷。

（7）安排场地器材。

（8）预计教学效果：主要围绕教学目标的达成度来预计教学效果，包括篮球知识和技能、情感态度、体能方面的效果。

（9）课后小结与反思。

2. 课时篮球教学计划的各要素撰写方法

表 8-2-6　篮球课时教学计划模板

年级		人数		日期		执教	
班级		组班形式		周次		课次	
内容主题				重点			
				难点			
教学目标							

课序	时间	教学内容	运动负荷			教与学的活动	组织与队形
			次数	时间	强度		
准备部分	4′	一、课堂常规 1.…… 2.…… 3.…… 二、热身小游戏 1.…… 2.…… 3.……		3′	小	◎ …… ◇ …… ☆ ……	图形： 要求： 1.…… 2.……
基本部分	18′	一、基本教材 1.…… 2.…… 3.……		2′ 2′ 1′ 30″		◎ …… ◇ …… ☆ ……	图形： 要求： 1.…… 2.……
	10′	二、游戏（或综合性练习） 1.…… 2.…… 3.……		2′		◎ …… ◇ …… ☆ ……	图形： 要求： 1.…… 2.……
结束部分	3′	一、整理放松活动 二、小结讲评		1′ 30″			

场地器材			安全保障			
			预计	练习密度		强度
				全课	内容主题	

课后小结	

1）内容主题

与内容主题类似的名词有教学内容、学习内容、教材内容，指教材的名称或运动项目的名称，是出现在基本部分的主教材或主教材＋副教材，小学以"主教材＋游戏"、中学以"主教材＋体能练习"的搭配模式比较普遍。写好内容主题，可了解本课内容、整个教学单元的课次、具体课序，并可推测本节课的重难点以及教学目标。

内容主题撰写的基本格式包括"内容""主题""课时"和"课序"四个基本要素，应有明确的主题数量，表达要简短、鲜明，目的性和指向性需强。例如"篮球：原地单手肩上投篮，5-（1）"即篮球的教学内容，主题为原地单手肩上投篮，单元教学5学时，本次课是第1次课（案例4）。

案例4：
1. 篮球：传切配合，5-（2）。 2. 体能：课课练。

2）重难点

教学重点是指教材中技术环节的关键部分，应是学期篮球教学进度与单元篮球教学计划中的主教材，是一节课的主要任务。教学难点是指学生学练过程中难以掌握的环节或部分，是教师需要花费更多时间和精力进行教与学练的内容。教学重点和难点很难截然分开，一节课不止一个教学重点，一般仅解决一个难点。

重难点的确定要符合一定的技术特点和教学实际。确定重点要联系教学目标，确定难点要符合教材内容和学生实际，任何一节课的教学内容都有重点，但不一定都有难点（案例5）。

案例5：
重点：摆脱防守切入的方法和跑动路线。 难点：对切入与传球时机的把握。

3）教学目标

教学目标是在一节篮球课内，篮球教学所要达到的预期标准或结果，是课程目标的最下位目标。体育课程教学目标的分类有很多，海德洛特将体育课程教学目标分为认知目标、情感目标、运动技能目标和增强体质目标四个维度；《体育与健康课程标准》将目标分为运动参与、运动技能、身体健康、心理健康和社会适应四个领域；邵伟德把目标确定为道德情感目标（运动参与＋心理健康＋社会适应）、身体健康（体能）目标、运动知识与技能目标（认知目标＋技能目标）三个纬度。综合各方观点建议把体育课程教学目标分为：情感与品德培养目标（运动参与＋心理健康＋社会适应）、身体健康（体能）目标和运动知识与技能目标。

一节课的教学目标应该根据单元教学目标、本次课的教学内容、学生情况等进行制定，并反映出以身体练习为主要手段，以体育知识技能和方法的学习为主要内容的体育学科的本质特征。一般认为，课时教学目标最好不超过三个，依据教学内容、学生实际情况、场地器材条件以及教师教育教学理念和能力制定教学目标。篮球课教学目标可从认知目标、技能目标、情感目标三方面或认知目标、技能目标、情感目标、体能目标四方面进行撰写。要以运动技能和体能目标为核心目标，体现篮球课程的学科特性，每个教学子目标的设计要明确、具体、可观察、可达成。

按照布鲁姆目标分类法，认知目标可从六个维度设计：知道、理解、应用、分析、综合、评价；技能目标可从七个维度设计：分析、评价、知觉、模仿、生成、熟练、创新；情感目标可从四个维度设计：感受、反应、判断、态度。

一个完整、明确、具体的教学目标的表述应该包含四个要素：教学对象、条件、学习行为和标准。教学对象是学练活动的主体，即学生；条件是指学练活动的条件；学习行为是指学练活动的具体行为；程度是指活动达到的具体程度。按照上述四个要素的要求，设计和编写单个篮球教学目标的方法和步骤是：①从行为主体开始；②描述由学生完成的动作或行为；③学生为完成学习内容而需要的条件；④学生完成学习内容时所应达到的最低标准。

表述教学对象一般采用"学生……""大多数学生……""全班学生……""80%学生……"等开头方式。学习行为可在学生学练过程中进行观察、测量，用一些行为动词来表述，如"掌握""理解""学会""知道"等。条件通常采用介词短语来表示，如"在……情况下""根据……""经过……"等。程度主要是学生通过一定学练过程之后他们的学练行为获得了什么样的结果，达到了什么样的水平或标准（案例6）。

案例6：

认知目标：学生能在同伴提示下阐明原地单手肩上投篮的5处易犯错误。

技能目标：80%的学生能够在限制区两侧中立区位置规范做原地单手肩上投篮，10次至少命中5次。

情感目标：学生能够愉悦地与同伴合作完成传接球游戏练习。

体能目标：学生以每次不低于10秒的速度完成8次端线折返跑练习。

4）课序

与课序类似名词有"课的结构""课的部分""流程""结构""教学过程""教学环节""内容与时间""教学顺序""教学阶段""教学步骤""教学进程"等，反映的是一种时间和空间顺序。按照"准备部分、基本部分和结束部分"划分的"三段式"结构，或按照"开始部分、准备部分、基本部分和结束部分"划分的"四段式"结构是篮球课的基本结构。也有教师按照六段式设计课序：一、课堂导入（课堂常规）；二、热身活动；三、主教材；四、副教材；五、放松练习；六、小结。不论如何设计课序，篮球课结构的划分要以追求实际教学效果为准则，防止表面上的形式主义。

5）时间

时间从结构上看，包括准备部分的时间、基本部分的时间和结束部分的时间。准备部分的时间包括执行教学常规的时间和完成准备活动的时间，基本部分的时间包括完成主教材和副教材的时间，结束部分的时间包括完成放松活动的时间和小结与讲评的时间，每一部分内容要分别标记。时间估算与表达方式一般以"分钟"为最小单位，时间的表示方式为"4′""4′30″"或"4-5′"，各个部分的时间要尽可能地估算准确，减少出现例如"4-5′"或"27-28′"的表达方式，各个部分的时间总和不能超过一节课的总时间。

　　6）教学内容

　　与教学内容类似的名词有"学习内容""活动内容""课堂内容"等，教学内容就是教学步骤、教学过程，是一系列活动方式的呈现，主要体现为一个主教材和一个副教材的合理搭配，是主教材和副教材的处理问题。教材的处理分为完整法处理，分解法处理和趣味化、游戏化处理三类。像双手胸前传球的、技术相对简单，可采用完整法处理；原地单手肩上投篮技术相对复杂，可采用分解法处理。趣味化、游戏化处理是指对竞技体育项目等相关内容进行改造，使之与学生的生活更加接近，富有乐趣或以游戏形式呈现的一种教材处理方法。竞技篮球的具体改造方式有：简化规则、改进器材降低难度、变换场地环境、改变人员组合形式，以及制定特定规则，例如不允许运球的篮球比赛、传球比多游戏、抢篮板球比赛等。

　　准备部分包括课堂常规和准备活动，课堂常规主要包括四大块内容：集合整队、师生问好、宣布本课内容和安排见习生，书写要简洁、全面（案例7）。

案例7：	
一、课堂常规 1. 体育委员整队，报告人数； 2. 师生问好； 3. 宣布课堂内容； 4. 安全教育与要求； 5. 安排见习生活动。	二、准备活动 1. 球操 ①持球振臂 ②绕三环 ③胯下"8"字围绕 ④前压腿绕球 ⑤高抬腿"8"字绕球 …… 2. 热身游戏：运球贴人 方法：运球追击，向圆圈上贴人时必须喊"贴"，追击过程中被触到反抓，听到教师哨声反抓。

　　准备活动包括一般性准备活动和专门性准备活动，现代准备活动的目的除了通过热身活动避免运动损伤，调动思想和心理进入工作状态外，还要形成正确的动作模式，纠正常犯的错误动作和保护身体薄弱环节，并增加局部肌肉力量。因此准备活动内容的选择要注意全面性、针对性、多样性和新颖性，并结合基本部分内容和课堂整体效果综合考虑。

　　教案中准备活动设计的内容包括绕场运球跑动、球性练习、球操、游戏、专项练习、动态拉伸等，每项内容只需标明活动的名称。球操练习不必每节都画小人图及配上"动作要领"热身游戏"，不必有详尽的游戏方法（新教师需要）。

基本部分是篮球课堂教学的主体部分，是达成教学目标的基本保证，占整个体育课教学时间的绝大部分。从教师设计与编写课时篮球教学计划投入的时间和精力来看，基本部分是教师需要投入时间和精力最多的地方。

基本部分是教学内容的设计，也是教学步骤的展示，主教材详写，副教材略写。围绕主教材标明每一步练习（活动）的主题（名称），每个练习的动作要领或说明可用概括的口诀（关键词）做简要的说明和必要的解释，不是必须书写的内容。切记不能大段地照抄教科书中有关动作要领的描述，动作要领要精写。也可以用技术结构简图进行表达，根据需要简述纠正错误动作与帮助的方法（案例8）。

案例8:	
一、传切配合（主教材）	
1.徒手摆脱、侧身切入模仿练习	
①原地碎步	
②碎步接交叉步突破	
③两人迎面交叉步探肩练习	
2."一传一切"配合	二、体能练习（课课练）
①无防守的纵切	1.单手俯卧运球（一手撑地，一手运球）
②无防守的横切	2.篮球场运球见线折返跑
3.有防守的"一传一切"配合	
4.空切配合	
①学习空切配合战术	
②无防守空切配合	
③有防守空切配合	

结束部分是有组织地结束教学活动，使机体从工作状态逐渐过渡到相对的安静状态，并对学生学练等课堂情况进行小结与讲评，包括放松活动和小结讲评两部分。放松活动安排比较轻快的游戏、轻松的舞蹈、慢走、慢跑，及较简单的徒手练习、放松练习、心理调节练习、静力拉伸、相互按摩与自我按摩等。师生对课堂的学练情况进行点评，对好人好事进行表扬，布置课后作业，并简要地提示下次课的内容和要求等，有组织地收拾场地、器材（案例9）。

案例9:	
一、放松活动	一、放松活动
快乐拉伸练习5节（音伴）	1.收球接力
二、小结讲评	2.静力拉伸
1.小结	二、小结讲评
2.宣布下课	1.评价小结
3.收拾器材	2.宣布下课

7）运动负荷

运动负荷是人体在体育活动中所承受的生理、心理负荷量以及消耗的热量，完成练习的运动强度与持续时间，以及动作的准确性和运动项目特点等因素决定运动量的大小。运动负荷安排大小的标准以能否增进学生身体健康为主要目的。教案中"运动负荷"栏目下分为"次数""时间"和"强度"三个栏目，次数指每个学生学练过程中实际完成的练习次数或组数，可用练习持续时间长短、距离长短等表示，计算时以单个学生为参照体。"时间"是指完成每一步练习内容的时间，"练习一""练习二"和"练习三"分别都有一个时间。从练习开始姿势到结束姿势，所有练习的运动负荷总时间小于本课总时间。强度一般用"大""中""小"等表示，强度指数的计算方法是：强度指数 = 平均心率 / 安静心率，具体见表 8-2-7。

表 8-2-7　强度指数评价表

指数	2 以上	1.8 ~ 1.99	1.5 ~ 1.79	1.2 ~ 1.49	1.2 以下
强度	最大	大	中	小	最小

准备部分中课堂常规的"次数、时间、强度"一栏应是空格，不需填写任何内容，因为学生没有进行任何身体练习。准备活动的教学内容若是徒手操，次数则写上 4×8 拍。若是游戏，则表明完成游戏的次（组）数，即游戏要重复完成几次（组）；时间一栏，若教学内容是徒手操，每节操约 20 秒，7 节徒手操预计用时 140 秒，在相应栏目中填上"20″×7＝140″＝2′20″"即可。若教学内容是游戏，预计做完 1 次游戏用时 50 秒，做完 2 次预计用时 100 秒，在相应栏目中填上"50″×2＝100″＝1′40″"即可；强度一栏，若教学内容是徒手操，相应栏目标上"小"。若"教学内容"是游戏，根据经验判断，定为"中"或"小"。

填写基本部分主（副）教材的次数、时间、强度时，若主教材分 4 个练习（或称练习步骤），要用数字分别标明每个练习的次数、时间，用"小""大""中"或"中上"等分别标明每个练习的强度。

结束部分中放松活动的次数、时间、强度，一般有详写与略写。如果内容少且简单则略写，标上一个总次数、总时间或"小"即可。小结讲评中的次数、时间、强度应该是空格，不需要填写任何内容。

8）教与学的活动

与"教与学的活动"类似的名词有"教法与学法""教师与学生的活动""教与学的方法"等。教与学的活动撰写的内容一般包括"教的活动""学的活动"和"要求"三个方面。在表述上应重视"教"与"学"在时间和空间上的排列和先后顺序，即什么时候教、什么时候学，其前后顺序要清楚。表述方式可以为教法（◎）—学法（◇）—要求（☆）。

"教的活动"主要指教师施教过程中是怎样做的、做了些什么，即教师的所作所为。

"学的活动"主要指学生在学练过程需要怎样做、怎样做到的、做了些什么，即学生的所作所为。"要求"是指教师在学生学练过程中对技术掌握、学练效率、认真及准备程度、精神和情绪状况、观察和思考、配合教师等方面提出的规定。

"教与学的活动"的设计要顺应当前素质教育的发展潮流，重视学生的"学的活动"的设计，在设计的具体操作上要把握以下几个方面：要设计一定的提问与师生互动环节、讨论环节、探索环节、学生展示环节；要设置书面作业环节；要尽可能地多使用现代信息技术等教学手段。

准备部分中的"教与学的活动"应该与"课堂常规"和"热身活动"一一对应（案例10）；基本部分中的"教与学的活动"应该与"教学内容"中的学练内容一一对应（案例11、案例12）；结束部分中的"教与学的活动"应该与"放松活动"和"小结讲评"一一对应（案例13）。建议采用"教法—学法—要求"的表达方式，在时间和空间顺序上比较清晰。课堂的导入手法要求新颖，教法与学法的设计要以体现学生主体地位（主体性）为导向。"教的活动""学的活动"在具体表述上应该体现教师"教"的行为和学生"学"的行为，且在用词上要尽可能简洁，"要求"在表述上也应该简洁。

案例 10：

教与学的活动（课堂常规）	教与学的活动（准备活动）
◎师生问好 ◎宣布课堂内容与要求 ◎采取提问的形式导入课堂 ◇体育委员整队、汇报人数 ◇集中注意力、认真听讲 ☆学生精神饱满，做到快、静、齐	◎教师领做 ◇在教师的带领下集体练习 ☆学生精神饱满，动作有力度 ◎讲解游戏方法，并调动学生情绪 ◇按照游戏方法和要求，激情参与 ☆学生情绪饱满，积极体验

案例 11：教与学的活动（主教材）

◎引导学生回顾上节课的内容，并提问：有效摆脱防守的方法？

设问1：合理切入的方法？

◇按要求集体体验侧身切入的模仿练习，在实践中探索答案。

☆做逼真的假动作，贴近、快速摆脱防守。

◎提示学生通过观察、模仿，进行贴近、快速摆脱防守，侧身切入，弧线跑动接球投篮的练习。

设问2：如何选择切入的跑动路线？

◇按要求分组学练，体验摆脱防守的切入方法与切入后侧身跑弧接球。

☆积极参与练习，快速摆脱防守，侧身跑动接球，传球及时、到位。

◎引导学生在面对防守时，摆脱防守切入篮下接球，完成投篮动作。

设问3：切入的目的？

◇在教师的指导下，敢于面对防守，勇于实践，合作互动，形成默契。

☆相互交流，增强信心。

☆防守由消极逐渐过渡积极。

设问4："一传一切"配合与空切配合有何关联？

◎利用挂图讲解战术特点及跑动要求。

◎教师与学生合作演示空切配合的运用时机和正确方法。

◎组织学生分组学练，教师巡视、指导、纠错。

◇无球队员突然摆脱防守，切向防守空隙区域，侧身接球投篮。

案例12：教与学的活动（副教材）
◎组织学生积极体验篮球运动身体素质练习的方法、手段。 ◇积极参与练习，观察、比较，加强合作。 ☆勇于挑战自我，练习时保持距离避免碰撞。

案例13：	
教与学的活动（放松活动）	教与学的活动（小结讲评）
◎采用语言引导的方式，营造舒适的气氛，进行集体放松练习 ◇学生跟随教师一起进行放松练习 ☆学生轻松愉快，身心放松	◎引导学生进行自我评价 ◇学生自我评价

9）组织与队形

组织与队形即教学组织是指篮球课教学中队伍的调动、队形的变换和维持。组织涉及练习从什么地方开始、到什么地方结束；采用什么样的练习方式、练习队和什么样的返回形式等。篮球课的组织与练习内容、场地变换、场地器材的布局以及教学目标等有关，调动队伍最直接的方法则是使用口令。

队伍调动和队形变换应遵循下列原则：简约性原则，即尽量减少调动次数，且调动尽可能简单；规范性原则，即运用的口令、手势要规范合理；灵活性原则。教学过程中课堂各部分过渡时的队伍调动、练习时队形的变化，都要有条理地呈现，要用合理的队形、科学的方法，使课堂教学的组织工作紧凑、严密、有序，一环套一环。

队列和队形是篮球教学组织过程中一种必不可少的教学手段。在集合、学生练习以及教师讲解与示范时都要用到。组织队形分为六种基本种类：密集型、方阵型、四周型（圆形、方形、三角形、菱形、十字形、U形、横队面对形）、扇面型、分组环聚型和散点型。

组织与队形和变换的注意事项是：第一，要体现现代体育教育理念，严松适度，既有利于创造宽松的学练环境，有利于学生创造性的发挥，又不过于限制学生必要的自由；第二，课堂的组织思路、"线条"要清晰，注意课堂各环节的自然过渡；第三，要尽可能少地调动队伍与变换队形；第四，要善用口令；第五，培养好小组长，使他们能积极配合教师完成课堂教学组织的各项程序与步骤；第六，队形的调动以有利于学生的学习为原则。

组织和队形的设计和撰写，一要交代清楚队伍是如何调动的；二要交代清楚学生学练时的队形，主要采用图例和配以文字说明的形式对组织和队形进行表述。当队形调动比较简单时，组织方法可以省略；比较复杂时，需要用简短的文字加以说明组织方法。

在准备部分中组织与队形对应课堂常规与热身活动两个环节，课堂常规结束后和热身活动的练习都需要队形调动。若热身活动有多个练习，则练习之间的队形调动和练习队形需要采用简图和配以文字说明的形式表述清楚（案例14）。

在基本部分中，从热身活动过渡到学习主教材前、主教材学练过程中各教学步骤之间、主教材学练结束到学练副教材时、副教材学练过程中各教学步骤之间的队伍调动和队形变换也都要采用简图和配以文字说明的形式交代清楚（案例15）。

在结束部分中组织与队形对应放松活动和小结讲评两个环节，副教材学练结束进入放松活动时以及放松活动结束进入小结讲评阶段时，需要队伍调动和队形变换。队伍调动和队形变换的表述方式，主要采用简图和配以文字说明的形式（案例16）。

案例14：准备部分

（课堂常规）练习队形：

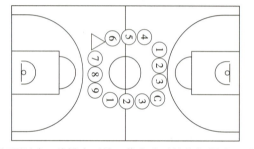

队形调动：从排头开始，依次逆时针绕场慢跑，进行行进间篮球裁判手势判罚练习。

（准备活动）练习队形：

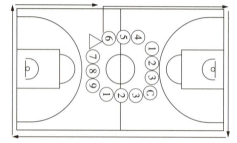

队形调动：排头带领其他学生在球场中央形成一个大圆圈。

（运球贴人）练习队形：

案例15：基本部分

（情景导入即三对三比赛）练习队形：

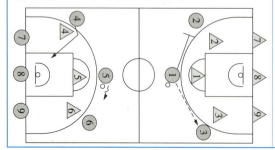

（相对持球突破）练习队形

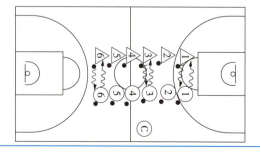

续表

队形调动：比赛结束，在组长带领下到一侧三分线外观看录像、集合讨论。 （讲解讨论）练习队形： 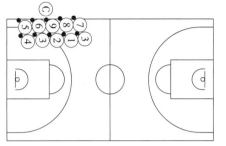 队形调动：观看录像，讲解示范结束后到场地中央进行练习。	队形调动：排头带领各小组到两个三分线位置进行持球突破上篮练习。 （持球突破上篮）练习队形： 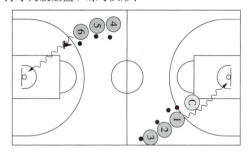

案例 16：结束部分

（收球竞赛）练习队形： 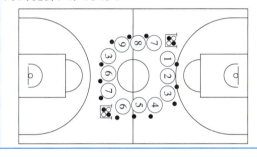	（小结讲评）练习队形： 

10）场地器材

场地器材是指在体育课中需要使用什么样场地、器材，以及需要使用多少场地和器材，即需要指明场地、器材的名称和具体数量（案例 17）。

案例 17：

1. 篮球场 2 片
2. 篮球 18 个
3. 大标志筒 12 个
4. 移动黑板 1 块

11）安全保障

安全保障主要是指教师为完成该节篮球课教学，预计在安全保障方面采用了哪些措施，且针对性怎样。任何一节课，篮球教师都必须要考虑是否存在安全隐患：一是篮球教学本身所存在的安全隐患，二是场地器材问题，三是学生着装问题，四是课堂组织管理问题，五是教师安全意识淡漠等问题，六是学生自身原因（案例 18）。

案例 18:

1. 加强篮球管理，器材布置合理，严密组织教学；

2. 检查服装，学练中强化自我保护意识；

3. 充分热身，准备活动到位；

4. 重视学生思想教育，提高安全防范意识。

12）预计练习密度和强度

练习密度是指在一节体育课中，学生实际参与练习（身体锻炼）的总时间与课堂总时间的百分比。内容主题的练习密度是围绕基本部分主教材（副教材）练习的密度。一节课的练习密度大小是由课的类型和教材性质等决定的，中小学篮球课的练习密度一般在 30%～50%。全课的练习密度、强度的预计要尽量准确，表述规范。

强度是指全课的强度，一般用等级（强度指数）表示，通常情况下采用"最大"、"较大"、"中"或"中等"、"小"或"最小"中的任何一级进行表示。篮球课的运动负荷用心率表示，一般采用手摸桡动脉或颈动脉测 10 秒钟心率的方法，当前可以采用 Polar RS400/RS800 跑步心率表进行测试，中小学生篮球课的平均心率一般为 120～150 次 / 分。

13）课后小结

课后小结是在一节篮球课结束之后由篮球教师本人填写的一个栏目。它又称教学心得、教学笔记、教学后记等，是篮球教师对本次课的一种教学反思。教师可通过课堂观察、感受，征询学生感受和看法，专家点评或征询同事意见获取信息。课后小结作为一种教学反思，对篮球教师具有自我诊断、自我提高的价值，可促进教学不断优化、促进教学探索，为深入课堂教学改革奠定思想基础。

课后小结撰写的内容包括目标制定是否恰当、达成度如何，教材的处理和教学步骤的划分是否合理，教法与学法是否得当，课堂氛围以及学生主体性的体现怎样、身体锻炼的效，篮球技术的掌握程度以及不足之处、收获与启示等。从要反思的重点来看，课后小结主要填写教案的执行情况、效果如何、在执行教案过程中遇到的问题和问题产生的原因、应该如何改进等。应该抓住重点填写，避免烦琐累赘。

3. 篮球课教案撰写的规范性和要求

1）规范性问题和要求

文本格式的规范性表现在：第一，教案体例要统一；第二，不同要素的表达要符合相应要求，有关文字和图表的内容要与栏目名称一一对应；第三，教案中所有的字体大小要统一，段落等排列要整齐。第四，教案整体的页面要整洁，文字和图表的排列要整齐，栏目内的文字和图表的表达要清晰、简洁、明了、合理；第四，语句通顺、语法正确，没有错别字。第五，标点符号、序号不出现混乱的现象，要完全一致和统一。一级标题、二级标题和三级标题之间，序号的使用要规范，不能出现大小（级别）不分、序号混用的情况。一般情况下，可以从"一""二""三"开始，也可以从"1""2""3"开始，由作者自己选择。序号的级别顺序为："一""二""三"—"（一）""（②）""（三）"—"1""2""3"—"（1）""（2）""（3）"—"①""②""③"等。

2）其他问题

第一，主、辅教材（或综合练习）的搭配要合理；

第二，教学目标要全面、准确、具体，并具有可操作性；

第三，课堂结构合理，整个教学过程遵循了相关篮球教学的原则和规律，教学步骤（顺序）合理，教学的重难点突出；

第四，教学方法和手段的使用得当，运动负荷、练习密度的预计恰当；

第五，纠正错误动作、保护与帮助和安全措施得当，场地器材布局合理；

第六，体现篮球学科的特性，以学生发展为本，以培养体育品德、创新精神和实践能力为宗旨。

一份篮球教案质量的高低，要从以下四方面评判：要规范、有质量、有特色、有实效。

第三节
篮球教学实施

一、篮球课堂教学常规

篮球课堂教学常规是在篮球教学过程中，师生共同遵守的、保证篮球教学工作正常进行的一系列基本要求。教学常规有助于建立正常的教学秩序，更对加强学生的思想品德教育、建设文明课堂有十分重要的作用。

》》（一）课前常规

教师课前需要做好充分的准备工作，包括课前的备课和编写教案，了解学生的课前情况，场地、器材、服装的准备和清洁卫生工作等。学生因生病、受伤，女生因例假不能正常上课，教师要根据情况妥善安排。一般情况下，篮球教师应在课前15分钟到达篮球场地，检查布置场地器材，尤其是篮球的摆放，并要求学生课前10分钟到达篮球场地等候上课。

》》（二）课中常规

上课后值日生或体育委员集合队伍，教师按照课堂常规开始上课，课中注意加强对拿放篮球的管理，变换练习时不能随意放球，要把篮球放在统一要求的位置。教学过程中，教师要通过语言激励、示范演示、参与练习、设置障碍等方式主动投入学生练习，提高师生互动效果。课堂结束前，教师要进行课堂小结和讲评，提出课后锻炼的要求及下次课要学习的内容，要求值日生收回并送还器材。

》》（三）课后常规

每次课后，教师应总结经验教训，提出改进措施，写好课后小结，检查学生课后归还器材等工作的执行情况，对缺课学生应进一步调查清楚，必要时进行补课或辅导。

二、篮球教学步骤

篮球教学步骤是教师为完成教学任务根据学生特点而采取的策略。根据篮球运动的特点，可分为篮球技术教学步骤和战术教学步骤。

》》（一）篮球技术教学步骤

1. 掌握技术动作方法，建立正确动力定型和初步的对抗意识

篮球技能的形成首先从技术动作的掌握开始，需采用各种直观手段使学生感知正确技术动作的方法，在头脑中建立初步的动作表象，然后进行体会与模仿性的练习，加深动作表象。同时，教师要通过讲解和示范技术的方法、要领等建立与学生已有经验的联结，加深学生对所学技术的认知过程。学生在知识—表象的定向作用下继续体会练习，就会建立正确的动作概念，形成初步的动力定型。在篮球教学初期就要向学生灌输技术动作实战运用策略，为设计的练习赋予实战意义，不仅能够增加学生练习的兴趣，而且可使学生在学习技术初始就在头脑中形成对抗的策略意识，建立起初步的实战意识。

2. 学会组合技术，掌握初步运用能力，建立对抗概念

掌握篮球技术动作方法后，组合技术的学习是掌握篮球技能的必然步骤。组合技术练习就是根据实战中技术运用的组合规律，提炼出的组合性练习单元，如运投组合、传运组合、接投组合和投突组合等。通过组合技术练习能使学生合理衔接动作，体会技术运用的速度、节奏以及攻防意义，学会初步运用。由于组合技术练习具有变换的要素，因此练习更加贴近实战。此阶段的练习，可增加假设对手的标志物或象征性对手，使学生带着对抗意识进行练习，强化对抗的概念，为下一步实战对抗练习打下坚实的基础。

3. 在攻守对抗情况下提高技术运用能力

篮球教学中一切的技术练习都是为了在实战中有效地运用，因此，对抗就成为篮球教学中最为重要的练习过程。对抗练习是在掌握技术动作和组合技术的基础上，在攻守对抗的条件下，学生根据对手的阻挠和制约而采取相应对策，准确而合理地运用技术的练习方

法，是学习与掌握篮球技术的必然途径。在教学实践中，对抗强度的设计应遵循循序渐进的原则，分为在规定对抗条件下练习、在消极攻守对抗条件下练习、在积极攻守条件下练习和在教学比赛条件下练习等几种形式。但无论采取哪种形式，都必须强调把技术合理运用于实战中，并与对抗作风的培养有机结合，既要提高技术的运用水平，又要培养顽强的作风和意志品质。

》》》（二）篮球战术教学步骤

1. 建立战术概念，掌握战术方法

篮球战术教学首先要使学生建立对战术概念的认知，了解战术的配合方法，逐步建立相应的战术意识。可采用直观演示手段并结合语言阐述使学生明确战术名称、阵势、配合位置、移动路线、配合时机和行动的顺序等。重点的配合环节要进行重复演示，启发学生的积极思维，加深对所学战术的理解。教学实践中可按如下步骤进行：

（1）学习局部战术配合方法。篮球战术要从两三人之间的基础配合学起，基础配合的教学应根据战术构成的逻辑规律确定学习的先后顺序，一般先教简单配合，后教复杂配合。可以先教传切配合、突分配合，再教掩护配合、策应配合。在教学方法上要遵循由浅入深的原则，首先在固定无干扰条件下练习配合的方法和路线；其次设置假设的对手或标志物，进行固定对抗条件下的练习，建立队员之间的默契配合，同时改进配合性技术；再次进行消极攻守条件下的配合应变练习；最后在积极攻守对抗的条件下进行实战练习，提高所学战术配合的运用能力。

（2）掌握全队战术方法。全队战术的教学是在完成局部战术学习的基础上进行的。首先进行战术阵势、运用时机和配合路线等理论知识的教学，然后在无防守条件下进行配合路线练习，再在消极攻守条件下进行配合应变练习，最后在积极攻守对抗的条件下进行实战练习。

2. 掌握攻守转化和战术综合运用能力

在学习掌握了基础战术和全队战术方法后，应结合实战比赛进行攻守转换和各种组合的练习，其目的是培养队员的攻守转换意识和灵活运用战术的能力。

（1）攻守转化意识是现代篮球教学中需要特别强调的内容，是快攻和防守快攻的前提条件。攻守转换意识的培养要在日常教学训练中坚持不懈地进行，使学生养成自觉的意识和行动，在比赛中自觉地加快攻守转换的速度，争取比赛的主动权。

（2）要根据实战比赛中双方的实际情况，采用不同的战术组合，以己之长攻彼之短，才能始终保持比赛的主动权，因此要掌握多种战术组合运用的方法。

3. 在比赛中运用战术，提高应变能力

实战比赛是战术练习的最高应变形式。在比赛前要提出比赛的具体战术要求，比赛中要对战术运用的情况进行具体的指导，比赛结束后要对成功的配合打法进行总结，也要找

出失败的原因，吸取教训，提出改进的方法。

三、篮球教学方法

篮球教学方法是指在篮球教学过程中，教师和学生为实现篮球教学目标、完成篮球教学任务，而采取的不同层次的、教与学相互作用的活动方式的总称。中小学常用的篮球教学方法有以语言传递信息为主的讲解法、问答法、讨论法，以直接感知为主的示范法、演示法、纠正动作错误和帮助法，以身体练习为主的分解练习法、完整练习法、循环练习法、重复练习法、变换练习法、持续练习法，以比赛活动为主的运动游戏法、比赛法、情景教学法，以探究性活动为主的发现法、合作教学法、问题探究法。

≫（一）常用的篮球教学方法

传统篮球教学方法遵循"刺激—反应—强化"的行为主义理论、"观察—模仿"的社会学习理论、"思维过程信息加工"的认知主义理论，由教师以易于理解的方式引导学生进行篮球知识和技能的学习，属于讲授式教学。有利于学生快速掌握篮球知识和技能，但在激发学生学习兴趣方面存在一定的劣势。常用的教学方法有：

1. 讲解法

讲解法是篮球教师通过简明、生动的口头语言，向学生系统地传授篮球知识、运动技能的方法。教师教授篮球技术或战术配合时，要讲解技术动作或战术配合的名称、作用、要领、方法、练习形式、要求、注意问题等，需贯彻"精讲多练"的原则。例如讲解"原地单手肩上投篮"：该技术是篮球比赛中常用的一种原地投篮方法，常见于罚球时。动作要领为两脚开立与肩宽，右手投篮则右脚稍前，屈膝降低重心，两手持球于胸腹部，右手持球于右上方，左手扶球左侧。投篮时，举球到右肩上，大臂平行、小臂垂直，五指分开手心空，双脚蹬地，腰腹伸展，右臂抬肘压腕，指拨球，手臂跟随。关键词为：蹬、伸、抬、压、拨。

2. 示范法

示范法是教师（或教师指定的学生）以自身完成的动作为范例，用以指导学生进行学习的方法。示范时既要注意动作规范和要领，又要使学生都能清楚地看到示范的全过程和关键，要从正面、背面、侧面进行不同角度的示范。复杂的技术动作和战术配合则要进行反复示范，并启发学生思考分析动作，更快领会动作的重点和难点。教师要把握示范技巧，尤其是投篮示范，可能出现示范过程中投篮不中的情况，要提示学生关注教师的投篮动作，同时教师要勇于多次示范，展示投篮命中的规范动作。

3. 练习法

练习法是指教师根据篮球教学任务指导学生反复多次完成某些动作的教学方法，重复是熟练掌握篮球技术的重要方法，因此练习密度至关重要。根据练习形式划分主要有分解练习法、完整练习法、重复练习法、持续练习法、变换练习法、循环练习法、领会教学法等。根据篮球运动特点可分为个人技术练习、配合性练习和对抗性练习等。练习方法的设计应从单个技术、组合技术、配合技术、对抗技术逐步增加难度。选择练习法时既要讲求实效，合理安排练习的强度、密度和运动量，又要有效激发学生学习兴趣，体验篮球乐趣。

4. 纠正错误动作与帮助法

纠正错误动作与帮助法，是篮球教师为了纠正学生在完成动作中出现的错误所采用的教学方法。根据学习科学原理，教师讲解示范后不要立刻向学生展示错误动作。学生在练习过程中出现了错误动作时，教师必须及时地发现学生的错误动作，分析产生错误动作的原因，选择合理的方法帮助学生纠正错误动作。可以运用语言法强化学生正确理解动作概念，运用各种诱导练习法、限制练习法和自我暗示法等，纠正因不同原因产生的动作错误。

≫（二）现代篮球教学方法

现代篮球教学方法遵循"自主建构情景学习"的建构主义理论、"强调自驱情意为本"的人本主义理论和"强调身体参与认知"的具身认知理论。由教师创设学习情景，学生在情景中探索，再在教师引导下合作学习体验，有利于学生加深对篮球比赛的认识和理解，提高学生的自主学习意识和学习兴趣，但是在篮球知识传递和技能习练方面存在一定劣势。现代篮球教学方法有：

1. 情境教学法

情境教学法是以建构主义理论为基础，以真实篮球比赛的技战术情境组合练习为教学内容，通过创设真实的篮球比赛场景练习技战术，引导学生分析不同的比赛情境片段，找出各种比赛因素的关联性，进而进行决策并在比赛/练习中执行决策，从而实现培养学生学习兴趣、提升比赛能力、养成终身锻炼习惯目标的教学方法。具体教学流程包括呈现真实比赛场景、讨论分析比赛场景并进行决策，组织比赛场景练习、教师教学指导反馈。该教学法将运动文化贯穿教学的各个环节，即用比赛及比赛环境中学生的角色、教师的榜样、师生运动学习中的互动等要素将学生的运动串联起来，为学生营造掌握技战术的最佳环境。教师用比赛的方式激发了学生运动学习的兴趣，提高了学生掌握运动技能的能力，同时这一过程也实现了培养学生遵纪守法、团结协作、顽强拼搏等体育品德的思政目标。

2. 合作教学法

合作教学法是以建构主义理论为基础，以问题为导向，以教师引导下的学生小组合作活动为教学形式，以自主探究和合作讨论为主要学习手段，从而达到实现提高学生对篮球运动的学习兴趣、改善班级学习氛围、促使学生形成更加完善的心理品质目标的教学方法。具体教学流程包括：先根据篮球技能、身体素质或心理素质测试成绩对学生分组，安排组内成员承担裁判、组长、观察者、练习者等不同的角色和职责，教师围绕篮球教学主题设置相关问题供学生提前准备；课上先集体精讲，然后教师组织学生开展合作学习活动，鼓励小组内学生合作解决问题，再进行组间学习成果展示，教师进行监督与指导；最后教师根据学生合作学习的情况提出改进意见，进行补救教学。

3. 比赛教学法

比赛教学法是教师通过类似比赛的练习活动创造现实的和愉悦的学习情景，以学生为中心进行有指导地发现学习的教学方法。注重帮助学生理解篮球比赛是什么、学习怎样比赛，也就是学生以更加整体的方式学习篮球项目。具体教学流程包括：首先改变规则、场地器材、人数等要素，设计"特殊"的篮球比赛（游戏）；然后让学生在其中探索篮球项目的规律，识别篮球项目的战术原则，并设计一系列练习帮助学生掌握这些原则；尝试采用重放定格关键时刻的比赛方式，针对发现的错误提出问题，让学生意识到技术在比赛中的重要性；最后通过专门的练习传授该技术，再设计另外一个比赛情景强化练习技术。

四、篮球说课和无生上课

》》（一）篮球说课

1. 说课概念

说课是教师在备课的基础上面对同行、专家或评委，在规定的时间内针对具体教学主题，结合多媒体手段采用以讲述为主的方式，系统地分析教材和学生情况并阐述自己的教学设想及理论依据，由同行评议，达到互相交流、共同提高目标的一种教研活动。

2. 说课内容

说课的内容是说课的关键，主要包括指导思想、学情分析、教材分析、教学目标、教学方法、教学过程（这部分是说课的重点内容）、场地器材、预期效果、教学特色等环节。

3. 说课注意事项

（1）说课是对一定教学主题的教学设计的分析和概括，即"怎么教"和"为什么这样教"。说课总体上要突出"说"字，它既不是备课，也不是讲课，既不能按教案一字不差地背下来，也不能按说课稿一字不差地读下来。成功的说课，一定是按自己的教学设计思路，有重点、有层次、有理有据地阐述。

（2）设计说课时，教师要注意发挥自身的教学个性和创新精神，防止生搬硬套书刊、杂志上的内容、模式和方法。注意运用教育理论来分析研究问题，防止就事论事，使说课还处于初级阶段的水平。同时要注意避免过分表现理论依据，脱离教材、学生、教师实际，空谈理论。

（3）教师说课时要语气得体、简练准确，使同行、专家或评委首先从表象上感受到说课者的自信和能力，从而感染听者、引起听者的共鸣。教师说课时语言表达应简练干脆，避免拘谨，力求有声有色、灵活多变，前后整体要连贯紧凑，过渡要流畅自然。

（4）教师说课要体现个人的特点和风格。说课的对象不是学生，而是同行或专家。所以说课时不宜把每个环节说得过于详细，应重点说出如何实施教学过程，如何引导学生理解概念、掌握规律和方法，以及培养学生学习能力与提高教学效果的途径。

>>>（二）无生上课

1. 无生上课的概念

无生上课是指篮球教师在备课的基础上，面对同行、专家或评委模拟在无学生状态下师生双边的教学过程。

2. 无生上课的步骤

（1）根据无生上课所需讲授的内容，首先设计好教案，然后依据教案撰写出无生上课讲稿。

（2）教师在没有学生的情况下面对听课者（同行、专家或评委）投入地进行无生上课，要求篮球教学环节完整，活动内容和结果均要由上课者表述和展示出来，就如有学生在场一样。

（3）无生上课过程中，教师具体的表述内容包括向学生问好、宣布上课内容、安排见习生、要求做准备活动、组织调动队形、讲解动作要领、纠正错误动作、师生互动活动、练习效果展示、下课前的整理活动、下课时和学生说再见等。

3. 无生上课的注意事项

（1）教师要精心设计、详细规划无生上课各个环节，展现现代篮球教学理念，突出情景化、实战化教学设计。

（2）教师要充分利用无生上课优势，全身心投入到虚拟真实的篮球教学中，以自己的专业技能和富有感染力的语言带动听众，做到此处"无生"胜"有生"。

（3）教师要充分调动自己的激情，语言表达清晰，重难点突出，准确使用篮球术语。

（4）教师在无生上课过程中要充分发挥肢体动作优势，通过展示规范娴熟的技能，凸显自身篮球特长。

（5）为了给听课者更直观的感受，教师在面向听课者进行无生上课的过程中，可以由他人播放提前制作的篮球实际上课过程的多媒体课件，通过多媒体课件生动展示教师说课内容的各个实践环节。

 **内容提要**

- 教学设计主要包括设计和确定教学目标、分析和了解学生实际、合理分配教学时间、分析和组织教学内容、选择教学方式和媒体资源、设计教学评价六个方面。
- 现代篮球教学设计要坚持立德树人根本任务，以德、技并修为目标，以学科（课程）核心素养为抓手，以身体练习为主要手段，树立新的教育观、学生观和质量观。打破传统篮球技能传习式教学设计理念，创新逆向教学设计；坚持系统观念，创新"教会、勤练、常赛"一体化篮球教学设计。
- 篮球课时教学计划（教案），是根据学期教学计划、单元教学计划、学生特点和场地器材等教学实际情况，预先设计的一堂篮球课的教学方案，是教师完成一堂篮球课的具体行动计划。
- 篮球技术教学步骤：
1. 掌握技术动作方法，建立正确的动力定型和初步的对抗意识。
2. 学会组合技术，掌握初步运用的能力，建立对抗概念。
3. 在攻守对抗情况下提高技术运用能力。
- 篮球战术教学步骤：
1. 建立战术概念，掌握战术方法。
2. 掌握攻守转化和战术综合运用的能力。
3. 在比赛中运用战术，提高应变能力。
- 篮球教学方法是指在篮球教学过程中，教师和学生为实现篮球教学目标、完成篮球教学的任务，而采取的不同层次的、教与学相互作用的活动方式的总称。中小学常用的篮球教学方法有以语言传递信息为主的讲解法、问答法、讨论法，以直接感知为主的示范法、演示法、纠正动作错误和帮助法，以身体练习为主的分解练习法、完整练习法、循环练习法、重复练习法、变换练习法、持续练习法，以比赛活动为主的运动游戏法、比赛法、情景教学法，以探究性活动为主的发现法、合作教学法、问题探究法。
- 说课是教师在备课的基础上面对同行、专家或评委，在规定的时间内针对具体教学主题，结合多媒体手段采用以讲述为主的方式，系统地分析教材和学生情况并阐述自己的教学设想及理论依据，由同行评议，达到互相交流，共同提高目标的一种教研活动。说课的内容是说课的关键，主要包括指导思想、学情分析、教材分析、教学目标、教学方法、教学过程（这部分是说课的重点内容）、场地器材、预期效果、教学特色等环节。
- "无生上课"是指篮球教师在备课的基础上，面对同行、专家或评委模拟在无学生状态下师生双边的教学过程。

 思考题

1. 什么是篮球教学设计？
2. 篮球课时教学计划（教案）的设计步骤有哪些？

3.请简述篮球课时教学计划各要素的撰写方法。

4.请根据高中阶段《体育与健康》课程中篮球教材教学部分的内容，任选一项基本技术和基本战术，各编写一份课时教学计划。

5.篮球技术教学一般应遵循哪些步骤？

6.篮球战术教学一般应遵循哪些步骤？

7.中小学篮球教学中常用的教学方法有哪些？

8.请根据初中阶段《体育与健康》课程中篮球教材教学部分的内容，任选一项基本技术或基本战术，编写一份说课稿。

9.无生上课的注意事项有哪些？

第九章

小篮球运动教练员理论与实践

第一节
小篮球运动的起源与发展

一、国外小篮球运动的历史与现状

所谓小篮球运动，是一项根据少年儿童生理、心理特点，参照成年人篮球运动竞赛规则而进行的少年儿童体育活动项目。小篮球运动所用的球、球场、篮架及比赛时间、比赛人数、比赛规则等均有明确的规定。小篮球运动既有利于增强儿童的体质，又能为培养优秀篮球运动员后备人才打好基础，深受少年儿童的喜爱。

小篮球运动的历史并不长，但国内外许多优秀篮球运动员的成长历史证明，小篮球运动既有利于增强少年儿童的体质，又能为培养优秀的篮球运动员打好基础。世界首个小篮球比赛诞生于 1948 年，当时美国的一位名叫杰伊·阿彻的教师组织了一场 8～12 岁儿童参加的篮球赛，专门采用了较轻的篮球和较低的篮球架。该赛事随后风靡一时，被称为小篮球赛。不过在很长的一段时间内，小篮球活动主要局限于美国，真正推动小篮球运动国际化的是西班牙人。安塞尔莫·洛佩斯是当时小篮球运动最热心的倡导者，他主导制定了西班牙小篮球运动的比赛规则和器材标准。随着小篮球运动在西班牙的深入开展、训练水平和比赛成绩的提升，欧洲其他国家纷纷引进西班牙的《小篮球竞赛规则》和器材，并相继开展这项运动。1970 年，在国际篮球联合会的指导下，西班牙组建了国际小篮球委员会（国际篮球联合会机构之一）。1972 年在西班牙举行了第一届国际小篮球锦标赛，1973年和 1974 年又分别在秘鲁的利马和巴西的里约热内卢举办了第二届、第三届国际小篮球锦标赛。随后，欧洲的法国、瑞士把小篮球运动分为 8～10 岁、11～12 岁两个年龄组别，逐年进行全国小篮球锦标赛。小篮球在美洲的美国、加拿大等国也相当普及，赛事类型较多。中美洲的加勒比地区为了促进小篮球的开展，专门成立了小篮球专业委员会。亚洲的韩国和日本的小篮球运动也比较盛行，均有着健全的小篮球赛事体系和专业委员会。小篮球运动成为全球青少年竞相参与的国际化运动项目。2002 年 6 月 1 日起，前国际小篮球委员会及其 5 个区委员会（非洲、亚洲、欧洲、美洲、大洋洲小篮球委员会）一起融入国际篮球联合会。国际篮球联合会也开始出台统一的规则并举办各种小篮球夏令营和国际比赛。目前，全世界有 160 余个国家开展了小篮球运动，遍布五大洲。

二、我国小篮球运动的发展

我国小篮球运动的发展历程，经历了推广试行与加速发展两个阶段。

我国在 20 世纪 60 年代就开始尝试小篮球运动的推广，并在 1973 年出版了《小篮球竞赛规则》，相对于成人篮球规则，降低了球筐高度（2.08 m），缩小了篮球比赛的场地（长 22 m、宽 12 m）。1974 年 8 月举办了全国小篮球分区赛，这次比赛最大的亮点就是采用了由原国家体委审定的《小篮球竞赛规则》。令人遗憾的是，出于当时的种种原因，全国的小篮球赛事以及规则并没有延续下去。1987 年 7 月举行的"苗苗杯"小学女子篮球邀请赛，全国参加的球队也不过 10 支，由此折射出过往的一个时段内小篮球运动在我国的现状。

在体育强国建设背景下，新一届中国篮球协会围绕国家队建设、CBA 联赛改革、青少年及社会篮球发展等领域加速进行改革。面向校园的小篮球、小篮板、小篮架工程也获得了空前的重视。2017 年，中国篮球协会重启小篮球计划，提出"提升篮球运动在中国的影响力，扩大以青少年为根基的篮球人口"。同年 11 月 20 日，颁布了以"小篮球，大梦想"为主题的《中国小篮球发展计划》，推出了中国小篮球联赛，在国际篮球联合会小篮球规则的基础上制定了我国自己的小篮球规则，明确了小篮球运动的发展方向。得益于中国篮协的政策支持和推广，2018 年开创的中国小篮球联赛覆盖全国 30 个赛区，注册参与的球员超过 10 万人。2019 年，30 个省（直辖市、自治区）和 5 个计划单列市参加了中国小篮球联赛，参赛球员达到了 18 万余名。小篮球运动以小篮球联赛为载体，通过改变规则、场地、器材以适应儿童身心发展，为小球员构建了交流的平台，切实满足了儿童参与小篮球运动的现实需求，吸引了一大批适龄儿童参与小篮球运动，既有利于增强少年儿童的体质，又能为培养优秀的篮球运动员奠定基础。小篮球运动得到了社会各界的广泛认同，迎来了全新的发展时代。

第二节
小篮球运动的特征与价值

国际篮球联合会（FIBA）明确指出：小篮球是全世界 12 岁以下男、女儿童的一种游戏。它为儿童提供了一种创造性的、欢乐的娱乐手段，并使之熟悉篮球运动。它富有基本技术和身体训练手段，富有发展社会性和培养集体主义作风的条件，有助于男女儿童准备和参与多种体育运动，鼓励他们走上愉快和成功的体育生活。

小篮球运动目前主要以校园、社会培训机构为发展载体。与传统篮球运动相比，小篮球运动继承和发扬了篮球运动强身健体、遵守规则、顽强拼搏的体育精神，潜移默化地培养了孩子们机智勇敢、团结协作的优良品质，同时集娱乐、趣味、健身、对抗于一体，既有利于增强青少年儿童的体质，又能培养优秀的篮球运动员。

一、小篮球运动的特征

》（一）活动内容的多样性与趣味性特征

小篮球运动制定了"以兴趣为基础，让篮球回归游戏"的发展理念，秉承尊重儿童少年身心发展规律的宗旨，把"篮球运动回归游戏的本质"作为小篮球运动发展的原则。小篮球运动以特设器材和场地设计为切入点，降低了篮球运动的参与门槛，增加了成功体验，并通过规则的调整赋予了每位参与者自我展示的机会，激发了儿童少年的运动兴趣和参与篮球运动的自信。

小篮球运动除全场的攻守对抗外，还可以因人、因地、因时、因需而异。小篮球运动可以通过变换方式来吸引孩子们的参与，在分队全场对抗竞赛的同时，可增加小篮球游戏、篮球操等表演性、趣味性较强的内容，采取 1 对 1 斗牛、2 对 2 对抗、3 对 3 比赛、小全场4对4等多种比赛形式，增加小篮球活动内容的丰富性与趣味性。

>>>（二）活动形式的竞争性与团队协作性特征

小篮球运动是同场对抗类体育运动项目，攻、守两方围绕对球的控制展开立体的攻防对抗，在攻防过程中有体能、技术、战术、心理、等全方位的竞争对抗。

小篮球运动是集体项目，队内的协同合作，教练员与小球员、小球员之间的沟通与陪伴，都体现了集体智慧和技能的协同补充，反映了小篮球运动协作互助、突出集体的团队精神。

二、小篮球运动的价值

>>>（一）激发运动兴趣，培养良好的生活方式

小篮球运动的项目设计与推广理念能主动契合儿童少年身心发展特点，尊重儿童少年身心发展规律，激发孩子们参与运动的兴趣，并逐渐由兴趣转变为习惯，使其养成一种乐于参与体育锻炼的良好生活方式。

>>>（二）立德树人的教育价值

参与小篮球运动的儿童少年处于学龄初期的小学阶段，这一时期，孩子们的道德观念和行为进一步发展，开始真正领会一定的道德准则，并按照这些准则来调节自己的行为。小篮球运动通过教导孩子形成规则意识、培养团队至上的理念、展现得体的礼仪风貌，来实现提高团队适应与协作能力、规范道德行为的教育功能。

>>>（三）锻炼身体素质、提高运动能力、形成运动习惯

篮球运动提供了发展跑步、跳跃、改变速度和方向、处理球和瞄准目标等重要技能的机会，是适合儿童身心发展的基础运动项目。参与小篮球运动可提高儿童各项身体素质和机能能力，从而提高整体健康水平。参与小篮球运动的意义还在于让儿童亲身感受运动的魅力，探究身体活动的意义，使小篮球运动融入生活并逐渐生活化，进而发展为个人的运动习惯。

第三节 ■■■
小篮球教练员执教理念指导

执教理念是教练员在篮球场上价值观和信仰的基础，也是教练工作的标准和最终目标。小篮球教练员的执教理念根植于儿童少年体育运动的真正目标，强调尊重精神、体育精神、技能发展、安全与乐趣。

一、小篮球运动不同年龄阶段的执教理念

尽管每个孩子在与篮球相关的技能方面都有自己独特的优势和劣势，但所有的孩子都具有由年龄决定的一般特征。孩子们在不断地成长和发展，教练员的职责之一就是了解他们在身体和情感上的期望。

≫（一）执教 5～7 岁的孩子

这个年龄阶段的孩子可能以前从未接触过篮球，教练的工作是向孩子介绍篮球最基本的元素，并激发他们对未来参与这项运动的兴趣。

这个年龄段的孩子主要对与朋友一起参与运动感兴趣，竞争处于次要地位，获胜不应该是根本目标。相反，应该引导小球员们学会努力参与，尊重比赛规则、裁判和对方球队，并尽力而为；更重要的是，应该让孩子们玩得开心。为了让活动变得有趣，以下条件是孩子们开心的前提：
- 小球员之间是亲密无间的小伙伴。
- 孩子们天真烂漫而又充满活力，不会花太多的时间听教练长篇大论。
- 他们正在学习一项新事物。

基于以上前提，在帮助孩子们愉快地参与小篮球运动的过程中，我们应注意以下方面：
- 学习目标的设立要足够接近孩子们目前可以实现的技能水平。
- 避免不断规定要如何做某事，放手让孩子们探索如何去做。
- 此年龄阶段的孩子感知觉能力在很大程度上没有发育完善，基本的运动模式，如跳跃、改变方向和跑，需要借助身体活动性游戏来开发。这些游戏包含的动作方法与方式越多，孩子们运动技能的发展受益越大。
- 练习必须在保证安全第一的前提下，以轻松愉快的方式进行。让孩子们通过自己的"引导"提高，而不是用重复和单调的方式"训练"。音乐在练习中有很大帮助，

可以促进学习效果。

- 小篮球活动中虽然可能有"赢家"，但整体的重点不应该放在获胜上，而应该放在玩得开心和培养新技能上。"成功"应该被定义为能够做到以前做不到的事情。
- 这个年龄阶段应避免对篮球技术的分析性教学，而将重点放在涉及跑、跳、变向、扔与接等基本动作模式的游戏中。

≫（二）执教 8～9 岁的孩子

这个年龄阶段的孩子，开始对掌握篮球运动的一些基础知识、技能感兴趣。他们渴望从教练或父母那里得到反馈，了解自己在某些技能上的表现以及在新技能上的进步。他们开始注意队友的能力和技能水平，当你口头认可他们的同伴正确地执行了一项技能时，他们也希望得到同样的反馈。此时，应该继续注重教学过程的乐趣，但也应该帮助孩子提高他们的篮球技能和知识水平。

- 运动能力的训练和发展（尤其是协调能力、关节活动能力和整体健康）仍然比篮球技术的细节更重要。逐步有计划地开始提高运球、传接球、投篮、防守技能，但无须过多地强调技术规范。
- 可以向小球员介绍一些简要的篮球规则：
  ◇ "你不能拿着球走或跑，所以为了在球场上移动，你必须运球。"
  ◇ "要赢得比赛，你必须比对手投进更多的球。"
  ◇ "你不能总是一个人对抗所有对手，你需要队友的帮助，你需要把球传给队友。"
  ◇ "对方得分不能超过你的球队，否则，我们就输掉了这场比赛，因此我们必须捍卫自己的篮筐。"
- 篮球基本技能的训练时间应该有所增加，这些基本技能练习无论有无防守，都应该是活泼而充满乐趣的。

≫（三）执教 10～12 岁的孩子

该年龄组的部分孩子具有一定的篮球运动经历，并且个人有意愿继续参与此项运动。教练的工作就是通过增加他们的技能基础，激发他们继续打球的愿望，保持他们积极主动参与的势头。许多这样的孩子变得更有竞争力，赢和输在他们的生活中变得更重要。他们想要测试自己的技能，享受与同龄人竞争的乐趣。当他们能够帮助球队取得胜利时，这些球员会感到极大的满足和篮球运动所特有的成就感。

- 为提高练习的乐趣，仍会给孩子们提供教学比赛的时间与机会。但需要在非对抗的情况下，完善以前传授的基本技术。
- 全场 3 对 3、4 对 4 的比赛给孩子们提供了更多参与的机会与空间。
- 让小球员以稍微更有组织的方式参加全场 5 对 5（成人规则）的比赛是最终的目的。

二、 倡导团队精神，提倡团结协作

篮球是一项团队运动，虽然这项运动允许个人发挥，但团队合作能转化为更多的进攻得分机会和更好的防守。当然，对于小球员来讲，促进团队合作说起来容易做起来难。如果在练习期间选择致力于团队合作的训练形式，小球员们将感受到团队合作的魅力所在。

≫（一）鼓励团队的努力

要为在一次成功的进攻或防守中作出贡献的每一个队员鼓掌，务必认可整个团队的努力。例如，在一次成功的3攻2快攻中，自然地为最终投篮得分的球员喝彩，但是也不要忽视参与其中的其他球员，正是有了艰苦的后场篮板球、准确的传球，才有了漂亮的上篮得分。

≫（二）鼓励小球员肯定队友的努力

鼓励小球员赞扬队友，认可队友的努力。在3对2快攻训练中接到传球并得分的球员应该向队友大喊"好传球"。让小球员养成击掌或口头表扬的习惯，这样可以加强团队团结。

≫（三）轮流队长制

建议让所有的球员都有机会作为热身活动的领头人或在比赛开始时带领球队上场，实行全部球员轮流担任球队队长的制度。

≫（四）营造团队仪式

与队员们一起创造一个团队仪式，如将集体欢呼作为赛前的团队活动。欢呼有助于提醒球员，他们在球场上是一个团队，需要相互支持。

三、 激励小球员的方法与策略

必须发掘每个小球员需要怎样的激励策略才能发挥出最好的水平。下面，这些提示可以用来帮助激励小球员成为最好的自己。

≫（一）热爱小篮球教练员职业

身教重于言教，若对小篮球运动教练员职业表现出衷心的热爱，并且怀揣热情、真诚的态度投入工作，那么小球员就会有与之相对应的回应。

≫（二）设置切实可行的目标

不切合实际的过高目标很容易使孩子们受到挫折，设定切实可行的目标任务可以激励孩子们去努力。"跳一跳，摘桃子"是指教学目标的设置要难度适中，控制在孩子的最近发展区内，即在教练员的指导帮助下，经过孩子自身的努力可以达到目标。

≫（三）适时表扬

不管年龄和技术水平如何，都要给予孩子们支持和热情，不断表扬、鼓励他们。表扬、鼓励极易树立信心和自尊，这种信心和自尊会不断发酵，甚至会影响到孩子在篮球场外的人生态度。

激励队员努力的诸多策略之中，没有威胁。让达不到自己预期要求的小孩子到篮球场跑圈，是不可取的。运动技能的学习本身就是试错的过程，没有什么比惩罚能更快地削弱学习的兴趣。如果孩子作出努力而没有达到预期标准，我们更应审视自己的教学，必须采取另外一种可能行之有效的办法对这一技能进行教授。

四、打开沟通的桥梁

和孩子们建立沟通的渠道是非常重要的。在课余时间，可以和他们讨论一下篮球之外的话题，比如课前问问孩子喜欢哪门学科或其他的兴趣爱好。从非篮球的层面去理解孩子，告诉他你很关心他们，当遇到问题时可以找你共同商量，这就让孩子们比较容易对你敞开心扉。除了做他们的教练，你也可以做他们的朋友和知己。

五、让每个孩子都感受到珍视和尊重

让每个孩子都有价值是优秀教练成功的基石。要对每个孩子的努力表示重视和赞赏，让团队的每一个小球员都感到被珍视和尊重。

积极的态度、良好的体育精神与精彩的篮球技巧一样值得赞赏。应提供即时的积极反馈，并不断认可所有球员的各种贡献。如果教练员肯定这些贡献，不但可以提升当事孩子的自尊和兴趣，还可以向团队的其他成员传达这样的信息：他们应该以这些小伙伴为榜样。

为所有的球员提供奖励，不能满足于老套的 MVP，可以颁发的奖项很多：最佳传球手、进步最快球员奖、最努力球员奖等。必要时把表扬和点名册相联系，以便于使表扬分配到位，确保所有的孩子都能很好地提升信心。让每一个孩子走出球场前，都听到至少一句对他们当天努力的赞美。

六、 强调学习的乐趣与运动技能的发展

一定要记住，获胜不是孩子们参与小篮球运动的唯一目标。衡量小篮球教学成功与否的标准是孩子们掌握了篮球技能并享受学习的乐趣，永远不要忘记，玩得开心是这项运动的重要组成部分。

注重教学技巧，让孩子们享受小篮球运动的乐趣。当然随着年龄的增长，获胜也是孩子们参与小篮球运动的一部分，但对教练员而言，始终不要忘记让孩子们玩得开心和提高运动技能的重要性。永远不要让记分牌来判断你的球队表现如何，不要让输赢控制球场上的乐趣。

七、 构建良好的体育精神

在执教理念中融入培养、塑造优良的体育精神，有助于把自己的团队打造成一支受欢迎和尊敬的队伍，自己的球员将会成为所有家长羡慕的对象。

- 树立体育精神榜样。可以询问孩子们在电视上看到的良好的体育精神示例，赞扬并巧妙地强化其重要性，培养正确的导向，帮助小球员树立体育精神榜样。
- 不管比赛结果如何，比赛后要列队与对方球员握手，向对方教练和裁判致谢，树立积极的基调。篮球只是一场比赛，孩子们的发展才是最终目的。
- 教练员要做一个有良好体育精神的楷模。如果你对裁判员大喊大叫，那么小球员也会表现出对裁判的不尊重。如果你不能树立良好的体育道德，你也不能指望小球员能成为优秀的运动员。

第四节
小篮球竞赛主要规则及特殊规定

一、 各组别篮筐高度和比赛用球

U8 组别篮筐高度距离地面 2.35 m，比赛用球为 4 号。U10 组别篮筐高度距离地面 2.60 m，比赛用球为 5 号。U12 组别篮筐高度距离地面 2.75 m，比赛用球为 5 号。

二、U12 组 5V5 比赛

》》（一）上场分组原则

教练员应将本队的 12 名队员分成两组阵容，在比赛开始前报告给记录员。每组 6 名队员，其中 5 名场上队员，1 名替补队员，分别参加第 1 节比赛和第 2 节比赛。半时结束，教练员可重新调配两组阵容，分别参加第 3 节和第 4 节比赛。在比赛开始前，运动队需到场 10 人方可开始比赛。

由于队员受伤取消比赛资格或宣判队员个人 5 次犯规必须被替换下场，造成某一组场上队员不足 5 人时，则由教练员在另一组阵容中挑选队员替补上场。

》》（二）防守规则

比赛不允许区域防守，人盯人防守是唯一的防守形式。

》》（三）第四节比赛结束比分相同时的罚球决胜流程

如果在比赛结束时两队比分相同，则由裁判员指定球篮，场上双方的 5 名队员交替进行罚球（客队先罚），累计得分多者获胜；若罚球结果相同，则进行场上队员的 1 对 1 罚球，先领先 1 分的球队获胜。

三、U8、U10 组 4V4 比赛

（1）比赛中允许运动员 3～4 步的带球走和 1～2 次的两次运球，但在限制区内将按照《小篮球规则》进行判罚。如果违反上述规定，裁判员将宣判违例并向运动员讲解此违例行为，将球权判给对方球队。每名队员每场比赛至少上场一整节（6 分钟）的时间。

（2）在比赛开始前，运动队需到场 4 名队员方可开始比赛，如果某队在比赛开始前只有 4 名或 5 名队员到场，则对方教练员可以选派相同数量的本队队员出场进行比赛。

四、U10 混合组

（1）比赛开始前，运动队需到场 4 人（至少 1 名女队员）方可开始比赛。

（2）每节比赛至少有一名女队员在场上参赛。比赛中，如该队在场上参赛的女队员因犯规次数已满、受伤或其他原因无法继续比赛，替换她的队员必须是具备参赛资格的女队员；如果该队没有具备参赛资格的女队员，则不得增补其他队员参赛，只能由场上剩余队员完成比赛。

（3）如果在比赛结束时两队比分相同，则由裁判员指定球篮，进行场上双方队员的1对1罚球（客队先罚），先领先1分的球队获胜。

五、 小篮球裁判员的执裁理念

（1）要清楚，执裁一场小孩子们的比赛与执裁一场成人比赛完全不同。

（2）合理运用规则，保护好孩子们。

（3）注重孩子们比赛精神的培养，引导孩子们尊重规则、对手、裁判员。

（4）不要过多地干扰比赛进程，让孩子们充分享受比赛的乐趣。

（5）执裁过程中保持乐于引导的态度，耐心地为孩子们解释在比赛中的任何违例和犯规行为。

（6）在指明比赛中的违例和犯规行为时，要保持前后一致，公正客观。

（7）始终保持积极和令人愉快的态度，使用恰当的语言。

（8）与教练员保持良好的沟通，彬彬有礼，共同为孩子们树立榜样。

（9）在任何情况下都要确保比赛的公平竞争。

（10）引导孩子们执行赛前、赛后礼仪。

内容提要

● 小篮球运动是一项根据少年儿童生理、心理特点，参照成年人篮球运动竞赛规则而进行的少年儿童体育活动项目。既有利于增强儿童的体质、提高运动能力，又有立德树人的教育价值、能为培养优秀篮球运动员后备人才打好基础的社会价值。其活动内容的多样性与趣味性、活动形式的竞争性与团队协作性深受社会各界的广泛认同。

● 小篮球教练员的执教理念根植于少年儿童体育运动的真正目标，强调尊重精神、体育精神、技能发展、安全与乐趣。

思考题

1. 小篮球运动具有哪些特征？

2. 小篮球运动具有哪些价值？

3. 小篮球教练员的执教理念有哪些？

第十章

篮球运动竞赛组织与编排

第一节

篮球竞赛的意义和种类

篮球竞赛是体育竞赛的重要组成部分，是篮球运动呈现的基本形式，是篮球运动内容体系的重要构成，也是现代篮球运动中最具魅力的内容，篮球运动的价值通过竞赛得以充分表现与实现。我国篮球竞赛的目的是推广和普及篮球运动、促进全民健身、提高篮球运动技战术水平、发展篮球产业，并服务社会发展建设。

一、竞赛的意义

篮球比赛中攻守对抗的激烈性和技艺化，激烈精彩，引人入胜。优秀篮球队伍的比赛更为人们所关注，已然成为一种现代社会文化的表现形式，越来越深刻地影响着人们的社会生活和经济生活。

≫（一）竞赛的社会性

1. 促进篮球运动的发展

篮球是较受欢迎、较易开展的一个运动项目，通过竞赛可以吸引更多的人来参加这项运动，在更大的范围内推广这项运动；通过竞赛也可以检查篮球教学训练的质量与效果，促进技战术水平和身体素质等的提高；通过竞赛还可以锻炼参加者的品质风格，培养参加者的团队精神，激发参加者的进取愿望。

2. 丰富社会文化生活

篮球竞赛是社会的一种文化生活，观看和欣赏比赛中的激烈对抗与精湛球艺，使人们的生活空间和余暇得到扩展及充实。公平激烈的竞赛本身就传播着平等竞争的文明风尚，也鼓舞着人们对真实、自信、进取和创新的向往。竞赛过程的变幻和竞赛结果的不可预测，还给人们带来极大的悬念与乐趣，激发和满足人们对身体健康与美好生活的追求。

3. 适应社会政治的需要

体育竞赛作为一种社会文化活动，与社会、政治有着密切联系，能够起到提高国家威望、振奋民族精神、增强社会凝聚力的作用。也能加强国与国之间的文化交流与团结，促进各国人民之间的了解与友谊，还能起到协助竞技体育体制改革、加快运动项目走向市场的作用。

≫（二）竞赛的经济性

1. 推动篮球运动的产业化进程

从传统意义上讲，组织篮球竞赛活动是一项体育经济活动，无论该区域的经济发达与否，体育竞赛都是现代生活中不可或缺的一部分。以美国职业篮球联盟的经营效果为例，可以看到精密的编排赛事，组织各项赛季前、赛季中及赛季后的各项活动，开发与之匹配的体育商品，已成为各国的体育产业开发、组织篮球竞赛的典范。尤其是美国职业篮球联赛将组织经营性的篮球竞赛，通过票房收入、彩票和邮币卡章的发行、转播权出让、广告刊登和体育服装鞋帽、吉祥物的销售等产生的经济效益，使篮球竞赛成为社会经济生活的一部分。

2. 带动社会其他行业的发展

大型篮球赛事、职业篮球赛事不断扩张，举办规模、传播范围越趋扩大，呈现影响面广、持续时间长的特点，其功能和效益的辐射面越来越广，影响越来越深刻。除了围绕赛事产生的一系列显性经济收益外，还包括赛事期间的消费和投资通过乘数效应在拉动旅游、金融、建筑、保险、信息技术、交通等产业发展所带来的巨大的 GDP 增值。大型篮球赛事的举办对于展示城市形象、拉动经济发展、丰富城市精神文化生活、增进国际交流等都会产生巨大的推动作用。此外，大型篮球赛事对举办地所产生的积极的社会影响和对篮球项目的推动作用所形成的无形资产也是不可低估的。举办大型篮球赛事功能超越了竞技体育范畴，成为一种规模宏大的社会和经济活动。

二、竞赛的种类

根据竞赛的性质和目的，大体上可以分为非职业性比赛和职业性比赛两大类。

》》（一）非职业性比赛

1. 综合性运动会中的比赛

篮球作为综合性运动会中的一个项目，与其他项目一起在同一时期内进行比赛，从一个侧面反映参赛国家或单位的体育运动整体水平。国际性运动会中的篮球比赛有奥林匹克运动会、世界大学生运动会、世界中学生运动会、各洲际和地区的运动会（如亚运会）的篮球比赛等；全国性运动会中的篮球比赛有全国运动会、军人运动会、工人运动会、农民运动会、大学生运动会、中学生运动会中的篮球比赛等；还有各个省、地、市及厂矿学校等基层单位运动会中的篮球比赛。

2. 单项比赛

主要反映参赛国家或单位单项运动的水平。有国际性的比赛，如世界锦标赛、世界青年锦标赛、各大洲的锦标赛、各大洲的青年锦标赛；也有全国性的比赛，如全国锦标赛、全国甲级联赛、全国乙级联赛、全国青年联赛、各级学生联赛、全国性质的各级篮球联赛以及各行业系统的篮球比赛；还有省、地及基层单位的篮球比赛。

3. 交往性比赛

篮球作为一项攻守对抗项目，不仅具有观赏性，还具备国际外交的政治属性，通过体育比赛促进两国之间的交流和沟通。主要体现为加强交流、增进友谊，发展相互关系。常见的国际性的比赛，如国家之间双边的访问比赛；多个国家之间多边的邀请比赛。而国内范围的省、地、市之间的协作性比赛；还有基层单位之间的友谊比赛和表演比赛，也是非常重要和常见的竞赛形式。

除了上述比赛之外，还有专门的残疾人轮椅篮球比赛、少年儿童的小篮球比赛、三对三的篮球比赛、扣篮和投篮比赛、选拔赛、表演赛等。这些比赛是篮球竞赛的延伸，丰富了篮球运动。

》》（二）职业性比赛

职业体育指那些提供商业性体育竞赛表演的服务业，核心产品是"比赛"，例如中超、英超、CBA、NBA 等。美国职业篮球联赛（NBA）在全球范围内造成的影响使得国际篮球职业化成为一种趋势。精密的赛事编排，良好的产业运营，推动 NBA 市场化发展，商业价值得到了全面开发。欧洲职业篮球联赛沿袭 NBA 发展的轨迹成长，吸纳和整合欧洲篮球资源，形成了一套符合欧洲各国环境的联赛体系。中国男子篮球职业联赛（CBA）创建于我国经济体制改制的进程中。1995 年，我国以男篮甲级联赛赛制改革为突破点，开始了篮球职业化的发展，拉开了我国篮球体育赛制改革的序幕。

第二节
竞赛的组织管理

体育竞赛的组织管理是遵循体育竞赛的规律，通过对竞赛项目、时间、人员、经费等条件的合理安排，以达到完成竞赛目的的工作过程。

体育竞赛组织管理一般分为竞赛前的工作，竞赛进行中的工作和竞赛结束后的工作。

一、竞赛前的工作

竞赛前工作主要是进行赛事筹备。赛事筹备工作一般应包括：根据篮球竞赛计划安排和有关方面的竞赛任务确定比赛名称和目的任务、竞赛规模和时间、拟定竞赛组织机构以及进行初步经费预算；制定竞赛规则，编制竞赛秩序册等。

竞赛规程是根据竞赛计划制订的具体实施某一项次篮球竞赛的政策与规定，是组织实施竞赛的依据和规范，是竞赛组织单位和参与者必须遵循的基本准则。竞赛规程一般应包括：竞赛的名称、时间、地点、主办单位、承办单位、协办或推广单位、参加单位、参加办法、竞赛办法（含特殊规定）、录取名次和奖励、报名和报到、技术代表、裁判员和仲裁委员会、比赛器材（比赛用球）和场馆设备、经费、规程解释权等

根据场地器材情况、比赛规程的规定，计算篮球竞赛的场数和轮数，在综合考虑各参赛队竞赛时间、比赛密度、场地机会均等的情况下，编制竞赛秩序册，制定竞赛日程。

篮球竞赛前的准备工作还包括：按照比赛标准检查场地器材；组织裁判员学习，保证严肃、认真、公平、准确地执行裁判任务；组织组委会会议或裁判长、领队、教练员联席会议，介绍赛事组织情况，明确规则与要求，组织抽签，确定各参赛队的分组定位。

二、竞赛过程的管理

竞赛过程管理是竞赛组织管理的中心工作，从比赛开幕到闭幕结束，所有工作都要在竞赛组委会领导下进行，为使比赛顺利进行而努力。其间的工作可分为比赛活动的管理和非比赛活动的管理。

1. 比赛活动的管理

根据比赛的日程，安排好裁判员、记录台工作人员、技术统计人员和场地工作人员，使每一场比赛都能够按时进行，不因工作人员的疏忽或器材设备的故障而不能正确及时反映比赛情况和使比赛延误、停顿、脱节。要按照篮球竞赛的法规、规则来管理比赛，建立良好的比赛秩序，使参赛运动队能够在平等的条件下竞争。

比赛活动的管理，关键在于裁判工作，裁判员的公平、公正和敬业态度反映了比赛的严肃性，鸣哨的准确程度体现了判罚的权威性，执法的松紧程度影响着比赛的对抗性，判罚时的待人态度影响着运动员的情绪状态。因而加强对裁判队伍的管理，除了赛前的学习教育之外，赛间的及时检查、小结与监控，是保证比赛健康发展的重要措施。另外，对赛场中可能出现的假球、"黑哨"和有损文明的行为等突发事件也要有充分的估计，竞赛、仲裁甚至保安部门都要有相应的准备。

2. 非比赛活动的管理

在竞赛期间，有许多涉及各个工作部门的非比赛活动需要进行组织管理，这些工作对整个竞赛有很大的影响。这些工作包括：

（1）对开幕式、闭幕式的管理。

（2）对赛事服务工作的管理。

（3）对赛场观众的管理。

另外，由于竞赛期间各种情况的复杂多变，还需要对各个工作部门的相互关系进行协调管理，以使比赛更好地运转。

三、赛后管理

赛后的管理工作包括以下几个方面：

（1）编制和印发总的比赛成绩表，某些单项技术评比名次和其他一些获奖名单。

（2）对比赛技术资料的处理归档。

（3）对比赛器材设备的整理。

（4）办理参赛队伍的离会手续。

（5）对竞赛的收支进行财务决算。

（6）进行工作总结。

篮球
LANQIU

第三节 ■■■
竞赛方式和方法

一、竞赛方式

篮球竞赛方式是根据篮球项目的特点和要求，规范篮球竞赛性质、等级、方式、周期，使之有系统、有计划、有目的地组织推动竞赛社会化、多样化的体系。目前广泛实施的有赛会式和赛季式两种。

》》（一）赛会式

赛会式是把参加比赛的球队集中在一个地方，用几天或十几天的时间，连续进行比赛的一种竞赛方式。

1. 赛会式的特点

赛会式的运用范围比较广，综合性运动会中的篮球比赛、国际性的篮球锦标赛，采用的都是赛会式。国内大多数的篮球单项比赛，采用的也是赛会式。赛会式的比赛队伍集中，为运动员们创造了观摩、学习、交流的好机会。赛会式的比赛地点固定，可以避免参赛队伍的旅途奔波疲劳。但赛会式的比赛采用的比赛方法具有一定的局限性，参赛队实际水平的发挥会受到一些偶然性因素影响，可是这种偶然性因素也给参赛队提供了一定的有利机会。赛会式的比赛赛期短，比赛的场次不可能很多，因而运动员锻炼的机会就要少些。赛会式的比赛场次连续，比赛强度大，调整、恢复时间短，令运动员容易产生疲劳。赛会式的比赛为承办者提供了持续的社会注视热点，从而能带来相应的社会效益和经济效益。

2. 赛会式的管理要求

（1）针对赛会式比赛规模较大、管理工作责任重而复杂的情况，要仔细制定好全面的组织方案，规划好各部门的工作范围，明确各部门的工作职责，协调好各部门的工作关系。

（2）赛会式的比赛赛期短，赛程紧凑，可能出现的问题比较集中，因此各方面工作要具体、细致，要有很强的时间观念，要始终处于紧张的运转状态，保证比赛的顺利进行。

（3）赛会式的比赛参赛队伍和人员多，后勤工作部门要以全天候的方式保障参赛运动员有良好的休息和营养条件，以充沛的精力投入比赛。

（4）赛会式的比赛需要承办单位具有一定的基础设施条件，特别是承办大规模、高水平、国际性的篮球比赛，要事先进行大量的基本建设投入，以适应赛会式比赛的要求。

（5）承办赛会式比赛，要有市场经济意识，要以经营的思想来做好组织管理工作，既要讲社会效益，又要讲经济效益。

》》（二）赛季式

赛季式是一种竞赛时间较长、参赛队伍不集中、分别在参赛队各自的赛地进行比赛，参赛队每赛完一场后需移地并有若干休整天的一种分主、客场的竞赛方式。

1. 赛季式的特点

赛季式最明显的一个特点就是采用主客场的形式进行比赛，这种主客场的形式可以使参赛队伍能够有机会凭借主场的天时、地利、人和，充分发挥队伍的竞技水平。赛季式的比赛赛期长，一般约为半年，而且通常是跨年度的，可以根据比赛性质、时间、水平安排比较多的比赛场次，为运动员的成长、锻炼和发展提供更多的机会。还能使参赛队伍避免一些偶然性因素的影响，较客观地体现实际水平。

2. 赛季式的管理要求

（1）赛季式比赛赛场分散，各赛地的比赛时间，次数相对较少，但工作任务延续时间跨度大，因此组织机构更应当精干，做到机动性程序化操作。

（2）在比赛的管理上，既要利用主场天时、地利、人和的有利条件，又要营造公平竞争的良好环境气氛。要加强对主场工作人员和运动员的职业道德教育与对观众的宣传教育，提高观赏比赛的文化氛围。

（3）主客场比赛的形式，是一种市场经营，因而比赛应该属于经营者的一项业务，组织管理应当成为经营者的一项工作，从而促使篮球竞赛真正走进市场。

二、竞赛方法

为了保证比赛目的、任务的完成，充分利用好比赛期限，而且便于对竞赛组织管理，使参赛队在比较公平合理的情况下进行竞争，采用适当的竞赛方法是创造良好竞争环境的前提，也是客观反映参赛队竞技水平的重要保障，通常采用的有淘汰法、循环法、混合法三种。

》》（一）淘汰法

淘汰法，即参赛队各方按照排定的竞赛次序，两两之间捉对比赛，比赛的负者失去比赛资格，胜者进入下一轮比赛；比赛逐步进行，直至最后一场；最后一场比赛的胜者为整个竞赛的冠军。

1. 淘汰法的特点

其一，比赛的容量大。一般是在比赛时间有限、参赛队数多、经费不足的情况下采用。淘汰法能在最短的时间内，较少的场地条件下，安排更多的参赛队伍进行比赛。其二，比赛具有强烈的对抗性。选手一旦失利即遭淘汰，从而丧失继续比赛的资格。比赛双方不存在任何妥协的可能性，充分体现对抗竞赛的特点。其三，淘汰法以"胜者列前"为确定竞赛名次的基本原则。对抗双方的排名、结果不会受其他参赛队成绩的影响，且对抗双方的比赛成绩也不会影响其他参赛队的排名结果。因而，淘汰法可以有效杜绝对抗性竞赛中的弄虚作假现象。

作为一种竞赛方法，淘汰法也存在一系列缺陷。例如，除第一名外，很难合理地排定其他参赛者的名次；强者之间很可能在前几轮就遭遇，一次失败即被淘汰，造成名次排列上不合理现象；参赛者之间互相交流、学习、比赛机会少。为弥补上述缺陷，可以运用一些对策和措施，使之能部分或基本上克服淘汰赛的不合理现象。例如，运用"种子"、分区、抽签和定位等方法，使强者或同一单位参赛者之间避免过早相遇；采用补赛法（又称附加赛），以帮助确定第2名以后的名次；或者增设双淘汰赛，失败两场方被淘汰等。

2. 单淘汰的编排方法

单淘汰是指在比赛中失败一次即被淘汰，获胜者继续比赛，直至决出冠亚军为止。

1）场数和轮次的计算

场数 = 参赛队数 −1，比如8个队参加比赛，8−1那就是7场球。

轮次 = 参加队数以2为底的幂的指数，比如8个队参加比赛，即为三轮，因为$8=2^3$；如果参加比赛的队数不足2的乘方数，则比赛的轮次是稍大的一个以2为底的幂的指数。例如14个队参加比赛，按16个队的轮数来计算，因为$16=2^4$，即为4轮。

2）第一轮参加比赛的队数的计算

用（$N-2^n$）×2的公式计算。N代表队数，2^n代表略小于队数的2的乘方数。如13个队参加比赛，即（$N-2^3$）×2＝（13−8）×2＝10，即有10个队参加第一轮比赛，3个队轮空。

3）编排方法

如果参加比赛的队数正好是2的乘方数，就按照图10-3-1所示，逐步进行淘汰。

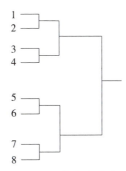

图 10-3-1　8 支队伍参赛的单淘汰比赛编排

　　如果参加比赛的队不是 2 的乘方数，要根据参赛队数，选择最接近的、较大的 2 的乘方数作为号码位置数，号码位置数减去参赛队数，即为轮空队数。如 13 个队参赛，选用 16 位号码位置数，16−13＝3，即 3 个队轮空。轮空球队必须安排在第一轮，可采用抽签、种子队等方式来确定轮空队的区位，如图 10-3-2 所示（2，10，15 为轮空位置号码）。

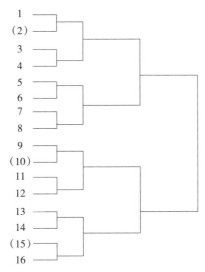

图 10-3-2　13 支参赛队的单淘汰比赛编排

　　为了避免水平高的队过早相遇，可设种子队，把种子队安排在不同的位置上，使之最后相遇。然后采用抽签的方法，确定其他各队在秩序表上的位置。

　　3. 双淘汰的编排方法

　　参赛者失败两次，即退出比赛，比赛直至产生最后获胜者的竞赛办法，称为双淘汰法。

　　双淘汰制编排方法与单淘汰制不同之处在于比赛进入第二轮后，把失败的球队再编排起来继续比赛，再次失败的队则被淘汰，胜者继续与上一轮失败的队进行比赛，如图 10-3-3 所示。

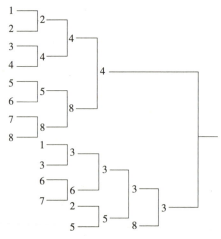

图 10-3-3　双淘汰比赛的编排

≫（二）循环法

循环法是指所有参赛者（队或人）相互之间都轮流进行比赛，最后按照其在循环比赛中的得分多少、胜负场数排定名次的竞赛方法。

循环法包括有：单循环、双循环和分组循环。单循环是所有参赛队在比赛中均相遇一次，最后按各队在同一循环比赛中的得分多少、胜负场数来排列名次，一般是在参赛队不太多，比赛时间较长时采用；双循环是所有参赛队在比赛中均相遇两次，最后按各队在两个循环比赛中的得分多少、胜负场数决定名次，一般在参赛队数少、比赛时间较长时采用；分组循环是把参赛队分成若干组，分别进行单循环比赛，决出小组名次后再进行第二阶段比赛，一般在参赛队多，比赛时间有限时采用。

1. 循环法的特点

循环赛的特点：一是比赛场次较多，参赛者相互间有更多的学习、实战锻炼的机会；二是最后排定的名次基本符合各队实际竞技水平，偶然性小。循环制比赛不足之处在于：比赛时间长，占用场地多，参赛队数量较多时不易采用；最后几轮比赛可能会由于一些因素（为保存实力、人际关系等），出现消极比赛的现象。

2. 单循环的编排方法

1）比赛的轮数和场数的计算

比赛轮数的计算：在循环制的比赛中，各队都参加完成一场比赛为一轮。当参赛队为单数时，比赛的轮数等于队数；当参赛队数为双数，比赛的轮数等于队数减去1。

比赛场数的计算：

$$比赛场数 = \frac{队数 \times （队数 -1）}{2}$$

2）编排竞赛轮次表

不论参赛队数是奇数还是偶数，均按偶数编排。如果参赛队数是奇数，可在队数后加一个"0"，使其成为偶数，碰到"0"的队轮空。

● 固定轮转编排法

表 10-3-1 为 7 个队参赛轮次表，它以左边第一号固定不动，逆时针转动，逐一排出。

表 10-3-1　固定轮转编排法

第一轮	第二轮	第三轮	第四轮	第五轮	第六轮	第七轮
1-0	1-7	1-6	1-5	1-4	1-3	1-2
2-7	0-6	7-5	6-4	5-3	4-2	3-0
3-6	2-5	0-4	7-3	6-2	5-0	4-7
4-5	3-4	2-3	0-2	7-0	6-7	5-6

● 贝格尔轮转编排法

贝格尔轮转法是国际上采用的一种编排方法。表 10-3-2 是 6 个参赛队的各轮次表。其轮转方法是：①最大号数（尾数或者 0）左右摆，右下号数提上来，先摆后转，按逆时针方向转移；②也可根据参赛队数的多少来确定轮转位置的数目。即 3 或 4 个队，依次轮转一个位置，5 或 6 个队依次轮转两个位置，7 或 8 个队，依次轮转三个位置等，每增加两个队，则增加一个轮转位置。

表 10-3-2　贝格尔轮转编排法

第一轮	第二轮	第三轮	第四轮	第五轮
1-6	6-4	2-6	6-5	3-6
2-5	5-3	3-1	1-4	4-2
3-4	1-2	4-5	2-3	5-1

3）抽签

排好轮次表后，用抽签方法将各队抽到的签号填入轮次表。

4）编排比赛日程表

根据比赛的日期、时间、场地、服装颜色等排出比赛日程表（表 10-3-3）。

表 10-3-3　比赛日程表

轮次	日期	时间	组别	比赛队	场地	备注
	下午	3：00	女	A－B		
		4：30	男	C－D		

篮球
LANQIU

续表

轮次	日期	时间	组别	比赛队	场地	备注
	晚上	7:00	女	E-F		
		8:30	男	G-H		

2.双循环的编排方法

双循环比赛是指参加比赛的队先后进行两次单循环比赛，最后按照各队在全部竞赛中的得分多少、胜负场数决定名次。双循环的编排方法与单循环相同，只是在第二循环时，是否需要重新抽签要看在比赛规程中有无明文规定。

3.分组循环制的编排方法

在进行分组循环比赛时，首先要把分组的办法确定下来。通常采用的分组办法有三种：第一种是按上一届竞赛中的名次进行分组，即蛇形排列的方法。例如，有20个队参加比赛分4组时，排法如表10-3-4所示。第二种是先协商确定种子队（种子队数应等于或倍于组数），然后由种子队抽签定组别，再由其他队分别抽组别签和组号签。第三种是全部参赛队一起抽签分组，分组后再抽签确定号码位置，然后将各队按号码分别代入相应的各组比赛轮次表中。

表 10-3-4　分组循环蛇形排列法

一	二	三	四
1	2	3	4
8	7	6	5
9	10	11	12
16	15	14	13
17	18	19	20

4.循环赛制篮球比赛成绩计算方法与名次评定

1）程序

①球队应按他们的胜负记录来排列名次，胜1场得2分，负1场（包括比赛因缺少队员告负）得1分，比赛因弃权告负得0分。

②此程序适用于所有采用循环赛制的比赛。

③如果2个或2个以上的队伍在本组的所有比赛中胜负记录相同，对于这2个或2个以上的队伍的比赛应当根据不同的分类决定。如果这2个或2个以上的队伍互相间的比赛胜负记录积分相同，那么剩下的应该遵照以下的顺序来判断：

238

a. 它们之间比赛净胜分的多少。

b. 它们之间比赛得分的多少。

c. 所有比赛净胜分的多少。

d. 所有比赛得分的多少。

④如果在这个程序的任何阶段，积分相等的球队减少到仍多于两个，则从上述程序 3 开始重复。

2）名次评定的举例

例子 1：

比赛队	得分	比赛队	得分
A vs. B	100-55	B vs. C	100-95
A vs. C	90-85	B vs. D	80-75
A vs. D	75-80	C vs. D	60-55

球队	场次	胜	负	积分	得失分	净胜分
A	3	2	1	5	265：220	+45
B	3	2	1	5	235：270	−35
C	3	1	2	4	240：245	−5
D	3	1	2	4	210：215	−5

因此：第 1 名 A（胜 B）；第 2 名 B；第 3 名 C（胜 D）；第 4 名 D。

例子 2：

比赛队	得分	比赛队	得分
A vs. B	100-55	B vs. C	100-85
A vs. C	90-85	B vs. D	75-80
A vs. D	120-75	C vs. D	65-55

球队	场次	胜	负	积分	得失分	净胜分
A	3	3	0	6	310：215	+95
B	3	1	2	4	230：265	−35
C	3	1	2	4	235：245	−10
D	3	1	2	4	210：260	−50

因此：第1名A。

B、C、D之间排名：

球队	场次	胜	负	积分	得失分	净胜分
B	2	1	1	3	175：165	+10
C	2	1	1	3	150：155	−5
D	2	1	1	3	135：140	−5

因此：第2名B；第3名C（胜D）；第4名D。

例子3：

比赛队	得分	比赛队	得分
A vs. B	85-90	B vs. C	100-95
A vs. C	55-100	B vs. D	75-85
A vs. D	75-120	C vs. D	65-55

球队	场次	胜	负	积分	得失分	净胜分
A	3	0	3	3	215：310	−95
B	3	2	1	5	265：265	0
C	3	2	1	5	260：210	+50
D	3	2	1	5	260：215	+45

因此：第4名A。

B、C、D之间排名：

球队	场次	胜	负	积分	得失分	净胜分
B	2	1	1	3	175：180	−5
C	2	1	1	3	160：155	+5
D	2	1	1	3	140：140	0

因此：第1名C；第2名D；第3名B。

例子4：

比赛队	得分	比赛队	得分
A vs. B	85-90	B vs. C	100-95
A vs. C	55-100	B vs. D	75-85
A vs. D	75-120	C vs. D	65-55

球队	场次	胜	负	积分	得失分	净胜分
A	3	0	3	3	215∶310	−95
B	3	2	1	5	265∶260	+5
C	3	2	1	5	255∶210	+45
D	3	2	1	5	260∶215	+45

因此：第4名 A。

B、C、D 之间排名：

球队	场次	胜	负	积分	得失分	净胜分
B	2	1	1	3	175∶175	0
C	2	1	1	3	155∶155	0
D	2	1	1	3	140∶140	0

因此：第1名 B；第2名 C；第3名 D。

例子5：

比赛队	得分	比赛队	得分
A vs. B	100-55	B vs. F	110-90
A vs. C	85-90	C vs. D	55-60
A vs. D	120-75	C vs. E	90-75
A vs. E	80-100	C vs. F	105-75
A vs. F	85-80	D vs. E	70-45
B vs. C	100-95	D vs. F	65-60
B vs. D	80-75	E vs. F	75-80
B vs. E	75-80		

球队	场次	胜	负	积分	得失分	净胜分
A	5	3	2	8	470：400	+70
B	5	3	2	8	420：440	−20
C	5	3	2	8	435：395	+40
D	5	3	2	8	345：360	−15
E	5	2	3	7	375：395	−20
F	5	1	4	6	385：440	−55

因此：第5名E；第6名F。

A、B、C、D之间排名：

球队	场次	胜	负	积分	得失分	净胜分
A	3	2	1	5	305：220	+85
B	3	2	1	5	235：270	−35
C	3	1	2	4	240：245	−5
D	3	1	2	4	210：255	−45

因此：第1名A（胜B）；第2名B；第3名D（胜C）；第4名C。

例子6：

比赛队	得分	比赛队	得分
A vs. B	71-65	B vs. F	95-90
A vs. C	85-86	C vs. D	95-100
A vs. D	77-75	C vs. E	82-75
A vs. E	80-86	C vs. F	105-75
A vs. F	85-80	D vs. E	68-67
B vs. C	88-87	D vs. F	65-60
B vs. D	80-75	E vs. F	80-75
B vs. E	75-76		

球队	场次	胜	负	积分	得失分	净胜分
A	5	3	2	8	398∶392	+6
B	5	3	2	8	403∶399	+4
C	5	3	2	8	455∶423	+32
D	5	3	2	8	383∶379	+4
E	5	3	2	8	384∶380	+4
F	5	0	5	5	380∶430	−50

因此：第 6 名 F。

A、B、C、D、E 之间排名：

球队	场次	胜	负	积分	得失分	净胜分
A	4	2	2	6	313∶312	+1
B	4	2	2	6	308∶309	−1
C	4	2	2	6	350∶348	+2
D	4	2	2	6	318∶319	−1
E	4	2	2	6	304∶305	−1

因此：第 1 名 C；第 2 名 A。

B、D、E 之间排名：

球队	场次	胜	负	积分	得失分	净胜分
B	2	1	1	3	155∶151	+4
D	2	1	1	3	143∶147	−4
E	2	1	1	3	143∶143	0

因此：第 3 名 B；第 4 名 E；第 5 名 D。

例子 7：

比赛队	得分	比赛队	得分
A vs. B	73-71	B vs. F	95-90
A vs. C	85-86	C vs. D	95-96

续表

比赛队	得分	比赛队	得分
A vs. D	77-75	C vs. E	82-75
A vs. E	90-96	C vs. F	105-75
A vs. F	85-80	D vs. E	68-67
B vs. C	88-87	D vs. F	80-75
B vs. D	80-79	E vs. F	80-75
B vs. E	79-80		

球队	场次	胜	负	积分	得失分	净胜分
A	5	3	2	8	410∶408	+2
B	5	3	2	8	413∶409	+4
C	5	3	2	8	455∶419	+36
D	5	3	2	8	398∶394	+4
E	5	3	2	8	398∶394	+4
F	5	0	5	5	395∶445	-50

因此：第 6 名 F。

A、B、C、D、E 之间排名：

球队	场次	胜	负	积分	得失分	净胜分
A	4	2	2	6	325∶328	-3
B	4	2	2	6	318∶319	-1
C	4	2	2	6	350∶344	+6
D	4	2	2	6	318∶319	-1
E	4	2	2	6	318∶319	-1

因此：第 1 名 C；第 5 名 A。

B、D、E 之间排名：

球队	场次	胜	负	积分	得失分	净胜分
B	2	1	1	3	159∶159	0

续表

球队	场次	胜	负	积分	得失分	净胜分
D	2	1	1	3	147∶147	0
E	2	1	1	3	147∶147	0

因此：第2名B；第3名D（胜E）；第4名E。

3）附加程序

①上述的"程序"各条款和"名次评定的举例"的各种示例只有在所有球队打完小组中所有比赛才有效。

②如果所有球队没有打完了所有的比赛，并且如果2支或多于2支球队有相同胜负记录，则按照这些球队到目前为止的所有打完比赛的净胜分高低来决定名次排列。

4）弃权

①某队无正当理由不出席预定的比赛或在比赛结束前从球场上撤离，应由于弃权使比赛告负并在名次排列中计0分。

②如果某队第二次弃权，该队所有比赛结果应无效。

（三）混合法

同时采用两种制度进行的比赛称为混合法。在篮球比赛中，常把比赛分为两个阶段，前一阶段采用分组循环制，后一阶段采用淘汰制，或者相反。在决赛阶段采用淘汰制时，大多数采用"交叉赛"或"同名次赛"来决定名次。

1. 交叉赛

若第一阶段分两组循环赛后，排出小组名次进行交叉赛，即A组的第1名对B组的第2名，B组的第1名对A组的第2名，两场比赛胜队决1、2名，负队决3、4名；以此类推决出其余名次（图10-3-4）。

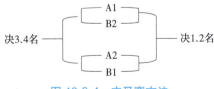

图 10-3-4　交叉赛方法

2. 同名次赛

把第一阶段各组决出的同名次的队编在一起，胜者名次列前。如果第一阶段是分四个组循环，先由四个组的第1名（A1、B1、C1、D1）决1—4名（图10-3-5）。依次类推决出其余名次。

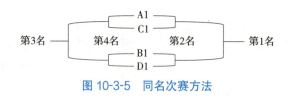

图 10-3-5　同名次赛方法

3. 佩奇法决赛（PAG 制）

假如第一阶段分两组进行单循环，排出各组的名次。A、B 两组的 1、2 名采用佩奇法，决出 1—4 名（图 10-3-6）。A1 对 B1、A2 对 B2。A2 对 B2 的负者为第 4 名，胜者对 A1—B1 的负者，负者为第 3 名，胜者对 A1—B1 的胜者，决出冠亚军。

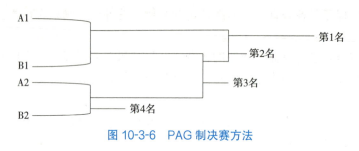

图 10-3-6　PAG 制决赛方法

第四节
我国职业篮球联赛的竞赛方法

一、中国男子篮球职业联赛

中国男子篮球职业联赛（CBA）通常分常规赛和季后赛两个阶段进行，采用主客场赛制。以 2020—2021 赛季为例，常规赛设 56 轮，共计 560 场比赛，采用 3 周 8 赛（两周 5 赛和一周 3 赛相结合）的方式。20 支参赛球队将根据上赛季的最终排名蛇形排列分为两组、每组 10 支球队，组内四循环、不同组间双循环，最终常规赛排名前 12 的球队晋级季后赛。

常规赛按比赛胜场数 / 负场数的比率确定常规赛总排名，胜场率高者名次列前。如两队胜场率相同，则以两队之间的胜负场次决定名次，胜场多者名次列前；如再相同，则以两队相互间的得失分率排定名次，得失分率高者名次列前；若再相同，则以常规赛所有比赛的总得失分率排定名次，得失分率高者名次列前。如三队或三队以上胜场率相同，则以相互间的胜负场数排定名次，胜场多者名次列前；如相互间的胜负场数相同，则以相互间的得失分率排定名次，得失分率高者名次列前；若再相同，则以常规赛所有比赛总得失分率排定名次，得失分率高者名次列前。

常规赛结束后，排名前4的球队直接晋级前8名，排名第5-12位的球队则进入12进8轮的比赛（第5名vs第12名、第6名vs第11名、第7名vs第10名、第8名vs第9名），争夺另外四个八强席位；第二阶段8进4，分成上半区和下半区，季后赛首阶段取胜的4支球队分别与常规赛前4名的球队对决，采用3局2胜制（第1名vs第8名、第4名vs第5名为上半区，第2名vs第7名、第3名vs第6名为下半区），最终4支胜队将晋级半决赛；第三阶段4进2（半决赛），第二阶段的4支胜队展开上下半区内的对决，采用3局2胜制（第1名vs第8名的胜队对阵第4名vs第5名的胜队、第2名vs第7名的胜队对阵第3名vs第6名的胜队），决出的两支胜队晋级总决赛；最后阶段（总决赛），第三阶段的两支胜队展开冠军的争夺。12进8轮的赛制为三战两胜（1-1-1），四分之一决赛为五战三胜（2-2-1），半决赛为七战四胜（2-3-2），总决赛为七战四胜（2-2-1-1-1），常规赛排名较好的球队占主场优势。

近年来受新冠疫情影响，中国男子篮球职业联赛采用了赛会制进行比赛，以2021—2022赛季为例，其间常规赛38轮，每支队伍主客场交手两次，分三个阶段进行比赛，前12名进入季后赛，第一阶段（12进8）采用单败淘汰制。常规赛第5名VS第12名、第6名VS第11名，以此类推，常规赛1—4名队伍轮空自动进入第二阶段；第二阶段（四分之一决赛）采用单败淘汰制；第三阶段（半决赛）采用三战二胜制；第四阶段（总决赛）采用三战二胜制。以上每一阶段，常规赛名次列前的队为主队。

二、中国女子篮球职业联赛

中国女子篮球职业联赛（WCBA）通常分为常规赛和季后赛两个阶段进行，采用主客场双循环赛制。以2018—2019赛季为例，常规赛设34轮，共计306场比赛，采用3天1赛的方式。18支参赛球队将根据上赛季的最终排名蛇形排列进行单循环比赛，最终常规赛排名前8的球队晋级季后赛。

常规赛按比赛胜场数/负场数的比率确定常规赛总排名，胜场率高者名次列前。如两队胜场率相同，则以两队之间的胜负场次决定名次，胜场多者名次列前；如再相同，则以两队相互间的得失分率排定名次，得失分率高者名次列前；若再相同，则以常规赛所有比赛的总得失分率排定名次，得失分率高者名次列前。如三队或三队以上胜场率相同，则以相互间的胜负场数排定名次，胜场多者名次列前；如相互间胜负场数相同，则以相互间的得失分率排定名次，得失分率高者名次列前；若再相同，则以常规赛所有比赛的总得失分率排定名次，得失分率高者名次列前。

常规赛结束后，排名前 8 的球队具备参加季后赛的资格。首个阶段 8 进 4，分成上半区（第 1 名 vs 第 8 名、第 4 名 vs 第 5 名）和下半区（第 2 名 vs 第 7 名、第 3 名 vs 第 6 名），4 支胜队将晋级半决赛；第二阶段 4 进 2（半决赛），比赛展开上下半区内的对决（第 1 名 vs 第 8 名的胜队对阵第 4 名 vs 第 5 名的胜队、第 2 名 vs 第 7 名的胜队对阵第 3 名 vs 第 6 名的胜队），决出的两支胜队晋级总决赛；最后阶段（总决赛）由第二阶段的两支胜队展开冠军的争夺。三个阶段均为五场三胜（2-2-1），常规赛排名较好的球队占主场优势。

近年来由于受新冠疫情影响，中国女子篮球职业联赛采用了赛会制进行比赛，18 支球队进行单循环比赛，分三个阶段进行。第一阶段为常规赛，17 轮比赛共计 153 场；第二阶段为交叉淘汰赛，排名 5—12 名的球队进行单场决胜制比赛，获胜的四支球队与第一阶段排名前四的球队进入季后赛；第三阶段为季后赛，四分之一决赛和半决赛均采用单场淘汰制，总决赛采用三战二胜制。常规赛名次列前的队为主队。

 内容提要

- 篮球竞赛的社会意义在于：促进篮球运动的发展、丰富社会文化生活、适应社会政治的需要。篮球竞赛的竞技意义在于：推动篮球运动的产业化进程、带动社会其他行业的发展。
- 竞赛过程的管理是有目的地组织、指挥、控制和调节竞赛工作的过程。赛前工作是制订竞赛计划和实施计划为比赛做准备的过程，包括建立竞赛组织机构、确定组织方案、制定竞赛规程和拟订具体工作计划等。赛间工作对竞赛活动的管理是竞赛组织管理的中心工作。
- 篮球竞赛方式有赛会式和赛季式两种。篮球比赛通常采用的比赛方法有淘汰制、循环制和混合制三种。

 思考题

1. 篮球竞赛的意义有哪些？
2. 篮球竞赛的过程管理有哪几个阶段？
3. 篮球竞赛的方式有哪几种？各具有什么样的特点？
4. 什么是淘汰制？淘汰制的特点是什么？单、双淘汰制编排的具体方法是什么？
5. 什么是单循环？其编排的具体方法是什么？
6. 什么是双循环？其编排的具体方法是什么？
7. 什么是分组循环？其编排的具体方法是什么？
8. 试述篮球比赛成绩计算的程序和名次判定的方法。

参考文献

[1] 崔鲁祥. 篮球教练员岗位培训教材（高级）[M]. 北京：人民体育出版社，2019.

[2] 郭永波. 现代篮球训练法 [M]. 北京：北京体育大学出版社，2005.

[3] 基思·米尼斯卡尔科，格雷格·科特. 青少儿篮球教练执教指南 [M]. 薛正武，刘焕然，译. 北京：北京科学技术出版社，2020.

[4] 篮球运动教程编写组. 篮球运动教程 [M]. 北京：北京体育大学出版社，2018.

[5] 乔治欧·甘多尔菲. NBA 教练员训练指南——技术、战术和教学要点 [M]. 郑旗，王玉峰，译. 北京：人民体育出版社，2012.

[6] 克林顿·阿德金斯，等. 篮球基本技战术与训练 [M]. 谭朕斌，译. 北京：北京体育大学出版社，2009.

[7] 拉尔夫·皮姆. 制胜篮球——篮球进攻技术与训练 [M]. 徐军海，陈健，李刚，译. 北京：人民体育出版社，2006.

[8] 史衍. 现代篮球战术教学训练 [M]. 北京：北京体育大学出版社，2012.

[9] 孙民治. 篮球运动高级教程 [M]. 北京：人民体育出版社，2000.

[10] 孙民治. 现代篮球运动教学与训练 [M]. 北京：人民体育出版社，2010.

[11] 孙民治，李方膺. 中国体育教练员岗位培训教材——篮球 [M]. 北京：人民体育出版社，2001.

[12] 王家宏. 球类运动——篮球 [M]. 北京：高等教育出版社，2009.

[13] 许博. 现代篮球训练方法 [M]. 北京：北京体育大学出版社，2006.

[14] 谢铁兔，郭永波. 篮球技术战术英汉双语教程 [M]. 北京：北京体育大学出版社，2010.

[15] 闫育东，赵晶. 篮球裁判训练营 [M]. 北京：人民体育出版社，2010.

[16] 于振峰. 现代篮球技术学练设计 [M]. 北京：高等教育出版社，2013.

[17] 中国篮球运动发展研究课题组. 中国篮球运动发展报告 [M]. 北京：社会科学文献出版社，2021.

[18] 中国篮球协会. 外籍篮球专家来华执教训练方法选编 [M]. 北京：北京体育大学出版社，2014.

[19] 中国篮球协会.中国青少年篮球教学训练指导手册 [M].北京：北京体育大学出版社，2021.

[20] 中国篮球协会，中国中学生体育协会.小篮球教练员指导手册（3～6岁）[M].北京：北京体育大学出版社，2020.

[21] 中国篮球协会，中国中学生体育协会.小篮球教练员指导手册（7～12岁）[M].北京：北京体育大学出版社，2020.

[22] 张辉.篮球培训教程 [M].北京：北京体育大学出版社，2019.

[23] 张培峰，王小安.现代篮球运动 [M].北京：人民体育出版社，2012.

[24] Jerry V. Krause. Basketball Skills and Drills[M]. 2nd ed. United States：Leisure Press，1991.

[25] Jerry V. Krause，Palph Pim. Coaching Basketball[M].New York：Contemporary Books，2002.

[26] Morgan Wootten，Joe Wootten. Coaching Basketball Successfully[M]. 3rd ed. United States：Human Kinetics Publishers，2012.

[27] Women's Basketball Coaches Association. WBCA Offensive Plays and Strategies[M]. United States：Human Kinetics Publishers，2011.